Bruce Porterfield

Das Evangelium in der grünen Hölle Boliviens

AUTOBIOGRAPHIE

Bruce Porterfield

DAS EVANGELIUM IN DER GRÜNEN HÖLLE BOLIVIENS

Christliche
Verlagsgesellschaft
Dillenburg

Widmung

Für meine Freunde, die an dem Auftrag, viele Stämme mit der guten Nachricht von unserem Herrn Jesus Christus zu erreichen, Anteil haben.

ISBN 3-89436-100-X

Titel des Originals:
Bruce Porterfield: Commandos for Christ.
The Gospel Witness in Bolivias „Green Hell"
© by Brown Gold Publications

© der deutschsprachigen Ausgabe 1995:
Christliche Verlagsgesellschaft, Dillenburg
Übersetzung: Gabriele Erkens
Titelgestaltung: Dieter Otten, Gummersbach
Satz: rk-design, Bergisch Gladbach
Druck: Ebner Ulm
Printed in Germany

Inhaltsverzeichnis

Vorwort zur englischen Ausgabe

Das vorliegende Werk ist ein außerordentlich spannendes Buch über die Arbeit eines Missionars. Vom ersten Kapitel an, das beispielsweise die Begegnung mit einer Horde von Wildschweinen schildert, bis zum Ende des Buches wird der Leser durch die überaus erregende Erzählung gefangengehalten.

Das Buch vermittelt dem Leser einen realistischen und ungeschminkten Einblick in die missionarische Arbeit unter wilden unerreichten Stämmen. Diese Menschen sind größtenteils völlig unbekannt in der zivilisierten Welt und auch unter Christen. Sie sind wertvolle Menschen, für deren Sünden Jesus Christus am Kreuz sein Leben gab.

Die Arbeit ist sehr gefährlich und sehr einsam. Der Autor sah sich mit völlig ungewohnten und unerwarteten Mühen und körperlichen Problemen konfrontiert. Doch neben diesen atemberaubenden Umständen gab es auch ungemein erfreuliche und humorvolle Zeiten. Dem Autor war all dies und manches mehr vergönnt.

Gottes Sohn, Jesus Christus, unser Retter, war der erste Missionar. Er hat die Herrlichkeit des Himmels verlassen, um in diese sündige Welt zu kommen und am Kreuz auf Golgatha zu sterben - nicht nur für uns, sondern für die ganze Welt. „Wie sollen sie davon erfahren ohne einen Prediger?"

Diese Erkenntnis veranlaßte Bruce Porterfield, die USA zu verlassen und in die „grüne Hölle" des bolivianischen Dschungels zu gehen, um diesen vergessenen, wertvollen Menschen die Botschaft zu bringen, daß Gott sie liebt und sie von ihren Sünden erlösen will.

Dies hielt Bruce aufrecht und trieb ihn an, auf seinem Weg durch undurchdringlichen Dschungel und überschwemmte Flüsse, in Zeiten von Hunger und Durst, in Erfahrung der Einsamkeit, von Krankheit und Schwäche des Körpers und auch der Seele. „Die Liebe Christi hatte ihn gefangengenommen."

Sie müssen dieses Missionsbuch lesen. Möge es Ihr Herz aufwühlen und Ihre Seele anfachen, das Evangelium zu den unerreichten Stämmen dieser Erde weiterzutragen.

Kenneth J. Johnston

Vorwort zur deutschen Ausgabe

In diesem Buch wird eindrücklich die Spannung beschrieben, die ein Missionar beim Versuch, friedliche Kontakte zu wilden Indianerstämmen aufzubauen, erlebt.

Bruce Porterfield hat sicherlich viele Schwierigkeiten in diesem Dienst erlebt, die der Leser nur teilweise nachvollziehen kann: die Hitze und Schwüle des Urwalds, die Einsamkeit und die Feindseligkeit der dort lebenden Menschen. Und doch scheuten er und seine Frau Edith keineswegs davor zurück, diese für ihren Herrn auf sich zu nehmen mit dem Ziel vor Augen, die Indianer mit der kostbarsten Botschaft der Welt vertraut zu machen. Wer hätte gedacht, wie sehr Zweifel, Ungewißheit und Entmutigung einen Teil im Leben eines Missionars einnehmen?

Beeindruckend ist gewiß die Standhaftigkeit, trotz widriger Umstände durchzuhalten und weiterzumachen, zu der Bruce und Edith Porterfield durch ihr kindliches Vertrauen zu einem allmächtigen Vater gelangt sind. Dieses Buch soll jedoch nicht Menschen in den Vordergrund stellen, welche Außerordentliches geleistet haben, sondern eine Ermutigung sein, den Staffelstab aufzunehmen und die Botschaft denen zu bringen, die sie bisher niemals hören konnten.

Der Inhalt des Buches wird Sie sicher fesseln und mithineinnehmen in ein Land des Urwalds, direkt in die „Grüne Hölle" mitten im Herzen Südamerikas.

Auch heute wird noch überall auf der Erde viel solcher Pionierarbeit geleistet, wenn auch die meisten unerreichten Völker zwar nicht so wild und isoliert, aber doch abgeschnitten und fern vom wahren Leben sind. Die Spannung - wenn man diese Menschen schließlich mit dem Evangelium erreicht - ist groß und unübertrefflich.

Heiko Hagemann
New Tribes Mission, Deutschland

Autobiographischer Abriß von Bruce Porterfield

Am 31. Dezember 1925 bin ich in Lansing, Michigan in den USA geboren worden. Unsere Familie lebte während meiner Kindheit wegen der finanziellen Depression und der hohen Arbeitslosigkeit in ziemlich ärmlichen Verhältnissen. Da ich jedoch in einer christlichen Familie aufwuchs, erfuhren wir, wie der Herr in den alltäglichen Dingen für uns sorgte. Im Alter von zwölf Jahren erlebte ich die Wiedergeburt in einer Methodisten-Kirche, in der das Evangelium verkündet wurde. In meiner Teenagerzeit verließ ich aber diese Kirche, da sie immer mehr von den Fundamenten der Bibel abwich und Wahrheiten wie die Jungfrauengeburt und die Göttlichkeit Christi leugnete.

Als ich 1943 die Schule beendete, ging ich zur Marine, um mich darauf vorzubereiten, auf den südpazifischen Inseln gegen die Japaner zu kämpfen. Wegen Lungenproblemen wurde ich zur Beobachtung in ein Marinehospital geschickt und daraufhin aus medizinischen Gründen aus dem Dienst entlassen. In der Zwischenzeit war meine Kompanie auf einer der Inseln ausgelöscht worden.

Für einige Monate arbeitete ich dann in einer Fabrik, die Teile für Panzer herstellte, als ich im November 1943 in der Tageszeitung von einer Nachricht las, die mich aus der Fassung brachte. In Bolivien wurden fünf Missionare vermißt, und man nahm an, daß sie von wilden Indianern getötet worden waren. Noch an diesem Abend faßte ich den Entschluß, dabei zu helfen, diese fünf Männer, die beim Versuch, das Evangelium auszubreiten, so mutig ihr Leben hingegeben hatten, zu ersetzen.

Im Februar 1944 kam ich zur *New Tribes Mission*, um mich ausbilden zu lassen. Im Sommer ging ich mit einer Gruppe nach Kalifornien, um das erste Trainingslager für Pioniermissionare anzufangen. Und noch im selben Jahr heirateten Edith und ich.

In den nächsten Jahren lernten wir Chinesisch, konnten aber keine Reisepässe erhalten, um nach China zu gehen. Daher warteten wir, und ich arbeitete zunächst in der Drukkerei der Mission und dann einige Zeit als Baumgärtner. Während dieser Zeit leitete ich „Jugend für Christus" in Martin County, Kalifornien.

Schließlich kamen wir im September 1949 mit unseren zwei Kindern in Bolivien an. Seitdem hat der Herr uns mit drei weiteren Kindern gesegnet. Der erste Volksstamm, mit dem wir Kontakt aufnahmen, lebte an der bolivianisch-brasilianischen Grenze. Es war der Stamm der Nhambigua-ra, von dem in diesem Buch ausführlicher berichtet wird.

Bei unserem zweiten Aufenthalt auf dem Missionsfeld von 1956-61 arbeiteten wir zunächst unter einem Stamm, bis ich dann die Aufgabe eines Vertreters vor der Regierung für unsere Mission in Bolivien übernahm. Während dieser Zeit konnte ich auch verschiedene Male bei der Kontaktaufnahme mit den feindseligen Yuquis und dem Aarona-Stamm helfen. Später half ich dann mit bei der Verwaltung und dem Unterrichten an unserer Schule für Missionarskinder.

Der dritte Aufenthalt in Bolivien beinhaltete verschiedene Aufgaben vom Vertreter der Mission vor der Regierung über den Buchhalter bis hin zum Feldleiter.

Als wir nach unserem dritten Aufenthalt in die USA zurückkamen, dachten wir, es sei nur für ein Jahr. Doch der Herr hat uns so geführt, daß wir nun schon seit 29 Jahren unsere Mission in den USA repräsentieren. Ich darf von Küste zu Küste reisen und dabei Missionskonferenzen, Gemeinden, Schulen und Seminare besuchen. In den letzten Jahren habe ich dabei meinen Kalender von rund 200 auf 110 bis 120 Veranstaltungen im Jahr reduziert.

Welch eine Ehre und welch ein Vorrecht, unserem Herrn und Retter Jesus Christus zu dienen. Wir planen nicht, in Rente zu gehen, und hoffen, noch so lange weitermachen zu können, wie der Herr es erlaubt.

Mit Freude Sein Diener

Bruce Porterfield,
im Juni 1995

Kapitel 1

Meine Herausforderung

Während ich mich den wild überwucherten Trampelpfad entlangkämpfte, wurde das Verlangen umzukehren in mir immer stärker. All die Schwierigkeiten und widrigen Umstände meiner einsamen Lage krochen mir wie giftige Schlangen durch den Kopf. Ich spürte immer mehr, wie tollkühn mein Versuch war, den Weg durch diesen vollkommen unwegsamen Dschungel im unerforschten Gebiet nahe der bolivianischen Grenze allein zu finden.

Hier, mitten in dampfender Luftfeuchtigkeit, wurde es zunehmend unmöglich, Trinkwasser zu finden. Seit vier Tagen suchte ich ohne Unterbrechung und schwitzte pausenlos. Jetzt war es fast Nachmittag. Mein letzter Schluck lag bereits zehn Stunden zurück. Ich konnte kein Hoffnungszeichen mehr sehen, und meine Kehle brannte vor Durst.

Meine Füße waren übersät mit Blasen, und die Tragriemen schnitten mir in die Schultern. Ich stolperte, blieb einen Augenblick stehen und versuchte, die Riemen an weniger schmerzende Stellen zu schieben.

Benommen schaute ich mich um. Ich befand mich auf einer kleinen Lichtung, umstanden von gedrungenen Palmen. Die schuppigen Stämme, ungefähr einen Meter dick, wuchsen wie riesige, verrottende braune Maiskolben zu einer Höhe von annähernd fünf Metern; dort breiteten sich die Äste aus, schwer beladen mit breiten grünen Blättern. Hinter den dicken, einzeln wachsenden Palmen standen wie eine lebende Mauer riesige dichte Bäume, zwanzig Meter hoch und höher, die Äste dicht verschränkt weit über den Palmwipfeln. Ich schaute auf in der Hoffnung, einen Hinweis auf das kommende Wetter zu entdecken, sah aber nur diese undurchdringliche, grüne Kuppel - da war nicht das kleinste Fleckchen Himmel.

In der Luft lag schwer und feucht der Geruch von Moder und Verwesung. Auf der dampfenden Erde um mich her lagen abgefallene Palmzweige und halb verfaulte Blätter. Verstreute Farngewächse hingen schwer in der feuchten Hitze.

Aufgebrochene Kokosnüsse, deren Fleisch hungrige Tiere herausgekratzt hatten, lagen verstreut auf der Lichtung. Sie würden dem Boden, der einst sie genährt hatte, wieder als Nahrung dienen. Die braune Erdkruste war narbig und aufgerissen, wo sie kürzlich durchwühlt worden war. Die aufgegrabenen grauen Gruben darunter legten die abgebissenen Enden absterbender Wurzeln bloß, weiß wie Knochen.

Mein Verstand riet mir umzukehren, aber eine innere Stimme drängte mich vorwärts. Es war der gleiche Kampf, der mich schon seit drei Tagen gefangenhielt. Eigentlich gab es keinen vernünftigen Grund für den Versuch, meine Freunde jetzt während der Trockenzeit zu erreichen. Nach allem, was ich wußte, waren sie sicher in einem Camp tief im Dschungel. Mit Flößen waren sie, versehen mit ausreichend Vorräten an Trinkwasser und Lebensmitteln, ins Macurapi-Gebiet aufgebrochen, als die Flüsse und Sümpfe noch Hochwasser gehabt hatten. Und doch war ich schon so weit gekommen. Verbissen hatte ich den schlimmsten Sumpf, den ich je gesehen hatte, überquert, mühselig Meile um Meile undurchdringlichen, schier endlosen Dschungels hinter mir gelassen, um ihnen ein kleines Paket mit zusätzlichen Lebensmitteln und Medikamenten zu bringen, von denen ich fühlte, daß sie sie brauchten. Warum?

Warum? Zum hundertsten Mal stellte ich mir diese Frage. Und zum hundertsten Mal antwortete diese eindringliche Stimme in meinem Inneren: *Deshalb - du mußt weitergehen.*

Ich begann mir vorzustellen, ich säße auf einer kühlen Veranda, mit einem Glas Eistee in der Hand ...

Plötzlich wurde ich von einem lauten Klappern aufgeschreckt. Genau vor mir, etwa sechs Meter entfernt, stand ein großer, schwarzer, wilder Eber. Er verursachte das laut klappernde Geräusch mit seinen blitzenden, weißen Zähnen, die hinter seiner hochgeschobenen Oberlippe zum Vorschein kamen. Dieses Geräusch und die aufgestellten schwarzen Borsten seines häßlichen schwarzen Rückenfells ließen keinen Zweifel aufkommen. Er war bereit zum Angriff.

Ein zweites Klappern stimmte in das erste ein: Ein zweites Schwein stand keine anderthalb Meter neben ihm. Gelähmt vor Angst sah ich mich vorsichtig um und entdeckte noch eines und noch eines - insgesamt vier, und alle klapperten in meine Richtung mit diesen mörderischen Zähnen.

Ich zog meine Pistole und entsicherte sie. Langsam bewegte ich mich rückwärts. Aus den Augenwinkeln versuchte ich, den nächsten Baum auszumachen, auf den ich im Ernstfall schnell klettern könnte – die bröckelige Rinde der Palmen war jedoch unmöglich einzuschätzen.

Die Schweine behaupteten das Feld wie Wachposten, stur und unnachgiebig, boshaft mit hungrigen Zähnen klappernd. Ich fuhr fort, mich Zentimeter um Zentimeter zurückzuziehen, wobei ich immer wieder verzweifelt die Entfernung zu meinem ausgesuchten Baum abschätzte, immer im Vergleich zur voraussichtlichen Geschwindigkeit der Wildschweine.

Dann hörte ich direkt hinter mir ein lautes, scharfes Klappern. Ich fuhr herum. Ein weiteres halbes Dutzend von ihnen schnitt mir den Fluchtweg ab! Sie vereinten ihr wütendes Geklapper mit dem der Schweine vor mir. Bevor ich überhaupt den Versuch beginnen konnte, den rettenden Baum zu erreichen, barst alles um mich her in Lärm. Angeführt von dem grauenvollen klappernden Chor, drang aus dem Dschungel eine Armee von blitzenden, schwarzen Augen, schwarzen Borsten und weißen Zähnen, um mir jeden möglichen Weg abzuschneiden. Alle rettenden Bäume lagen nun hinter ihrer Angriffslinie. Sie formierten sich zu einem engen Kreis und standen still, unverrückbar, wild entschlossen und wütend klappernd. Mit einem kurzen verzweifelten Blick schätzte ich ihre Anzahl auf etwa siebzig. Ich hatte neun Schuß in meiner Pistole. Wenig Hilfe! Wenn sie angriffen, würde die Waffe mein Leben um maximal dreißig Sekunden verlängern.

Etwa vier Meter vor mir standen die ersten Schweine. Sie behaupteten ihr Feld. Ich behauptete mein Feld. Minuten vergingen. Das Klappern fuhr unvermindert fort.

„Herr", betete ich, „ich brauche dringend Hilfe von dir."

In diesem Nervenkrieg war der Lärm schon fast völlig ausreichend, um mich völlig um den Verstand zu bringen. Vielleicht war das ihre Taktik: mich dadurch klein zu kriegen, daß sie einfach warteten, während sie mich mit diesem grauenvollen Lärm mürbe machten, weiterhin wartend und wartend auf den Augenblick ...

Ich mußte irgend etwas tun. Sachte versuchte ich, mich nach vorn zu schieben. Als ich nur wenige Zentimenter nach vorn gekommen war, bewegten sich die Schweine vor mir wie auf Kommando einen Schritt zurück. Ich wagte einen großen Schritt. Sie gingen wieder einen Schritt zurück. Ich sah mich um: Die Schweine hinter mir hatten aufgeschlossen. Ich war auf dem Pfad einen halben Meter weitergekommen und befand mich in exakt derselben Lage wie vorher. Das Klappern hielt unvermindert nervenaufreibend an - ihre Taktik begann bei mir zu wirken. Ich war allein und wehrlos.

Sie hatten mich!

Welch eine Kette von Ereignissen hatte zu diesem Moment geführt - eine Kette über die Dauer von neun Jahren, um genau zu sein! Während des zweiten Weltkriegs war ich aus gesundheitlichen Gründen aus der Marine entlassen worden und arbeitete danach in einem Rüstungsbetrieb in Lansing, Michigan. Ich wußte, daß ich unzufrieden war, wußte aber nicht genau weshalb. Sicher war, daß ich drei Jahre lang von dem Gedanken, Missionar zu werden, verfolgt wurde; mehr oder weniger erfolgreich verdrängte ich den Gedanken immer wieder. Die Arbeit in einer Fabrik war sicher nicht das, was ich mir für mein Leben wünschte, aber ich sah keine unmittelbaren Alternativen dazu.

Am Ende eines jeden Tages kam ich ausgebrannt nach Hause - erschöpft nicht nur von der schweren Arbeit, sondern auch unzufrieden. Ich tat weder das, was ich tun wollte, noch das, was ich tun sollte. Aber ich wollte die wachsende Herausforderung dieser Gedanken nicht wahrhaben; ich wehrte mich dagegen. Vielleicht hatte ich auch Angst, nicht die nötige Glaubensstärke und keine Berufung zum Missionsdienst zu haben, die für diese Aufgabe Voraussetzung sind.

An einem verhangenen Januarabend im Jahre 1944 saß ich nach einem langen Arbeitstag zu Hause. Ich hörte das vertraute Rumsen des Abendblatts, das gegen meine Haustür knallte. Als ich die Zeitung aufhob, sah ich einen Artikel, der mich sofort in Bann schlug. Fünf Missionare waren von bolivianischen Indianern, die noch in der Steinzeit zu leben schienen, ermordet worden. Hier und jetzt wurde ich unmißverständlich herausgefordert. Vollkommen erschüttert stellte ich mich meiner Verantwortung. Ich wußte plötzlich genau, was ich mit meinem Leben anfangen sollte: Ich sollte in die Fußstapfen dieser Männer treten und Gottes Wort zu diesen Menschen bringen, die noch nie von Jesus Christus gehört hatten. Einwände und Zögern waren verschwunden. Mein Entschluß stand fest.

Von da an hatte mein Leben nur noch dieses eine Ziel: diesen Märtyrern nach Bolivien zu folgen. Aber wie sollte ich das anstellen? Ich hatte keinerlei Erfahrung in der Missionsarbeit. Aber ich war fest entschlossen, was immer nötig sein sollte zu lernen.

Und so nahm ich einige Monate nach diesem denkwürdigen Tag das Studium an einer Missionsschule in Chicago auf. Hier bekam ich beides, sowohl körperliche als auch geistliche Ausbildung. Intensives Schriftstudium stand ebenso auf dem Lehrplan wie all die anderen praktischen Dinge, in denen ein Missionar geschult sein muß - vom Bootfahren bis zum Haareschneiden, vom Gartenbau bis zum Aufbau eines Gemeindehauses für die Einheimischen. Danach fuhr meine Klasse nach Kalifornien zum Mendocino-Wald, wo wir ein „missionarisches Basislager" errichteten. Nach dem Vorbild der militärischen Basislager gestaltet, war es das erste seiner Art. Der Zweck war, so realistisch wie möglich die Umstände vorzustellen, unter denen Missionare in der Wildnis leben müssen, und sie fit zu machen als Kämpfer auf dem Missionsfeld.

Dort wurde das praktisch und geistlich Erlernte auf den Prüfstand gestellt und zum Abschluß gebracht. Dort lernten wir in schwierigen Situationen, auf Gott zu vertrauen. Unter den extrem notvollen Lebensbedingungen dort wurden wir erst fähig zu erfassen, in welch wunderbarer Weise Gott unsere Bedürfnisse in Zeiten der Not stillte. Erst nach diesen außerordentlichen physischen Anstrengungen und dem geistlichen Wachstum würden wir fähig sein, jenseits aller Zivilisation das Leben zu meistern und Gottes Werk in uns nicht zu hindern.

In dieser Bibelschule in Chicago traf ich Edith Olson, die ebenso wie ich in ihrer Berufung brannte, Gottes Wort zu verbreiten. Einige Monate später, im Basislager, wurden wir getraut.

In den Jahren, die meinem Ruf folgten, vertiefte und festigte sich mein geistliches Erfahrungsspektrum. Ich fuhr fort, sowohl in Chicago als auch im Basislager zu arbeiten. Edith und ich bekamen zwei Kinder geschenkt, erst Brian, dann Connie. Während der zwei Jahre, die wir auf einen Missionsauftrag warteten, arbeitete ich als Förster in Kalifornien und leitete in dieser Zeit noch eine Jugend-für-Christus-Bewegung.

Dann - endlich! - war es Zeit, nach Bolivien aufzubrechen - in dasselbe Gebiet, in dem die Missionare, deren Schicksal mich herausgefordert hatte, ihr Leben gegeben hatten.

Ende September 1949 startete die kleine Missionsma-

15

schine vom Flugplatz in Corumba aus, einer kleinen Stadt an der Ostgrenze Brasiliens - Ziel: das kriegsgeschüttelte Bolivien. Meine Entscheidung von vor nunmehr fast sechs Jahren sollte sich verwirklichen.

Kapitel 2

Konfrontation mit dem Unbekannten

A us der Luft sahen wir eine riesige Steppenlandschaft unter uns. Fast schon am Horizont, inmitten einer Flik-kenlandschaft aus Dschungel und kultiviertem Boden, entdeckten wir Robore und die Landebahn. Im Landeanflug sahen wir erstaunt, daß das Flugfeld mit Öltonnen übersät war. Ben Weatherfield, unser Pilot, zog die Maschine wieder hoch und nahm über Funk Kontakt zur Bodenstation auf. Die bolivianischen Soldaten dort erklärten, daß dies nur eine Vorsichtsmaßnahme sei, die Übergriffe der Rebellen auf landende Versorgungsflugzeuge verhindern sollte. Während Ben den Flugplatz umkreiste, stellten wir uns dem Bodenpersonal vor. Bald sah man winzige Figuren auftauchen, die die Ölfässer beiseite rollten.

Die Maschine landete ruhig und hielt vor einem flachen Backsteingebäude. Nun waren wir endlich in Bolivien. Wir wußten nicht, was uns erwartete, aber zumindest hatten wir unseren Bestimmungsort erreicht.

Wir kletterten heraus und atmeten die trockene, heiße bolivianische Luft tief ein. Wir waren froh, wieder auf dem Erdboden zu stehen. Die Szenerie wirkte ungewöhnlich friedvoll; wir suchten vergeblich nach irgendeinem Zeichen der Revolution.

„Hören Sie!" rief jemand. Alle standen gespannt. Aus der Ferne hörte man das Geräusch eines anderen Flugzeugs.

„Die Rebellen!" sagte ein Mann neben mir mit gedämpfter Stimme. Menschen rannten in Deckung. Von überall her erschienen Männer, die die Fässer wieder hinausrollten. Einer der Armeeoffiziere rief uns zu: „Gehen Sie weg von dem Flugzeug - es wird wahrscheinlich bombardiert!"

Edith und ich nahmen die Kinder bei der Hand und eilten zu einem vergleichsweise sicher wirkenden Haus in der Nähe. Wir versuchten angestrengt, ruhig zu wirken, um die Flut von Fragen, die Brian uns sonst stellen würde, zu vermeiden.

Zwei Maschinen nahmen Kurs auf den Flugplatz, kreisten, ohne einen Schuß abzufeuern, und drehten dann wieder ab. Dann kamen sie zurück. Ich war sicher, daß sie uns diesmal angreifen würden. Aber auch jetzt geschah nichts. Sie umkreisten den Flugplatz und verschwanden erneut - diesmal auch wirklich.

Meine Knie waren ein wenig zitterig, als ich zum Flugzeug zurückging, um unser Gepäck zu holen. Plötzlich hörte ich eine Stimme rufen: „Hallo, Kinder! Tut das gut, euch beide zu sehen!"

Eine schmale braunhaarige Person in blaugemustertem Kleid lief auf uns zu. Ich erkannte Helen Ostewig. Helen hatte sich seit Brians Geburt angewöhnt, uns allesamt mit „Kinder" anzusprechen. Einmal hatte sie uns abends besucht, während wir alle in der Missionszentrale arbeiteten, und sie hatte festgestellt, daß wir wie zwei Kinder aussahen, die mit einer lebenden Puppe spielten. Gibt es etwas Schöneres als den Anblick eines vertrauten Gesichts, wenn man als Fremder in einem fernen Land ist? Vor allen Dingen nach den Erfahrungen, die wir gerade hinter uns gebracht hatten, war uns der Anblick Helens ein wahres Labsal. Es folgten Küsse, Umarmungen, man drückte sich und - konnte es kaum glauben!

Helen stand uns besonders nahe. Sie war es gewesen - damals Sekretärin bei Paul Fleming, dem Leiter der Mission, die uns aussandte -, die mein erstes Bewerbungsschreiben wohlwollend beantwortet hatte. Von Anfang an hatte sie mir auf meinem Weg zum Missionarsdienst geholfen. Als Edith und ich in Chicago wohnten, war es ihre warmherzige Persönlichkeit, die uns ihre Freundschaft suchen ließ. Später heiratete sie dann Jim Ostewig.

Wir hatten gehofft, daß die Möglichkeit bestehen würde - und jetzt sah es ganz danach aus -, daß wir vier zusammen im selben Stammesgebiet würden arbeiten dürfen. Unsere Missionsgesellschaft bevorzugte eine solche Einsatzplanung. Wir hatten eigentlich vorgesehen, alle mit demselben Flugzeug die Staaten zu verlassen. Aber einige Tage vor dem Abflug hatten wir unsere Plätze an Joy und Myron Gess abgegeben, weil Joy gerade an dem Abschnitt ihrer Schwangerschaft angelangt war, während dem das Reisen am ungefährlichsten ist. So waren uns also Ostewigs vorausgereist. Wir hatten gehofft, sie irgendwo auf der Reise wiederzutreffen, aber wie die Umstände waren, konnten wir nicht wissen, wann oder wo das sein könnte.

Connie Wyma kam ebenfalls herüber, um uns willkommen zu heißen. Sie und ihr Mann Mel, ein Missionspilot, waren alte Freunde von uns. Wir hatten unsere Ausbildung alle zur selben Zeit begonnen.

„Aber wo ist Jim?" fragte ich schließlich.

„Oh, er ist schon vorausgefahren", antwortete Helen. „Kommt, laßt uns gehen. Ihr müßt eure Taschen zum Missionshaus tragen. Es ist nur ungefähr eine halbe Meile. Ich werde euch unterwegs alles erzählen." Unaufhörlich plauderte sie weiter. „Wir haben übrigens unseren Platz", sagte Helen. „Wenigstens denke ich, daß wir ihn haben. Jim ist jetzt schon da oben."

„Mel hat ihn hingeflogen", fügte Connie noch hinzu. „Sie sind vor ein paar Tagen aufgebrochen."

„Ach wirklich?" fragte Edith aufgeregt. „Wo ist es denn?"

„Eine Art Siedlung im Dschungel mit Namen Cafetal."

„Cafetal?" sagte ich. „Noch nie gehört diesen Namen."

Helen lachte. „Da bist du in guter Gesellschaft. Ich hatte Mühe, jemanden zu finden, der den Namen schon gehört hat. Alles, was ich weiß, ist, daß es irgendwo oben im Norden liegt, im Dschungel, genau an der Grenze zwischen Bolivien und Brasilien." Ihre Stimme bekam einen aufgeregten Klang. „Soviel ich verstanden habe, gibt es in der Gegend einige wirklich primitive Eingeborenenstämme. Man kann es sich kaum vorstellen, aber sie sind Wilde, die noch genau so leben, wie vor Tausenden von Jahren."

Edith murmelte erstaunt. Sie wollte wissen, warum Jim und Helen Cafetal ausgewählt hatten.

„Es ist eine schier unglaubliche Geschichte", fuhr Helen fort. „Ehrlich, wenn man sich vor Augen führt, wie Gott Menschen gebraucht! Vor ungefähr acht Wochen tauchte ein Mann hier in Robore auf, ein Österreicher, groß und stattlich - garantiert aus der Armee. Er hatte diesen europäischen Charme, aber es war trotzdem etwas Geheimnisvolles an ihm. Er gab an, ein Abenteurer zu sein. Im ganzen Land hatte er nach Gold gesucht. Sein Name ist Frederico. Er lebt schon seit einiger Zeit im Cafetal. Jim und Mel versprachen ihm, wenn er eine Landebahn anlegen würde, dann würden unsere zwei Familien dort arbeiten. Er sagte, er wolle es tun. Letzten Monat flogen Jim und Mel hinauf, sahen, daß die Landebahn zu kurz war und hinterließen eine Nachricht für Frederico, sie müßte verlängert werden. Abgesehen davon, kann ich euch nichts über Cafetal berichten - mehr weiß ich nicht."

Wir hatten das Haus fast erreicht, das für die nächsten Tage unser Zuhause sein sollte. Als wir alle in das Haus marschierten, dachte ich, daß die Einwohner der Stadt sich sicher wunderten, wie das kleine Vier-Zimmer-Haus eine ganze Flugzeugladung an Missionaren beherbergen sollte.

Im Garten blieb Helen Ostewig stehen. Sie legte eine Hand auf meinen Arm und lenkte meine Aufmerksamkeit auf ein langgezogenes, flaches weißes Gebäude mit rotem Ziegeldach. „Erkennst du es wieder?" fragte sie leise. Mir stiegen Tränen in die Augen, und meine Stimme versagte. Mechanisch nickte ich. Und ob ich es erkannte! Dieses Haus war das Hauptquartier der fünf Missionare gewesen, die beim Versuch, zu den Ayores Kontakt aufzunehmen, ihr Leben verloren hatten. Wie oft hatte ich dieses Haus während des Trainingskurses gesehen, auf Filmen, die die fünf zurück in die Staaten geschickt hatten. Es war für mich ein heiliger Ort. Und jetzt sah ich es mit meinen eigenen Augen.

Ich ließ die anderen ins Haus vorangehen. Mein Kopf war immer noch angefüllt mit den Eindrücken der vergangenen Tage. Zunächst die Tränen meiner Mutter und mein Vater, der mühsam Haltung bewahrte, beim Abschied vor ihrem Haus in Lansing: Sie wußten nicht, wann oder ob sie überhaupt jemals einen von uns vieren wiedersehen würden. Wir waren auf dem Weg in eines der unzugänglichsten Gebiete der Erde, wo viele vor uns schon zu Tode gekommen waren. Dann der gewaltige Dämpfer, den unsere Hoffnungen auf dem Flughafen in Miami erhalten hatten, angesichts der dikken Schlagzeilen, daß in Bolivien die Revolution ausgebrochen war - dies konnte das Ende aller Arbeiten dort bedeuten. Dann die Nacht, zusammengerollt auf dem kalten Fußboden eines hoffnungslos überfüllten Hotels in Puerto Rico. Und dann die folgende Nacht, in der unser Missionsflugzeug infolge eines Sturms und einer unterbrochenen Funkverbindung für mehrere angstvolle Minuten über Nordbrasilien verloren schien, bis unser Pilot, Ben Weatherald, mit Hilfe des Herrn schließlich die Stadt Belem fand und sicher landete. Brian, vier Jahre, und Connie, ein Jahr alt, hatten während der ganzen Zeit friedlich geschlafen.

Dann die Schlagzeilen dort -

BOLIVIANISCHER PRÄSIDENT
AN LATERNENPFAHL AUFGEHÄNGT

- weckten neue Ängste und ließen uns zweifeln, ob es Sinn hatte weiterzumachen. Weiterreise! Dann das Geschenk, einige Armeeoffiziere zu treffen, die uns für eine Mitfluggelegenheit halfen, ins Land zu kommen.

Ich schaute noch einmal auf das Haus der fünf Missionare. Und während ich es ansah, wuchs in mir eine neue Kraft, eine neue Berufung. Den Gedanken an die fünf Männer im

Herzen, betete ich um Hilfe, das unvollendet vor mir liegende Werk des Herrn weiterführen zu dürfen.

Drinnen glich der hübsche, kleine Wohnraum des Missionshauses eher einem Flüchtlingslager mit all den aufgetürmten Koffern und Reisetaschen. Aber niemand störte sich daran. Helen und Connie stießen zu uns und hatten bald ein schmackhaftes Abendessen aus spanischem Reis und grünem Salat zubereitet.

Unter dem Einfluß all dieser neuen Eindrücke hatten wir die Revolution ganz vergessen. Aber als die Nacht anbrach, wurden wir jäh an die Nähe der Rebellen erinnert: das Durchzählen der Wachposten. *„Uno - dos - tres"*, bellten sie. Mit wenig Hoffnung auf Schlaf packten wir die Kinder unter ihren Moskitonetzen ins Bett und setzten uns, um miteinander zu sprechen, große Tassen mit starkem bolivianischen Kaffee auf den Knien.

Mel und Connie Wyma waren schon seit drei Jahren hier in Bolivien. Mel, der mit seiner eigenen Maschine aus den Staaten gekommen war, hatte bereits einige Male Kontakt zu den Ayores gehabt. Ich dachte, Connie könnte mir vielleicht einige nähere Einzelheiten über das Schicksal der fünf Missionare, die sie umgebracht hatten, erzählen.

„Keinem von uns ist es bis jetzt gelungen, genug von ihrer Sprache zu lernen oder mit ihnen allen in freundlichen Kontakt zu treten, um Licht in die Ereignisse von damals zu bringen", sagte Connie. „Zunächst nahm jeder an, daß sie alle umgebracht wurden. Aber die Witwen hielten immer noch an der Hoffnung fest - klein, aber sie war da -, daß sie vielleicht doch noch irgendwo im Dschungel am Leben sein könnten. Letztendlich aber war jemand in der Lage, mit den Mördern selbst zu sprechen - ihr Tod wurde bestätigt."

Ein Schuß knallte. Wir zuckten zusammen. Für Helen schien dies jedoch nichts Ungewöhnliches zu sein. Aber die Unterhaltung wandte sich dem möglichen Ausbrechen neuer Kämpfe zu.

Connies Ausführungen hatten meine Missionsleidenschaft neu entfacht. Vielleicht würde meine Arbeit mich zu neuen Erkenntnissen über diese Männer führen. Ich würde dann meine Bestimmung erfüllen, nämlich in ihre Fußstapfen zu treten, vorausgesetzt, der Herr führte mich in diese Richtung.

Später am Abend kamen noch zwei der Witwen zu uns herüber. Es war eine der eindrucksvollsten Erfahrungen in meinem Leben, wie die beiden in völliger Ruhe von den Ereignissen berichteten, die der Tragödie vorangegangen waren und die ihr folgten - von ihrer Hoffnung und ihrem Glauben.

Jemand meinte, es sei langsam Zeit fürs Bett. Es war schon fast Mitternacht, als Connie Wyma mir das Quartier zeigte, das für die Männer hergerichtet war - ein Palmblatt-gedeckter Schuppen, etwa zehn Meter hinter dem Haus. In Anbetracht unseres Eintreffens hatte man einige Einheimische angeheuert, um diese Unterkunft zu errichten. Fünf oder sechs Hängematten waren unter dem Dach für uns aufgehängt. Einer nach dem anderen kletterten wir hinein. Wir waren erschöpft. Keiner sprach. Die Nachtluft war warm und schwer. Das einzige Geräusch war das ausdauernde Gequake der Frösche, als ob einer den anderen übertreffen wollte. Ab und zu legten sie eine Pause ein, und wir wunderten uns, wer sie wohl in ihrem angestammten Gebiet aufgestört hatte. Aber meine Augenlider waren bleischwer, und ich sank in einen leichten ersten Schlaf.

Urplötzlich zerriß Gewehrfeuer die Stille. Kugeln pfiffen durch die Luft, über unsere Köpfe hinweg. So schnell wir konnten, rollten wir uns aus den Hängematten. Wir rannten ins Haus, um sicherzustellen, daß unseren Frauen und Kindern nichts geschehen war. Sie waren unversehrt, obwohl einige Kinder aufgewacht waren und angstvoll weinten. Wir hatten selbst dringend Zuspruch nötig, aber wir versuchten, sie zu beruhigen. So plötzlich, wie es begonnen hatte, hörte das Schießen wieder auf.

Schweigen - dann begann das Durchzählen der Wachposten. Wir lauschten gespannt.

„Uno - dos - ... ?"

Die Kugel eines Heckenschützen hatte Nummer drei zum Schweigen gebracht. Unsere Gedanken wanderten zu dem armen Kerl, und wir überlegten, wie schwer er wohl verletzt sein mochte. Es dauerte nicht lange, dann antwortete eine neue Stimme für Nummer drei. Das Echo der Appelle hing in der Luft.

Aber die Frösche blieben stumm. Daraus schloß ich, daß die Rebellen noch immer in der Nähe sein mußten. Tatsächlich, eine gute Stunde später bellten die Gewehre wieder. Diesmal flogen die Kugeln sogar noch näher am Haus vorbei. Nochmal das Abzählen. Keine Antwort von Nummer fünf. Ein Leben nach dem anderen wurde ausgelöscht.

Nach einer Zeit im Arm der Eltern beruhigten sich die Kinder wieder und gingen zurück ins Bett. Es war schon fast Morgen. Wir kehrten zu unseren Hängematten zurück.

Mit dem Morgen unseres zweiten Tages in Robore brachen auch die Diskussionen über das nächtliche Geschehen auf. Als Connie Wyma die Fensterläden aufstieß, flutete das orangefarbene Licht der aufgehenden Sonne in die Dunkelheit des Wohnzimmers.

„Also, Kinder", Connie gähnte halb, „habt ihr letzte Nacht ein bißchen Schlaf bekommen?"

„Schlaf, wie schreibt man das?" fragte ich. Ich saß hinter Edith und hielt sie in den Armen.

„Liebe Güte!" rief Edith. „Als die Schießerei losging, dachte ich, ich würde sterben vor Angst."

Bald jedoch vermittelte der vertraute Geruch von Haferflocken, die auf dem Holzherd kochten, ein heimeliges Gefühl.

„Würde mich interessieren, wer heute morgen die Regierung stellt?" sagte ich, während ich zur Tür hinüberging und durch die obere offene Hälfte nach draußen sah.

Alles wirkte ruhig. Einige Frauen in sauberen, aber ausgebleichten formlosen Kleidern huschten vorüber, Gemüse oder Fleischstücke in der Hand. Die meisten von ihnen gingen barfuß, das lange schwarze Haar floß den Rücken herab. Beim Blick die lange sandige Straße hinunter sah ich Staub, der aus geöffneten Türen flog, als drinnen die Ziegelfußböden gefegt wurden. Rauch zwirbelte sich langsam in die Luft. Man kochte auf offenem Feuer.

„Iiiiih!" quietschte eine Frauenstimme hinter mir. „Da ist ein Skorpion!"

Connie Wyma ging hinüber und zertrat das Tier ganz beiläufig.

„Ihr werdet euch daran gewöhnen", sagte sie. „Sie sind überall. An manchen Tagen erlegt man ein halbes Dutzend."

Nach achtundvierzig Stunden hatten Edith und ich Gelegenheit, uns zusammen mit den Kindern die Stadt ein wenig anzusehen. Es dauerte nicht lange, bis wir merkten, daß wir Objekte einer ganz besonderen Art von Neugier waren. Jedesmal wenn einer von uns sich umdrehte oder den Kopf plötzlich zur Seite wandte, konnte man irgendeine Person in einem Hauseingang verschwinden sehen, oder ein Kopf zog sich blitzschnell in ein Fenster zurück. Das war merkwürdig, denn wir waren bestimmt nicht die ersten Amerikaner, die sie zu Gesicht bekamen. Aber wir dachten uns nicht allzuviel dabei.

Am nächsten Tag in der Frühe kamen zwei oder drei Frauen, die Bananen, Reisbrot oder Maiskekse an der Tür verkauften. Natürlich wollten sie auch die neuesten Neuigkeiten erzählen. An diesem Morgen hatten sie zu berichten, daß die Regierungstruppen Cochabamba wieder zurückerobert hatten. Diese Stadt war die Provinzhauptstadt und hoffentlich unser Bestimmungsort.

Wenige Minuten später erschien ein Armeeoffizier, der uns bat, ihn und einige andere Offiziere nach Cochabamba zu fliegen. Er versicherte uns all seine mögliche Unterstützung bezüglich der dortigen Behörden, wenn wir dort angekommen wären. Allerdings warnte er uns davor, daß die Maschine unterwegs möglicherweise beschossen werden könnte, da es wegen der Revolution verboten war, Privatflugzeuge zu benutzen. Niemand nahm den Vorschlag begeistert auf. Ben wies allerdings darauf hin, daß wir im Fall einer Ablehnung nicht wüßten, wann wir je nach Cochabamba gelangen würden. Dies war das entscheidende Argument.

Am selben Nachmittag gingen wir Männer in einem kleinen malerisch gelegenen Weiher unweit des Haues mit unseren Kindern zum Schwimmen. Als wir zurückkamen, lachte Ben aus vollem Halse.

„Du wirst es nicht glauben, Bruce", sagte er. „Ich habe herausgefunden, warum ihr letzthin so interessant für alle wart. Eines der Missionskinder erzählte, sie hätten in der Schule eine hitzige Diskussion gehört und weihten mich ein. Padre Juan erzählte allen Kindern in der Stadt, daß ihr Teufel wärt. Sie haben nach euren Schwänzen Ausschau gehalten!"

Brüskiert sagte Brian entrüstet: „Ich habe keinen Schwanz." Wir alle lachten schallend.

„Aber sie wissen jetzt die Wahrheit", sagte Ben. Eins der Kinder ist euch zum Weiher gefolgt, um ganz sicherzugehen. Und jetzt ist die Meldung raus, daß der Priester sich geirrt hat - keine Schwänze, keine Teufel!"

Als wir am nächsten Morgen zum Flugplatz schlenderten, sprachen wir wenig. Jeder war in seinen eigenen Gedanken gefangen. Die Offiziere besprachen den Flug mit Ben. Helen übersetzte. Ben schien es zu widerstreben, diese Gelegenheit zu nutzen. Er war weniger um sein eigenes Leben als vielmehr um die Missionarsfamilien besorgt. Als wir deutlich gemacht hatten, daß wir diese Gelegenheit auf jeden Fall nutzen wollten und darauf brannten loszufliegen, gab er seinen Widerstand auf. Es erging der Befehl, die Ölfässer beiseite zu rollen.

Unser Bestimmungsort, die Stadt Cochabamba, in der unsere Missionsgesellschaft ein Hauptbüro unterhält, lag eingebettet in ein Andental in der Höhe von 2440 m, ungefähr 700 Kilometer entfernt. Wir würden sehr hohe Berge überqueren müssen und dann im Anflug auf die Stadt so schnell wie möglich abtauchen und landen müssen, um nicht abgeschossen zu werden. In Anbetracht der Lage wollten die Offiziere den Flugplatz nicht vorab von unserer Ankunft informieren. Die Maschine pendelte sich auf einer Flughöhe von 5600 m ein, die grünen Baumwipfel einige hundert Meter unter uns.

Wir schoben uns durch einen Paß, umgeben von hohen Bergen, und die Maschine begann schnell an Höhe zu verlieren. Unsere Connie weinte: Sie konnte den Druck auf ihren Ohren nicht loswerden. Andere gähnten angestrengt oder drückten mit den Fingerspitzen auf die Ohren. Ich wartete auf das Einsetzen von Gewehrfeuer. Sekunden, Minuten schlichen vorbei. War die Entscheidung von Robore, unsere Ankunft nicht per Funk anzukündigen, die richtige gewesen? Die Offiziere hatten erklärt, dies würde dem Bodenpersonal die Gelegenheit nehmen, unsere Landung zu verweigern. Aber ließ uns all das nicht gerade wie ein Rebellenflugzeug wirken? Wir verloren Höhe, mehr und mehr; jede Sekunde brachte uns weiter nach unten. Plötzlich waren wir auf dem Rollfeld, eine glatte Landung.

Alle seufzten erleichtert auf und begannen wild durcheinanderzureden - alle, außer unserer kleinen Connie, die, geängstigt durch den plötzlichen Krach, die Ohren immer noch zu durch den Druck, jetzt lauter weinte als zuvor. Edith nahm sie in den Arm und setzte sich zusammen mit ihr auf ihren Sitz, um sie zu trösten.

Wir rollten langsam aus und kamen am Ende des Flugplatzes, weit entfernt von Abfertigungsgebäuden und Kontrollturm zum Stehen. Viele der kleineren Kinder weinten. Ihre Mütter versuchten weiterhin, sie zum Gähnen oder kräftigem Naseschnauben anzuhalten, um den Druck von den Ohren zu bekommen.

Ein Jeep, vollbesetzt mit schwer bewaffneten Soldaten, raste auf uns zu. Vier der Soldaten sprangen aus dem Wagen und rannten zum Flugzeug. Ben öffnete die Tür, und sie kamen an Bord, die Gewehre immer noch im Anschlag. Die Offiziere bei uns erklärten, wer wir wären und warum wir gekommen seien. Zufrieden, daß wir nicht vorhatten, sie anzugreifen, befahl der Kommandant einigen seiner Leute, zurück zum Jeep zu gehen. Ben gebot er, hinter dem Jeep herzurollen, was dieser auch tat. Sie führten uns zum Eingang einer Armeebaracke und hielten an. Aus dem Gebäude quollen mindestens einhundert Soldaten, in Kampfanzügen und die Gewehre auf das Flugzeug gerichtet. Hinter der Rei-

he von Soldaten sahen wir ein halbes Dutzend Kampfflugzeuge aufgereiht. Ich blickte über die schimmernden Gewehrläufe und Helme hinweg und sah einen Soldaten ins Cockpit eines Flugzeuges klettern. Der schwarze Lauf eines Maschinengewehres an der Nase der Maschine zeigte direkt auf uns, und ich versuchte zu berechnen, welchen Weg die Kugeln nehmen würden, falls der Mann zufällig den falschen Knopf drücken sollte. Sie würden ungefähr -
Ra ta ta ta ta ta! bellte das Gewehr. Alle schraken zusammen, sogar die Soldaten. Die Kugeln durchsiebten die Luft über unserem Flugzeug, dann trat Stille ein. Wir überlegten, ob dies wohl ein Versehen gewesen war oder der gezielte Versuch, uns einzuschüchtern.

Schließlich kletterten die Offiziere, die in unserer Begleitung waren, aus dem Flugzeug und erklärten nochmals, wer wir waren und was wir hier wollten. Nach vielen Worten wurden die meisten Soldaten wieder in die Baracke geschickt. Die Spannung zerrte zunehmend an unseren Nerven. Wir Männer standen im Pulk und beratschlagten uns. Schließlich, ungefähr eine Stunde später, kamen Helen und Ben, die mit den Verantwortlichen verhandelt hatten. Sie erklärten, daß diese immer noch sehr mißtrauisch und ärgerlich waren über die Art und Weise unserer Ankunft hier, daß sie aber mehr oder weniger zu der Überzeugung gekommen seien, daß wir keine bösen Absichten hätten. Wir durften gehen.

Einige Soldaten führten uns zu einem Lkw. Sie kletterten nach uns auf die Ladefläche, die Gewehre immer noch auf uns gerichtet, mit feindseligen Gesichtern. Der Lkw fuhr an. Helen erklärte, man brächte uns zum Missionsbüro, schließlich und endlich. Wir rumpelten durch die Innenstadt. Die Leute starrten uns an. Zweifellos wunderten sie sich, wo die Soldaten wohl eine Lastwagenladung Ausländer abliefern würden.

Vorbei am Marktplatz fuhren wir durch die Innenstadt von Cochabamba. Überall waren die Spuren des Krieges zu sehen - zerbrochene Fensterscheiben, ehemals stolze Palmen, die jetzt zerrissen waren durch Granatfeuer, dicke Mauern, pockennarbig von Einschußlöchern. In den Straßen patrouillieren Soldaten. Aber jetzt war alles ruhig - die Stadt war wieder einmal fest in der Hand der Regierungstruppen.

Wir waren froh, als wir uns endlich hinter den sechs Fuß hohen Mauern des Missionsbüros wiederfanden. Es war, als würden wir nach Hause kommen. Der Garten war schön angelegt und grün, die Art Anlage, die man in Kalifornien oder

Florida finden könnte. Das Haus war innen im spanischen Stil ausgestattet, mit großen Fenstern, hellen Wänden, Ziegelfußböden und ausladenden Polstermöbeln.

Myron und Joy Gess, die verantwortlichen Missionare, die damals unsere Plätze für den Flug vor über zwei Monaten bekommen hatten, waren hier, um uns willkommen zu heißen. Sie hatten alle Hände voll zu tun, um den Ansturm der Gäste zu bewältigen und genügend Schlafgelegenheiten und Essen vorzubereiten. Ungefähr die Hälfte der Missionare, die mit uns aus den Staaten abgeflogen waren, waren wie wir nach Cochabamba gekommen. Die übrigen waren in Robore geblieben.

Helen fragte Joy sofort, ob Post für sie da sei. Nein - leider nicht. Helen hatte gehofft, eine Nachricht von Jim vorzufinden. Sie versuchte ihre Enttäuschung zu beherrschen und half Joy bei den Vorbereitungen fürs Abendessen.

Die Welle der Revolution schwappte jetzt zugunsten der Regierungstruppen zurück. Jeden Tag erschienen neue Meldungen von inhaftierten Rebellen in den Zeitungen. Wir waren froh, frei und unbehelligt geblieben zu sein.

In unserer Naivität, das Zeitverständnis der Lateinamerikaner betreffend, hatten wir erwartet, unsere Umzugsgüter vorzufinden, die wir sechs Monate vor dem Flug aufgegeben hatten. Aber die Ladung Container wartete in Antofagasta in Chile immer noch darauf, entladen zu werden. Von dort mußten sie auf einen der schnaufenden, keuchenden Züge verladen werden, die mühsam ihren Weg durch die Anden nach Cochabamba fahren. Tage ohne ein Zeichen unserer Habseligkeiten vergingen. Alle unsere Anfragen wurden mit Schulterzucken oder höflichen Allgemeinplätzen beantwortet.

Auch war noch keine Nachricht von Jim eingetroffen. Helen begann sich mehr und mehr unbehaglich zu fühlen. Ein Brief von Connie Wyma traf ein, in dem sie berichtete, daß Mel Wyma Jim bei guter Gesundheit verlassen hatte und dann weitergeflogen war, um Missionaren, die bei den Ayores arbeiteten, Vorräte zu bringen. Danach hörte Helen nichts mehr - für Wochen.

Ich dachte, es sei eine gute Idee, soviel wie möglich über Cafetal herauszufinden, und wenn auch nur, um Helen zu beruhigen. Zuerst suchte ich einige Händler in der Stadt auf, von denen ich gehört hatte, daß sie mit Waren handelten, die aus dieser Gegend, über 1600 km entfernt von Cochabamba, kamen. Diese wurden von Einheimischen in die Stadt gebracht - Krokodilhäute, Jaguarfelle und Schlangenleder. Was sie mir erzählten, klang allerdings nicht beruhigend. Cafetal war vor etwa fünfzig Jahren als Armeestützpunkt gegründet worden. Aber die gesamte Besatzung einschließlich des Kommandanten war von Malaria dahingerafft worden. Einige Jahre war es unbewohnt geblieben. Dann hatte sich eine Gruppe von Gummipflanzern dort niedergelassen, zum Teil, weil die Lage am Rio Guapore eine Versorgung mit dem Postschiff ermöglichte, das zweimal im Monat vorbeifuhr. Cafetal wurde aber noch immer als einer der schlimmsten Orte in Bolivien angesehen, vor allem, was die Malaria betraf. Dankbar dachte ich an unsere Vorräte von Paludrine (Malariaprophylaxe), die wir in Cochabamba erworben hatten. Wenn Malaria unsere einzige Sorge wäre! (Ich mußte vorsichtig sein, wieviel an schlechten Nachrichten ich Helen und Edith zumuten konnte.)

Der unerwartet lange Aufenthalt in Cochabamba brachte einen finanziellen Engpaß mit sich. Genauer gesagt, am Ende der ersten Woche waren wir mit unserem Geld am Ende. Die laufenden Ausgaben, Hotel- und Restaurantrechnungen hatten das meiste von dem aufgezehrt, was wir als Notgroschen besessen hatten. Einen Monat vorher hatten wir ungefähr tausend Dollar zur Deckung unserer Ausgaben erhalten. Das meiste davon war schon für den Flug ausgegeben worden. Unsere Freunde zu Hause konnten sich keine Vorstellung von unseren Bedrängnissen machen. Hilfe schien sehr, sehr weit entfernt.

Eines Abends, die Kinder waren zu Bett gebracht worden, setzten sich Edith und ich hin, um alles durchzusprechen. Unser Beitrag für das Leben im Missionshaus wäre an diesem Tag fällig gewesen. Wir hätten um Kredit bitten können, aber es war ein eiserner Grundsatz von uns beiden, keine Schulden zu machen. So wie die Dinge lagen, mußten wir aber das Bezahlen an diesem Abend aufschieben. Wir versuchten uns von trüben Gedanken freizumachen, indem wir einen Spaziergang durch die Stadt machten und so viel bolivianisches Leben wie möglich auf uns wirken ließen. Cochabamba ist eine Stadt mit circa einhunderttausend Einwohnern, von denen etwa die Hälfte spanischer Abstammung und die andere Hälfte Quechua Indianer sind. Diese Indianer hatten als Arbeiter oder Sklaven einen hohen Prozentsatz des Inkareiches vor Hunderten von Jahren ausgemacht. Die Spanier sind die Nachkommen der Eroberer, die nach Südamerika kamen und das Inkareich zerstörten. Viele Quechuas leben immer noch ebenso einfach und primitiv, wie ihre Vorfahren es unter der alten Herrschaft getan hatten. Andere haben sich in den modernen demokratischen Staat Bolivien integriert.

Die meisten Gebäude werden gefährlich dicht an der Straße gebaut. Oft verengt sich der Bürgersteig auf Fußbreite. Wenn ein Fußgänger sich gerade an einer solchen Stelle befindet und ein LKW vorbeidonnert, dann tut er gut daran, schnell in einen Hauseingang zu springen oder zumindest den Bauch einzuziehen, wenn er nicht riskieren möchte, den Verlust einiger Knöpfe seines Hemdes zu beklagen.

Da es für die Fahrer schier unmöglich ist, um die Ecken zu sehen, verlassen sie sich auf ihre Hupe, um den anderen anzuzeigen, daß sie kommen. Das Getöse ist einfach großartig. Die Verkehrsregeln müssen sehr locker sein, da jeder wie ein Besessener fährt. Die Autos zeigen auch die Wunden dieses Krieges: Man sieht selten einen Wagen ohne verbeulte oder abgerissene Kotflügel.

Auf dem Marktplatz von Cochabamba sitzen die kräftigen Quechua-Frauen in weiten bunten Röcken, für die sie nach Ediths Vermutung mindestens anderthalb Meter Stoff zuviel verwendet haben, dazu weiße Blusen mit halbem Arm, verziert mit Metern von Spitze, auf dem Kopf feste, weiße, der englischen Melone ähnliche Hüte. Höflichkeit ist ein Fremdwort. Diese Frauen marschieren durchs Gedränge wie ein Fußballspieler im Sturm aufs gegnerische Tor, und wehe dem dürren Amerikaner gleich mir, der ihnen in den Weg kommt! Egal, ob sie auf dem Weg zur Arbeit oder zum Einkaufen sind, immer tragen sie riesige, dicke Bündel auf dem Rücken. Sie setzen sich einfach irgendwo hin und breiten um sich her ihr Gemüse, Obst, Kleidung oder andere Waren, ohne den Unmengen von Fliegen, die sich auf die Lebensmittel stürzen, die geringste Aufmerksamkeit zu widmen.

Durch die viele freie Zeit wurde ich unruhig. Ich bot Myron an, ihm beim Packen der Vorratskisten für die vielen in Bolivien verstreuten Missionare zu helfen. Während ich Kisten zunagelte und Waren in Papier wickelte, die für andere bestimmt waren, fiel es mir schwer, meinen Neid zu unterdrücken, denn ich wünschte mir, diese Vorräte wären für uns bestimmt. Alle paar Tage wanderte ich zur Zollbehörde, stellte dieselbe Frage und erhielt dieselbe Antwort: „Nein, nichts, Senor."

Einmal, als ich von einem dieser vergeblichen Gänge zurückkehrte, fand ich eine Nachricht von Lyle Sharp vor, einer Freundin aus dem Missionskurs in den Staaten. Lyle war in Guajara Mirim eingesetzt, einer Stadt ungefähr 800 Kilometer hinter den Bergen von Cochabamba.

Gespannt öffnete ich den Brief: „Ich habe erfahren, daß am 5. November ein Boot von Guajara Mirim nach Cafetal aufbricht", schrieb Lyle. „Ich hoffe, Ihr werdet an Bord sein. Warum kommt Ihr nicht ein paar Tage früher, damit wir noch eine schöne Zeit haben können, ehe Ihr aufbrecht?" An jedem 5. und 25. des Monats verließ ein Regierungsboot Guajara Mirim in Richtung Cafetal, 800 Kilometer den Rio Guapore hinauf. Aber ich mußte fast lachen. Wünschten wir uns das nicht sehnlichst? Jetzt war es Ende Oktober. Wir waren seit Mitte September in Cochabamba. Freunde hatten uns darauf vorbereitet, daß es Monate dauern konnte, ehe unser Hausrat eintraf. Auch das war ein Teil des Missionslebens, mit dem wir nicht gerechnet hatten - das Warten, endloses Warten.

Ich versuchte mir einzureden, daß es keinen Grund gab, sich um Jim Sorgen zu machen da draußen in der Wildnis. Aber ich konnte es anscheinend nicht vermeiden. Angenommen, er brauchte uns in verzweifelter Lage? Warum hatte er nicht geschrieben? Und wir saßen hier.

Die angespannte Lage unserer Finanzen machte die Sache nicht einfacher. Alle paar Tage kamen wir beim letzten Cent an, wenn wir die Unterstützung verbrauchten, die uns Freunde und Gleichgesinnte aus den Staaten schickten. Drei gute Mahlzeiten wurden jeden Tag im Missionshaus angeboten, aber wir hatten beschlossen, nur daran teilzunehmen, wenn wir auch bezahlen konnten. In dieser Lage holte ich mir Kraft und Trost beim Lesen von Matthäus 6 Vers 26: „Seht die Vögel unter dem Himmel an: Sie säen nicht, sie ernten nicht, sie sammeln nicht in die Scheunen; und euer himmlischer Vater ernährt sie doch. Seid ihr denn nicht viel mehr als sie?" Und ein ums andere Mal wurde unser Mangel gestillt - fünf Dollar, fünfzehn Dollar, drei Dollar - immer genug, um uns weiterzubringen.

Eines Tages, als ich im Kopf unsere mageren Mittel durchrechnete, bemerkte ich, wie Helen Ostewig in die Luft starrte. Sie hielt Lyles Brief in der Hand. „Weißt du, ich habe nachgedacht", sagte sie langsam. „Ich denke, ich sollte besser aufbrechen und nach Guajara Mirim fliegen, um dieses Boot am 5. November zu erreichen und nach Cafetal aufzubrechen, ohne auf euch zu warten. Ihr könnt nachkommen, sobald euer Gepäck eintrifft. Immer noch nichts von Jim. Mel ist irgendwo im Dschungel. Er kann mich nicht hinfliegen. Irgendwie kann ich es nicht ertragen, noch einen Monat hier zu sitzen und auf das Dezemberboot zu warten."

Tag für Tag hatten wir Helens zunehmende Spannung

beobachtet. Normalerweise eine ruhige und ausgeglichene Persönlichkeit, wurde sie zunehmend nervös. Wir konnten nur zustimmen, daß ihre Entscheidung vernünftig war. Ein paar Tage später brachten wir sie zum Flugplatz. Als es Zeit wurde, Abschied zu nehmen, küßte Edith sie, und ich gab ihr die Hand und sagte fröhlich: „Bis nächsten Monat in Cafetal." Als die Maschine nur noch ein winziger Punkt am Horizont war, fügte ich hinzu: „Der Herr beschütze und behüte dich."

Weitere Tage und Wochen verflossen. Die Schecks kamen jetzt öfter, so daß sich unsere finanzielle Lage etwas entspannte und die Abstände zwischen den geldlosen Tagen länger wurden. Dann war eines Tages, Mitte November, in der morgendlichen Post eine offizielle Mitteilung von der Zollbehörde. Unsere Umzugskisten waren in Cochabamba eingetroffen und ebenso die von Jim und Helen. Jetzt konnten wir los. Und wir würden vielleicht sogar das Boot am 5. Dezember erreichen.

Kisten und Kartons kamen im Missionshaus an. Eilends überprüften Edith und ich die Inhalte und packten verschiedenes um. Edith entwarf begeistert Listen für unsere Essensvorräte. Wir mußten immer im Kopf behalten, daß wir für drei Monate einkauften - nicht nur für ein, zwei Wochen. Oh, eine Menge Kleinigkeiten planten wir einzupacken - Reis, Mehl, Salz, Zucker, Dosenfleisch und -gemüse, getrocknete Äpfel und Pfirsiche, Rosinen, Haferschrot, Schweineschmalz, Trockensuppen, Tomatenpaste, Speck, Gewürze, und, und, und!

Dann zerbrachen jäh unsere Träume - als wir zum Flugplatz fuhren und die Frachtbestimmungen nach Guajara Mirim erfuhren. Sie würden mehr Geld kosten als wir hatten, ganz abgesehen vom Kauf noch zusätzlicher Vorräte. Edith und ich fuhren zurück zum Haus. Unsere Freunde, die sich mit uns gefreut hatten, als unsere Habseligkeiten eingetroffen waren, wunderten sich über unsere ernsten Gesichter und das gezwungene Lächeln. Wir erzählten ihnen von unserer Enttäuschung. Alles, was wir tun konnten, war, auf Unterstützung aus den Staaten zu warten. Aber für wieviele weitere Wochen und Monate? Unser Vertrauen wurde hart geprüft.

Einen oder zwei Tage später kam einer unserer Missionsfreunde vorbei, um einige allgemeine Dinge mit uns zu besprechen. Dann schwieg er und stützte sein Kinn in die Hände. Er schien einen inneren Kampf auszufechten. Dann stand er auf und kam zu mir herüber. „Der Herr hat zu mir von einem Mangel gesprochen den ihr vielleicht erleidet", sagte er und drückte mir zehntausend Bolivianos (ca. hundert Dollar) in die Hand. Sobald ich mich bedankt hatte, verließ er uns, und ich war froh darüber - denn ich hätte kein Wort herausbekommen. Ich wußte, daß er sich selbst überwunden hatte, um uns zu geben. Er würde auf etwas verzichten, vielleicht sogar auf etwas Nötiges - um uns zu helfen.

Ich umarmte Edith. Dann brachen wir mit frohen Herzen auf, um mit unseren Besorgungen fortzufahren.

Kapitel 3

Am Rand der Dunkelheit

Auf dem Flughafen von Cochabamba kletterten wir die Stufen der zweimotorigen Frachtmaschine hinauf und winkten den Missionaren, die uns zum Flugplatz begleitet hatten. (Wenigstens versuchten wir zu winken, soweit das möglich war, bepackt, wie wir waren!) Eine Welle der Erwartung schlug in mir hoch, als ich meinen Sicherheitsgurt festzurrte und die Motoren zu röhrendem Leben erwachten.

Ein weiter Weg lag vor uns: 800 Kilometer mit dem Flugzeug und weitere 800 mit dem Boot. Am Ende würden wir der größten Veränderung unserer Lebensgewohnheiten gegenüberstehen, die wir jemals erlebt hatten. Ich wußte, daß es besonders für Edith eine Herausforderung sein würde - Kochen über offenem Feuer, Wäschewaschen im Fluß, einen festgetretenen Lehmfußboden fegen, das waren nur einige der Unannehmlichkeiten, die uns erwarten würden. Aber sie schien sich auf die Aussicht zu freuen.

Ihr Leben war nicht leicht gewesen, und sie eignete sich sehr gut als Missionarsfrau. Sie hatte in ihrer Jugend zu Hause auf einer kleinen Farm in Wisconsin schon früh die Verantwortung für all ihre jüngeren Geschwister tragen müssen. Ich sah hinüber zu der Frau, die neben mir saß, und meine Gedanken wanderten zurück zu dem Mädchen, das mir während der Abendkurse in der Missionsschule aufgefallen war, ein Mädchen mit denselben rötlichbraunen Haaren und demselben lächelnden, sommerprossigen Gesicht. Ich erinnerte mich an die langen Spaziergänge, die wir zusammen unternahmen, und die endlosen Gespräche über unsere Hoffnungen und Träume. Unser Interesse an der Missionsarbeit, das zusammen gekeimt und gewachsen war, wurde an dem Tag, als wir unser beider Leben verbanden, zu einem fest verflochtenen Strang. Heute waren diese Interessen, die zu einem einzigen Ziel geworden waren, kurz davor, Früchte zu bringen. Wir gingen hinaus, um die Arbeit aufzunehmen, zu der wir berufen waren.

Edith schien meine Gedanken zu lesen, denn sie drückte meine Hand und sagte: „Denk an all die Möglichkeiten, die vor uns liegen. Ist es nicht wunderbar, hier zu sein?"

Sechs Stunden nach dem Abflug in Cochabamba landeten wir in Guayaramerin, der bolivianischen Stadt mit einem Flugplatz, die am Fluß gegenüber vom brasilianischen Guajara Mirim liegt. Wir waren nun im Flachland, und nach der Höhenlage, die wir vorher gewohnt gewesen waren, war der Schritt aus dem Flugzeug wie der Schritt in eine Sauna.

„Laß uns zurück nach Cochabamba fliegen, Dad", sagte Brian angewidert. „Es ist stickig hier unten."

„Du wirst dich daran gewöhnen, mein Sohn", erwiderte ich. „Hier - zieh deinen Pullover aus. Vielleicht hilft das schon."

Edith wickelte Connie bereits aus verschiedenen Lagen von Decken.

„So ähnlich wie Chicago an einem Sommernachmittag, nur schlimmer", bemerkte sie.

Lyle Sharp holte uns ab. „Ist das schön, euch zu sehen", sagte er und schüttelte fest unsere Hände. „Es kommt nicht oft vor, daß wir Freunde von zu Hause hier begrüßen dürfen."

Es war ein Trost, Lyles freundliches Gesicht hier an diesem dampfenden, einsamen und unbekannten Platz zu sehen. Er war damals ein schwerer Mann in den späten Dreißigern, langsam und bedächtig in Sprache und Bewegung und sicher ein Erbe seiner Kindheit auf einer kleinen Farm im mittleren Westen der Staaten, das es ihm sehr erleichterte, mit der lockeren lateinamerikanischen Art zurechtzukommen. Immer zu einem Lächeln bereit, mit kleinen Krähenfüßen um die blauen Augen und der Ausstrahlung stillen Vertrauens, gab er einem das Gefühl, an seiner Seite absolut sicher und geborgen zu sein.

„Ist Helen gut weggekommen?" fragte Edith.

„Oh ja", sagte Lyle ein wenig hastig. „Sie hat das Boot am 5. November nach Cafetal erreicht, wie geplant. Kommt - ich helfe euch, das Gepäck hinunter zum Fluß zu bringen. Wir müssen den Fluß in einem Einbaum überqueren. Guajara Mirim, wo wir wohnen, ist auf der brasilianischen Seite." Mir fiel eine leichte Anspannung in Lyles normalerweise ungezwungenem Verhalten auf. Warum lenkte er die Unterhaltung so schnell weg von Helen?

Den Kindern machte die Überfahrt im von einem Außenbordmotor angetriebenen Einbaum einen Riesenspaß. Edith und ich waren nicht so vergnügt, weil das Boot ziemlich tief im Wasser lag und sehr kippelig war.

Der Weg zum Haus der Sharps führte uns durch die Stadt. Guajara Mirim war sehr malerisch - wenigstens konnte man es so ausdrücken. Es erinnerte mich an die Art der Pionierstädte in Westernfilmen. Das erste, was mir ins Auge stach, waren Hunderte von Rollen von rauhem, braunem Gummi. Sie erfüllten die Luft mit dem Geruch von geräuchertem Speck. Daneben waren Berge von braunen, sichelförmigen Paranüssen aufgehäuft. Vor den geöffneten Geschäften hingen Alligator- und Jaguarhäute und ab und zu die Haut einer riesigen Anakonda.

Ein schrilles Pfeifen schreckte uns auf. Wir drehten uns um und sahen an der Bahnstation ein uraltes Ungetüm von Lokomotive. Die Maschine pfiff wie bei einem schlimmen Asthmaanfall. „Es gibt eine lange Geschichte zu dieser Eisenbahn", sagte Lyle, während wir weitergingen. „Vor einigen hundert Jahren begann eine Firma mit dem Bau einer Eisenbahnlinie 320 Kilometer hinunter nach Porto Velho - Ozeandampfer kommen den Amazonas so weit herauf. Der Weg führte mitten durch den dampfenden Dschungel. Eine Firma nach der anderen versuchte es und gab auf. Die Indianer griffen viele der Arbeiter an. Man vermutete sogar, die Indianer würden das Wasser vergiften, weil die Männer wie die Fliegen starben - aber niemand weiß, ob das wahr ist oder nicht. Jedenfalls wurde die Eisenbahnstrecke nach vielen Versuchen endlich fertig. Aber um was für einen immensen Preis an Geld und Menschenleben! Man sagt, daß für ungefähr jede Schwelle auf der Strecke ein Mensch gestorben ist. Es ist kaum vorstellbar, aber es muß zweihunderttausend Leben gekostet haben diese gut 300 Kilometer Eisenbahnschienen. Und seht euch das jetzt einmal an!"

Betroffen von dem eben Gehörten, schwiegen wir.

Lila Sharp und die beiden Söhne erwarteten uns an der Tür des Hauses, um uns willkommen zu heißen. Sie war immer noch dieselbe fröhliche, schmale und aufgeweckte Lila, die wir aus den Seminartagen kannten. Sie hatte ein Zimmer für uns vorbereitet und gab uns sofort das Gefühl, daheim zu sein. Nach dem Abendessen, die Kinder lagen schon im Bett, saßen wir auf der Terrasse und unterhielten uns, genau wie wir es in der Heimat getan hätten.

„Jetzt berichte uns bitte von Helen", bat Edith noch einmal.

Lyle schien sie nicht zu hören.

„Kennt ihr eigentlich die Geschichte dieser Stadt?" fragte er. Und schon steckte er in der nächsten seiner Geschichten. „Während des zweiten Weltkrieges, als Gummi knapp war, aber dringend gebraucht wurde, wurden Männer in diese Gegend geschickt, um nach wildem Gummi zu suchen. Viele wurden mit Wasserflugzeugen hergebracht, eine ganze Reihe genau hier in diesen Bereich. Die Flugzeuge landeten zu abgesprochenen Zeiten auf dem Fluß, um das Gummi aufzunehmen. Aber meistens war niemand da, um abgeholt zu werden - die Männer waren irgendwo draußen im Dschungel gestorben. Man sagt, von ungefähr fünfundzwanzigtausend sind nur etwa siebentausend lebend wieder herausgekommen. Nun, Guajara Mirim wurde damals so eine Art Umschlagplatz für Gummi - und das ist seither auch so geblieben. Ihr könnt euch kaum vorstellen, wie nahe an der Stadtgrenze der dichte Urwald anfängt. Auch heute noch kommen nachts manchmal Männer vom Stamm der wilden Pacaas Novos und töten ein oder zwei Kühe oder manchmal auch ein paar Menschen.

Der Gedanke ließ uns schaudern. Wir überlegten, ob Cafetal genauso wild oder womöglich sogar noch wilder war. Edith versuchte, die Unterhaltung wieder auf Helen zurückzulenken, aber genau in diesem Augenblick zog lautes Donnergrollen unsere Aufmerksamkeit auf sich.

„Das hört sich nach einer stürmischen Nacht an", sagte Lyle. Wir sprangen auf und schlossen die Fensterläden, um den Regen abzuwehren.

Nicht lange danach brach der Sturm los - ein richtiges Tropenunwetter. Es war fast so, als wollten die Elemente uns vorführen, wozu sie imstande waren. Der Wind heulte; der Regen schüttete eimerweise. Wir konnten uns vor dieser Lärmkulisse nicht länger unterhalten, und so gingen wir zu Bett.

Im Morgengrauen weckten uns Katzen, Hunde und Hähne. Ich ging durchs Haus. Lila war schon emsig mit den Frühstücksvorbereitungen beschäftigt. Edith zog die Kinder an und fütterte das Baby.

„Wo ist Lyle?" fragte ich Lila. Ich dachte, daß er wenigstens mir etwas über Helen berichten würde, wenn ich ihn allein traf.

Lila sah auf die Uhr und antwortete: „Oh, er müßte jeden Moment hier sein. Er muß jeden Morgen um vier Uhr aufstehen, um zum Markt zu gehen."

„Vier Uhr!"

„Ja, wenn er sich verspätet, kann es sein, daß das Fleisch und das wenige Gemüse, das angeboten wird, schon weg ist."

„Wäre es nicht schön, wenn ihr einen Kühlschrank hättet?" fragte ich. „Dann könntet ihr ein großes Stück Fleisch kaufen, und es würde für einige Zeit reichen."

Lila lächelte.

„Ach, wir gewöhnen uns daran, ohne solche Dinge auszukommen."

Lyle kam herein, und wir frühstückten. Bevor wir fertig waren, ging er in sein Zimmer und kam mit seiner Bibel zurück.

„Hier, Bruce", sagte er. „Lies doch bitte Psalm 91."

Ich las diese wundervolle Stelle, die mit den Worten endet: „.... daß du nicht erschrecken mußt vor dem Grauen der Nacht, vor den Pfeilen, die des Tages fliegen, vor der Pest, die im Finstern schleicht, vor der Seuche, die am Mittag Verderben bringt ... Denn er hat seinen Engeln befohlen, daß sie dich behüten auf allen deinen Wegen."

Ich überlegte, warum er gerade jetzt diese Stelle für mich ausgesucht hatte. Wollte er mich auf irgend etwas vorbereiten?

Wir ließen die Kinder ihre Gebete beenden, so daß sie im umzäunten Garten hinter dem Haus spielen gehen konnten. Bald zogen unser Sohn Brian und die Sharp-Jungen ihre Straßen durch den Lehmboden und ließen ihre Lastwagen herumfahren. Connie war immer noch ein kleiner Quälgeist, und wir konnten die Jungen rufen hören, sie solle gefälligst aus dem Weg gehen.

Wir übrigen blieben noch am Tisch sitzen. Es war die Stunde für Gebet und stille Zeit.

„Ich denke, wir sollten an diesem Morgen besonders für das Wohlergehen von Helen und Jim beten", begann Lyle. Er war sehr ernst.

„Arme Helen", sagte er und hob den Kopf. „Sie tat uns beiden so leid. Sie hatte es so schwer, sich zu entscheiden."

„Worüber?" fragte ich.

„Ob sie das Boot am fünften November nehmen oder lieber auf euch warten sollte."

„Aber das war doch alles schon klar, als sie von Cochabamba aufbrach", sagte Edith überrascht.

„Ja, aber damals hatte sie die Gerüchte noch nicht gehört."

„Welche Gerüchte?" fragte ich.

„Daß Jim tot wäre."

„Jim - tot?"

Die Worte schockierten mich.

„Natürlich wissen wir nicht, ob auch nur ein Körnchen Wahrheit daran ist", beeilte sich Lyle zu versichern. „Ich nehme an, wir sind in diesem Teil der Welt eher an Gerüchte gewöhnt, als ihr es seid."

„Wie hast du davon gehört?" wollte ich wissen.

„Es begann, nachdem ein Boot hier gewesen war. Die Leute sprachen mich auf der Straße an, ob ich von dem Amerikaner gehört hatte, der in Cafetal getötet worden sei. Alle Geschichten hatten nur eines gemeinsam - der Mann war am Ufer des Guapore von Indianern erschossen gefunden worden. Ich wußte von keinem Amerikaner in Cafetal außer Jim. Es war schlimm für mich, es Helen zu sagen, aber ich mußte es tun, denn sie wollte abreisen.

Ich werde ihren Gesichtsausdruck niemals vergessen. Das Kinn klappte herunter, ihre Augen weiteten sich, und ihr Atem kam in kurzen Stößen. 'Ich weiß nicht, was ich tun soll', war alles, was sie sagte. Dann wandte sie sich an uns. 'Was soll ich tun?' fragte sie.

Ich wußte nicht, was ich ihr antworten sollte. Sie betrachtete die Sache von allen Seiten. Sie sagte: 'Wenn irgend etwas passiert ist, dann sehe ich keinen Sinn darin, auch dorthin zu gehen. Ich werde ganz allein sein - keine Freunde -, nichts, was ich tun kann. Niemand, an den ich mich wenden könnte, niemand, der mir helfen oder mich trösten könnte. Oder was ist, wenn er verletzt ist und mich braucht? Ich würde mir das niemals verzeihen.'

Sie sprach sehr oft darüber in den nächsten paar Tagen, bis der Tag der Abfahrt des Bootes fast da war. Dann sagte sie eines Morgens: 'Ich habe mich entschieden. Ich werde flußaufwärts zu Jim fahren - auch wenn ich allein fahren muß. Bitte Edith und Bruce, so schnell wie möglich zu folgen. Ich werde sie brauchen.'

Ich wollte sie begleiten. Aber Lila konnte nicht weg. Sie hatte niemanden, der sich um die Kinder kümmerte. Und ein männlicher Missionar, der allein mit der Frau eines anderen reist, könnte Gerede verursachen - die Lateinamerikaner sehen diese Dinge anders als wir. So mußten wir sie gezwungenermaßen allein reisen lassen. Helen bestand darauf, daß sie zurechtkommen würde, obwohl sie die einzige Frau auf dem Boot war. Schweren Herzens ließen wir sie gehen."

Wir beteten einige Minuten für Jim und Helen, dann räumten Lila und Edith den Tisch ab und begannen abzuwaschen.

„Ich bin froh, daß wir nicht lange warten müssen, bis das nächste Boot fährt", sagte Edith. „Wie furchtbar, so ohne jeden Austausch zu sein, wenn man so viel erfahren möchte."

Viel mehr wurde nicht gesagt. Lila und Edith konnten den inneren Kampf nachfühlen, in den man als Frau durch eine solche Entwicklung gerät. Es tat ihnen fast genauso weh, als wenn Lyle oder ich Gegenstand solcher Gerüchte gewesen wären.

Nur noch wenige Tagen lagen vor uns, aber die Stunden zogen sich endlos. Wir konnten es kaum erwarten, unsere Bootsreise nach Cafetal zu beginnen.

Dennoch waren unsere Herzen voller Zweifel. Jim Ostewig war einer meiner Freunde; wir hatten in Kalifornien rauhe Trainingstage im Basislager gemeinsam hinter uns gebracht. Wir zählten auf Jims und Helens Unterstützung beim Einrichten unseres Lebens in der Wildnis. Wir hatten uns auf ein Wiedersehen mit Jim gefreut. Aber wir hatten ihn in Robore vermißt. Er war nicht nach Cochabamba gekommen - um genau zu sein, wir hatten nicht ein einziges Lebenszeichen von ihm erhalten. Jetzt mußten wir uns an den Gedanken gewöhnen, daß wir ihn auf dieser Erde vielleicht nie wiedersehen würden. Aber wenn sich eine Tragödie ereignet hatte, dann brauchte Helen uns, und wir mußten ohne Verzögerung zu ihr fahren.

Kapitel 4

Die Lage sondieren

W ir waren froh, endlich die Kunde zu hören, daß unser Boot abfahrbereit war. Nur in Cafetal würden wir wirklich erfahren, ob Jim noch lebte und wie es Helen ging. Der schwere Sturm vor einigen Tagen hatte die Regenzeit eingeläutet. Unsere Stimmung hob sich beträchtlich, als Lyle uns sagte, daß durch den höheren Wasserstand, den der Rio Guapore jetzt hatte, die Bootsfahrt nur ungefähr acht statt der üblichen fünfzehn Tage dauern würde. Schwer beladen mit Handgepäck und begleitet von hilfreichen Brasilianern, die unseren Hausrat trugen, gesellten Edith, Connie, Brian und ich uns zu einer Handvoll portugiesisch sprechender Familien, die alle in Richtung Hafen strebten. In letzter Minute entschied sich Lyle, uns nach Cafetal zu begleiten, uns beim Erlernen der Sprache und anderen Anfangsschwierigkeiten behilflich zu sein und dann mit demselben Boot zurückzukehren. Lila und die beiden Jungen kamen mit zum Hafen, um uns zu verabschieden.

Mein Kopf war angefüllt mit romantischen Vorstellungen, wie das Boot wohl aussehen könnte. Ich hatte mir vorgestellt, vielleicht durch zu viele Mark-Twain-Geschichten, daß uns ein Doppeldeck-Raddampfer, weiß gestrichen, mit glänzenden Messingteilen, erwarten würde.

Als wir uns dem Hafen näherten, machte ich Bekanntschaft mit der unbarmherzigen Wirklichkeit. Auf beiden Seiten des Stegs schaukelte auf dem Seetang, wie das Gerippe eines vorsintflutlichen Ungeheuers, das morsche und verkommene Holz eines alten Bootes ... Wir erreichten das Ufer des Flusses.

„Wo ist das Postboot?" fragte ich, mit dem Gedanken, es sei vielleicht noch gar nicht eingetroffen.

Lyle lachte: „Na, genau vor deiner Nase."

Ich hatte das Boot vor uns für einen schwimmenden Laden gehalten. Es war ungefähr neun Meter lang und drei Meter breit, schätzte ich. Verschiedene Frachtstücke drückten es jetzt schon tief gegen die Wasserlinie - Säcke mit

Zucker, Salz, Reis; eckige Behälter mit Benzin und Kerosin und stinkende Bündel von getrocknetem Fleisch. Durch das Gewicht der Ladung hing das Boot so tief im Wasser, daß nur noch etwa dreißig Zentimeter bis zum Wasserspiegel übrigblieben. Ich bemerkt eine Kruste aus weißen Kristallen, die am Schiffskörper klebten. Vielleicht, dachte ich, ist das ein Schutz gegen die Fäulnis, der schon so viele Boote am Ufer zum Opfer gefallen waren. Wir gingen alle an Bord.

„Aber wo ist der Aufenthaltsort für die Passagiere?" fragte ich. Ich sah kein Deck, nur eine Art Trittbrett, das um das ganze Boot herumlief.

„Wir hängen unsere Hängematten zwischen diesen Pfosten hier auf", sagte Lyle. „Sonst setzen wir uns auf die Reis- oder Bohnensäcke." Ich schätzte, daß Platz für etwa zehn Hängematten da war. (Zu diesem Zeitpunkt wußte ich noch nicht, daß wir durch das Aufnehmen weiterer Passagiere an den Haltestellen auf dem Weg ungefähr dreißig Passagiere sein würden.)

Über unseren Köpfen war eine Markise mit Palmblattmuster als Schutz gegen die Sonne und tropische Regengüsse gespannt. Zu meiner Überraschung hatte das Schiff keine Maschine. Dann entdeckte ich die Kraftquelle: Eine lange Stahlröhre mit einem Dieselmotor war an einer Seite des Schiffsrumpfs befestigt. Ein Mann, von dem ich annahm, daß er der Lotse war, beugte sich darüber und drehte das Schwungrad. Der Motor hustete und keuchte. Als man die Taue zu lösen begann, trotteten Lila und die Jungen wieder von Bord und blieben am Ufer stehen, um uns zum Abschied zu winken.

Der Kapitän kam herauf, stellte sich vor und half uns, Plätze für unsere Hängematten zu finden. Er trug keine Uniform, noch nicht einmal eine Kapitänsmütze, nur ein altes Khakihemd und Hosen. Er wirkte eher wie ein Reisebegleiter als wie ein Kapitän. (Die wirkliche Verantwortung, merkte ich später, lag bei dem Lotsen. Seine Arbeit war schwierig. Es brauchte viel Erfahrung, das schwerfällige Fortbewegungsmittel um all die Untiefen, versunkenen Steine, Stämme und Sandbänke herumzumanövrieren.)

Edith ging als praktisch veranlagte Frau sofort auf die Suche nach den lebensnotwendigen Einrichtungen: Küche, irgendein Eckchen, wo wir uns waschen, umziehen und Connies Windeln waschen konnten. Es dauerte nicht lange, und sie hatte alles gefunden. Die Küche oder Kombüse war nichts anderes als ein kleines rauchgeschwärztes Eckchen am Bug, nach beiden Seiten windgeschützt durch die Bordwände. Dort versuchte ein bärtiger deutscher Koch gerade, ein Feuer in dem kleinen eisernen Holzofen zu entfachen. Am Heck fand sie einen Verschlag, der sowohl als Bad wie auch als Umkleidekabine diente. Eine Glocke ertönte; ein muskulöser brauner Arm setzte das Schwungrad in Bewegung. Die Maschine begann rhythmisch zu stampfen, ein Geräusch, das uns Tag und Nacht begleiten sollte. Die Leinen waren los; wir schienen kaum Fahrt zu machen gegen die quirlige, schokoladenbraune Strömung.

Aber wir bewegten uns. Unsere Reise ins Unbekannte hatte begonnen. Die Sonne wurde schwer im Westen, färbte den grauen Nebel über dem Wasser langsam orange und ließ den Dschungel noch grüner als grün leuchten, fremder, geheimnisvoller und exotisch. Der Lotse an der schmalen Maschinenröhre lenkte das Boot so dicht am Ufer entlang, daß wir Passagiere im flachen hölzernen Postboot gelegentlich von herunterhängenden Zweigen gestreift wurden.

Wir fuhren, so sagte der Lotse, nicht schneller als drei Kilometer in der Stunde. Da die tropische Dämmerung nur sehr kurz ist, machten wir uns für die Nacht fertig. Bald waren wir in Rauch gehüllt, da der Koch das Feuer fürs Abendessen angefacht hatte. Auch dieser Rauch war auf der Reise die meiste Zeit unser Begleiter und stach uns so scharf in die Augen, daß es schwer war, zu lesen oder zu schreiben. Ungefähr um sieben Uhr wurden wir in unseren Hängematten alle mit einem Teller und einem Löffel versorgt. Wir aßen Reis und Bohnen auf, weil wir hungrig waren. Aber das Fleisch brachten wir nicht hinunter. (Es hatte hierzulande den Spitznamen „Hai" wegen des Geschmacks).

Die Nacht schliefen wir kaum; nur etwa einen Meter entfernt stampfte der Dieselmotor, und wir mußten uns ebenso wie an die Bewegung des Schiffs an dieses Geräusch gewöhnen.

Alles aber war so neu und aufregend, daß wir unsere Unannehmlichkeiten schnell vergaßen. Leuchtend bunte Papageien und Tukane brachten mit lautem Kreischen ihre Mißbilligung zum Ausdruck, daß wir ihre Privatsphäre störten. Wir hielten die Augen auf den Uferstreifen geheftet in Erwartung eines Affen, Tapirs oder Jaguars (den die Einheimischen als Tiger bezeichnen), aber wir sahen keine. Der Fluß selbst hatte seine eigenen Wunder. Eines Morgens rief ein Mitpassagier uns zu, und wir sahen vom Heck aus einen Schwarm von Tümmlern, jeder etwa 1 ½ bis 2 Meter lang, die uns folgten. Sie hinterließen silberne Bögen in der Luft, wenn sie durch die Öffnung auf ihrem Rücken Wasser ausbliesen und neues aufnahmen. Wir hätten niemals erwartet, hier, viertausend Kilometer vom Meer entfernt, auf Tümmler zu treffen.

Immer wenn wir anhielten, fischten einige Männer nach Piranhas. Sie leben in großen Schwärmen. Brians Augen wurden riesengroß, als die Männer ihm die messerscharfen Zähne zeigten, die einen Mann innerhalb von Minuten bis aufs Skelett abnagen können. Noch größer allerdings wurden seine Augen, als sie ihm von den elektrischen Aalen erzählten - die tödlichen Stromstöße, die im selben Wasser lauerten - oder als sie auf drei Hubbel zeigten, die wie ein schwimmendes Holzstück aussahen, in Wiklichkeit aber Nase und Augen eines Alligators waren.

Währenddessen wusch Edith Windeln. Als sie sie an der Seite des Schiffes auf die Leine gehängt hatte, bekam das Boot eine heimelige Note.

Nach jedem faszinierenden Tag umfingen uns mit Einbruch der Nacht die Gerüche und Geräusche des Dschungels. Es war wie ein Landausflug nach einem schönen, warmen Regen. Wenn die Kinder warm verpackt in ihren Hängematten lagen, saßen Edith, Lyle und ich auf den Reissäcken und starrten in die tintenschwarze Dunkelheit und überlegten, was der Herr wohl noch alles mit uns vorhatte.

Eine Palme, deren schwarze Umrisse vom monderleuchteten Himmel abstachen, brachte eine romantische Stimmung auf. In diesem Moment spürte ich das Verlangen, meiner Frau einen Kuß zu geben, aber ich wagte es nicht. Wir waren von Menschen anderer Nationalität umgeben, und als Missionare mußte unser Verhalten untadelig sein.

Aber wir spürten auch etwas Unheimliches in dieser undurchdringlichen Finsternis. Wir wußten, daß der Tod dort lauerte - in vielfältiger Form. Die Mächte der Finsternis, gegen die zu kämpfen wir aufgerufen waren, waren fast greifbar.

Edith und ich verbrachten viel Zeit über unseren spanischen Grammatikbüchern. Wir versuchten, soviel wie nur möglich von der Sprache zu lernen, ehe wir in Cafetal eintrafen.

Eines Nachmittags - ich stand mit einem anderen Passagier an der Reeling - glaubte ich die Worte „gringo" (Fremder), „salvajes"(Wilde) und „han matado" (haben getötet) zu hören. Ich rief nach Lyle, der beides, Spanisch und Portugisisch, sprach, erzählte ihm von dem Gehörten und bat ihn zuzuhören, ob er herausfinden könnte, worum es ging.

Nach ein paar Minuten kam er zurück. Ja, die Gerüchte über den Tod eines weißen Missionars liefen auch auf dem Boot um, aber es war gegenüber dem, was wir aus Guajara Mirim kannten, nichts Neues.

Mir fuhr ein kalter Schauder über den Rücken. Wenn sich die Gerüchte als wahr herausstellen sollten, war es klug - oder überhaupt möglich - für uns, dort in Cafetal ganz allein zu bleiben? Sollte unsere Arbeit für das Werk des Herrn behindert werden, bevor sie überhaupt begonnen hatte?

Um mich vor trüben und trostlosen Gedanken zu schützen, wandte ich mich dem Fluß und der Beobachtung von Stachelrochen und Piranhas zu.

Am dritten Reisetag etwa, als uns die immer wiederkehrende Diät aus geschmacklosem Reis und Bohnen anzuöden begann, informierte ein Besatzungsmitglied, daß wir an einer Siedlung anhalten würden, um eine Kuh zu schlachten. Die Aussicht auf frisches Fleisch ließ uns das Wasser im Mund zusammenlaufen. Und für die nächsten zwei Tage erfreuten wir uns zu jeder Mahlzeit an dem Luxus von frisch gekochtem Fleisch. Dann bemerkten wir, daß der Kadaver an einer Stange aufgehängt aufbewahrt wurde. Da das Boot keinen Kühlschrank besaß und die tropische Hitze sehr intensiv brannte, wunderten wir uns, wie das Fleisch vor dem Verderben bewahrt wurde.

Wir brauchten nicht lange, um es herauszufinden. Bald wimmelte das Fleisch von Maden. Wir dachten nun, der Koch würde es fortwerfen. Kein Gedanke! Wir sahen, wie er etliche Steaks abschnitt, in die Bratpfanne warf, sorgfältig die Maden abschabte, das Fleisch ein wenig pfefferte und das Fleisch dann zusammen mit Reis und Bohnen servierte. Zu diesem Zeitpunkt roch es schon genauso wie die Stapel Trockenfleisch, die in unserer Nähe aufgetürmt waren. Das genügte; kein „Frischfleisch" mehr für den Rest dieser Reise. Edith sagte, sie könne kaum den Tag erwarten, an dem sie wieder selbst kochen konnte.

Am Morgen des achten Tages rief der Lotse auf portugiesisch vom Dieselmotor aus (Lyle übersetzte für uns): „Wir werden vor Einbruch der Dunkelheit in Cafetal sein."

Aber die Stunden zogen sich; das Boot schien zu kriechen. Dies war zweifellos der längste Tag unserer ganzen Reise. Ich konnte mich nicht aufs Lesen konzentrieren. Ich hatte kein Interesse mehr am Beobachten des Uferstreifens. Edith und ich saßen in unseren Hängematten und stellten uns wieder und wieder dieselbe Frage: „Werden wir Jim lebend antreffen?"

Sogar die Kinder spürten unsere Besorgtheit, wurden unruhig und waren schwer zu bändigen. Ich versuchte die Eintönigkeit des Wartens zu unterbrechen und nahm eine Dusche. Dieses Vorhaben beinhaltete den Gang in die winzige Kabine, das Aufhängen der Kleidung über einem Holzpflock, dann das Eintauchen der Zinnkanne in einen Eimer und das Verteilen des Wassers über sich, so gut man konnte. Das Ganze mußte schnell vonstatten gehen, denn sonst konnte sich das Duschen in Anbetracht von Platzmangel und hohen Temperaturen schnell in ein Dampfbad verwandeln.

Später am Nachmittag erreichte das Boot einen langen geradegestreckten Wasserteil, von dem wir ein ziemliches Stück nach vorn überblicken konnten. Am Bug war eine kleine, dreieckige Plattform. Dort bezogen Lyle, Edith und ich Posten. Der Lotse, der genau auf der anderen Bugseite postiert war, rief uns hin und wieder einige Ermunterungen zu. Schließlich hob er den Arm und zeigte nach vorn. „Sie können es jetzt noch nicht sehen, aber ungefähr noch fünf Kilometer, und wir sind in Cafetal."

Wir strengten unsere Augen an. Wir überlegten, was Jim wohl anhaben könnte. Wir beschlossen, es müßte entweder ein weißes T-Shirt oder ein grell-buntes Sporthemd sein, dazu eine Khakihose.

Langsam schlichen die Kilometer dahin. Das palmgedeckte Dach eines roten Lehmhauses schob sich ins Bild. Noch eines und noch eines ... dann eine Menschentraube auf einem hohen Steg. Wir waren zu weit entfernt, um Jims Glatze zu entdecken. Wir konnten auch keine hochgewachsene Figur ausmachen oder ein T-Shirt oder Sporthemd. Mir sank das Herz. Ein Kloß saß mir im Hals. Edith sah aus, als würde sie gleich in Tränen ausbrechen.

Noch mehr Häuser schoben sich ins Bild, dann noch mehr Menschen. Die Glocke ertönte; der Motor wurde gedrosselt; das Boot glitt längsseits in Richtung Ufer. Die Menschengruppe kam jetzt näher. Plötzlich sah ich eine Gestalt, die die anderen um Haupteslänge überragte, dann das unvermeidliche weiße T-Shirt. Ich rief laut: „Da ist er, Schatz! Das ist unser guter, alter Jim! Und neben ihm steht Helen!"

Edith hüpfte auf und ab, winkte wie verrückt. Uns kamen die Tränen. Jim und Helen mußten uns ungefähr zur gleichen Zeit entdeckt haben, denn auch sie begannen aufgeregt zu winken.

Als das Boot anlegte, kamen sie den Landungssteg heruntergelaufen, um uns willkommen zu heißen. Eine Unmenge Küßchen, Drücken und Rückenklopfen! Wir waren so von Wiedersehensgefühlen bewegt, daß wir kaum von den geduldigen und freundlichen Bolivianern Notiz nahmen, die unser Gepäck ausluden, es die steile Uferböschung hinauftrugen und dann weiter zum Haus von Jim und Helen.

Jetzt, da wir wußten, daß Jim in Sicherheit war, konnten wir kaum erwarten, die ganze Geschichte zu hören, die zu den Gerüchten über seinen Tod geführt hatte. Aber bis dahin mußten wir uns noch eine Weile gedulden. Die Einwohner von Cafetal, neugierig auf die Neuankömmlinge, schwärmten durchs Haus.

Wir sahen schnell ein, daß es noch eine Zeit dauern würde, bis wir unser eigenes Haus haben würden. Wir würden bei Jim und Helen bleiben müssen, bis wir ein eigenes bauen konnten.

Unsere Habseligkeiten waren gerade gefunden, als wir die Bootsglocke dreimal klingeln hörten - volle Kraft voraus. Wir gingen hinaus; das Boot war schon weit draußen in der breiten Fahrrinne des Flusses. Bald war es nur noch ein winziger Fleck am Horizont.

„Wann wird es zurückkommen?" fragte ich.

„In zwei Wochen", antwortete einer unserer neuen bolivianischen Nachbarn.

Ein unbekanntes, niederdrückendes Gefühl von Einsamkeit und Abgeschnittensein machte sich in uns breit. Zum ersten Mal erlebten wir wie die meisten Pioniere in der Missionsarbeit zum einen oder anderen Zeitpunkt diese Erfahrung des völligen Isoliertseins. Jetzt waren wir wahrhaftig am Rand von nirgendwo, vollkommen auf uns selbst gestellt, weit entfernt von jeglichen Annehmlichkeiten und Zerstreuungen der Zivilisation, ohne Verbindung zu unseren Lieben zu Hause. Wir konnten nur den Herrn bitten, Frieden in unsere Herzen zu legen.

Helens fröhliche Stimme unterbrach unsere pessimistischen Gedankengänge. „Das Abendessen wird bald fertig sein", sagte sie.

Wie wir uns darauf freuten: Die erste Abwechslung unserer täglichen Reis-und-Bohnen-Diät!

„Ich fürchte allerdings, es fällt heute etwas mager aus", sagte sie entschuldigend. „Nur Bohnen und Apfelkompott. Heute sind wir wirklich auf dem Boden unserer Speisekammer angekommen."

Schon wieder Bohnen! Aber Helen schaffte es, sie so zu würzen, daß sie zumindest anders als die Bohnen auf dem

Boot schmeckten. Wir aßen alles auf, und mir lief in Erwartung des Apfelkompotts das Wasser im Mund zusammen. Jetzt war Helen noch mehr verlegen. „Ich hoffe, ihr könnt es überhaupt essen", sagte sie. „Ich wußte ja, daß ihr vielleicht kommt, und versuchte nun den halben Nachmittag, die Würmer aus den Äpfeln herauszuholen. Aber es waren einfach zuviele für mich. Am Ende mußte ich aufgeben und sie kochen - mit Würmern und allem. Ich hoffe, es macht euch nicht allzuviel aus."

Als ich das Schüsselchen vor mir stehen hatte, sah ich die Würmer überdeutlich. Mein Magen drehte sich. Versteckt beobachtete ich, was Jim und Helen taten. Sie aßen genußvoll das Apfelkompott. „Wenn die beiden das können, kann ich es auch", sagte ich mir. Ich nahm einen Löffel, schaute nicht hin, versuchte gleichzeitig, an etwas anderes zu denken, und schaffte es so, das Kompott herunterzuschlucken. Edith machte es genauso.

Ich wurde durch den Gedanken an die Vorräte, die wir mitgebracht hatten, aufrechtgehalten. Dies würde für einige Zeit die letzte solcher Mahlzeiten sein.

Wir beendeten das Abendessen. Jim ging hinüber zum Feuer, wählte einen rauchenden Scheit und legte ihn unter den Tisch zu unseren Füßen. Ich überlegte, ob er zwischenzeitlich wohl übergeschnappt war. Dann aber verstand ich, daß dies nichts anderes war als gesunder Menschenverstand: Der Rauch verjagte die Unmengen von Moskitos, die sich um unsere Knöchel und Beine scharten. Dies war unsere erste Begegnung mit einer der vielen Arten von Insekten, die zu den ständigen Mitbewohnern unseres Hauses in Cafetal gehören würden. Tatsächlich muß ich nach späteren Erfahrungen zusammenfassend sagen, daß es nicht die großen Gefahren sind, wie Schlangen, Treibsand oder hinterlistige Wilde, die einen Missionspionier so zermürben können, sondern das stets anwesende Heer von kleinen Plagegeistern wie Moskitos, Ameisen, Kriechtiere und stechende, beißende Mücken.

Jim lehnte sich zurück und machte es sich so bequem wie möglich in einem handgemachten Stuhl. Was mich an ihm am meisten beeindruckte, war seine Gelassenheit. Ruhig und distanziert erzählte er von Ereignissen, die einem die Haare zu Berge stehen ließen, immer gewürzt mit Prisen von trockenem Humor. Er war frühzeitig kahl geworden, wahrscheinlich ein Resultat seiner Erfahrungen in der Militärzeit - Erfahrungen, über die er niemals sprach -

und sah zehn Jahre älter aus als seine ungefähr achtundzwanzig Jahre.

Der Strom der bolivianischen Besucher war versiegt. Wir waren allein und schwiegen. Während das flackernde Licht der Kerosinlampe unsere langen Schatten an die Wand warf, begann Jim zu erzählen. Endlich würden wir seine Geschichte hören - all das, was geschehen war, seit wir uns vor zwei Jahren in den Staaten das letzte Mal gesehen hatten.

„Ich werde ganz von vorn anfangen", sagte er, „mit dem Tag, an dem ich von Robore aus mit dieser kleinen Stinson-Maschine gestartet bin. Mel Wyma flog die Maschine. Wir brauchten einige Stunden bis hierher, aber wir hatten einen guten Flug. Die Landebahn hier war neu; Mel rauschte zwei oder dreimal darüber, und es sah gut aus, also machten wir uns keine Sorgen. Solange Mel bei mir war, ging es mir gut, aber nach ein paar Tagen mußte er weiterfliegen und ließ mich allein zurück. Glaubt mir, ich habe mich noch niemals so verlassen gefühlt. Ich sprach nur wenige Worte Spanisch, also verstand ich nicht, was die Leute mir sagen wollten, und so konnte ich mich auch nicht verständlich machen. Meine Phantasie ging mit mir durch. Ich war überzeugt, daß die Nachbarn mir etwas antun wollten. Oh, wie wünschte ich, Helen würde kommen und mir helfen.

„Ihr erinnert euch vielleicht", warf Helen ein, „ich bin doch vorher einige Zeit in Mexiko gewesen und spreche ganz gut Spanisch."

„Abgesehen davon", fuhr Jim fort, „brauchte ich einfach jemanden, mit dem ich reden konnte. Ich sage euch, ich war völlig verzweifelt. Ab und zu kam unser österreichischer Freund Frederico aus dem Dschungel zu Besuch. Er spricht Englisch, und so war er ein Trost; außerdem bekam ich eine Menge Informationen von ihm. Ich weiß allerdings nicht, wie zuverlässig sie sind.

Eines Tages brachte das Postboot, das zweimal im Monat hier hält, Vorräte. Es war auf dem Weg nach Matto Grosso in Brasilien. Es machte eine lange Pause. Wißt ihr, hier in Cafetal ist das, was man Zivilisation nennt, zu Ende. Beim nächsten Halt in Matto Grosso wird der Faden wieder aufgenommen und nach Ost- und Südbrasilien weitergetragen. Zwei Tage von hier entfernt sind einige Siedlungen von Gummiarbeitern. Drei Tage danach befindest du dich bereits im Herzen von wildem, vollkommen unerforschtem Gebiet - genannt die ,Grüne Hölle'. Ihr habt von Oberst Fawcett gelesen, oder? Der britische Forscher, der 1925 spurlos verschwunden ist?" Ich nickte. „Er ist dort verschwunden. Ein ungelöstes Geheimnis. Niemand weiß, was aus ihm wurde. Die Gerüchte sagen, daß er von Indianern umgebracht wurde."

Ich schluckte hart. „Und das sind die Stämme, die wir mit dem Evangelium erreichen wollen?'

Jim nickte.

„Manche von ihnen. Diese sind die Nhambiguaras. Man weiß so gut wie nichts über sie, außer, daß sie heute noch so leben wie in der Steinzeit. Sie haben sogar immer noch Steinäxte. Mancher Gummiarbeiter sieht ab und zu einen Schatten von ihnen nackt herumlaufen. Oder er sieht gar nichts, und man findet seinen Körper gespickt mit Pfeilen. Aber diese Indianer kommen nie nahe genug, um mit ihnen zu sprechen. Alles, was wir haben, sind Gerüchte ... Aber jetzt wieder zurück zu meiner Geschichte: Frederico war wieder zurück im Busch zum Goldwaschen an den Sansimoniano-Bergen. Ich war an dem Punkt angekommen, an dem ich es kaum noch aushalten konnte. Ich war schon fast entschlossen, mit dem nächsten Postboot, das, von Matto Grosso kommend, anlegen würde, zurück nach Guajara Mirim zu fahren und dann entweder zusammen mit Helen und euch zurückzukehren oder nie mehr hierherzukommen.

Aber als das Boot eintraf, brachte es eine Neuigkeit mit, die jeden Gedanken an Aufgabe in mir verschwinden ließ. Zu diesem Zeitpunkt wegzugehen hätte wie eine Flucht ausgesehen. Auch Frederico war zurückgekommen, was für mich ein Trost war.

Hier kommt die Geschichte, die Frederico für mich übersetzte. Als das Postboot ungefähr drei Tage, nachdem es von hier abgefahren war, das Gebiet der Nhambiguara-Indiander durchquerte, traf es plötzlich auf eine Barrikade, die fast den ganzen Fluß überspannte. An der Art, wie sie gefertigt war - kleine Stämme ins Flußbett gerammt und mit seilartigen Rindenstücken verbunden - erkannten sie indianische Handarbeit. Die Passagiere bekamen panische Angst. Sie dachten, sie würden überfallen. Ein schmales Stück auf der einen Flußseite war noch frei, das Wasser ungefähr brusthoch, so daß das Boot nur mit Mühe hindurchfahren konnte. Als das Boot es geschafft hatte, entfernten einige der Besatzungsmitglieder mit Lassos einen Teil der Barrikade."

Wir saßen voller Spannung nach vorn gebeugt und hingen an Jims Lippen. Genau in diesem Augenblick zischte die Lampe, gluckste, spuckte und verlosch fast. Wir schraken zusammen. Helen und Edith kreischten. Dann sahen wir, daß nur eine große Motte in die Flamme geraten war. Wir lachten, und Jim fuhr mit seiner Erzählung fort:

„Einige Tage später, als das Boot wieder an diesselbe Stelle kam, war die Barrikade nicht nur wiederhergestellt, sondern jetzt staken Speere daraus hervor, genau in Deckhöhe. Wenn sie nachts dort angekommen wären, wäre das gefährlich geworden. Wieder bekamen die Passagiere es mit der Angst zu tun.

Ungefähr zehn Meilen weiter flußabwärts begegneten sie einem bolivianischen Jungen in einem Einbaum, der nur mit einem Arm paddelte. Er schien verwundet zu sein. Als das Postboot näher kam, entdeckten sie auf dem Boden des Einbaums einen Körper - ein toter Mann mit vier oder fünf Pfeilen in der Brust. Die Besatzung nahm den Jungen an Bord. Ihm steckte immer noch ein Pfeil in der Seite. Glücklicherweise war er nicht vergiftet. Während sie den Pfeil entfernten und die Wunde versorgten, erzählte der Junge, was passiert war.

Er war mit einem älteren Gummiarbeiter aufgebrochen, um Schildkröteneier zu suchen. Sie wollten sich gerade wieder auf den Rückweg begeben, als einige Wilde aus dem Unterholz auftauchten. Der Junge saß schon im Boot. Der Ältere sprang hinein, um es vom Ufer abzustoßen, und rief dem Jungen zu, er solle ins Wasser springen. Der Junge gehorchte, und das hat ihm vermutlich das Leben gerettet. Er hörte einige Schüsse. Der ältere Mann, dem schlagartig einfiel, daß er eine Pistole bei sich hatte, gab mehrere Schüsse auf die Indianer ab, um sie zu verjagen. Aber es war schon zu spät, er war bereits gespickt mit Pfeilen. Der Junge half dem Älteren in den Einbaum und stieß ab zur Flußmitte. Der Mann starb nach wenigen Minuten.

Ein Pfeil hatte den Jungen erwischt. Er paddelte mit einem Arm und ließ sich treiben, bis wir ihn fanden. Das Boot legte dann in Rio Cabixi an, einer kleinen Siedlung von Gummiarbeitern. Dort wurde der Mann begraben, und der Junge blieb dort, um gesund zu werden.“

Jim verstummte. Rauchfahnen von dem Holzscheit kräuselten sich über dem Tisch. Hinter uns brummten und summten ärgerliche Schwärme von Moskitos, deren Angriffspläne vereitelt waren.

„Ich nehme an“, sagte Jim, „daß dies der Ausgangspunkt für die Gerüchte war, daß ich tot sei. Vielleicht auch, weil die Stelle, an der dies geschah, nahe der Stelle ist, wo 1925 drei Missionare getötet worden waren. Aber wie das

Gerücht nach Guajara Mirim gelangt ist, werden wir wohl nie erfahren."

Jetzt nahm Helen den Faden auf.

„Die Bootsfahrt hierher werde ich wohl so schnell auch nicht vergessen", sagte sie. „Ich war die einzige Frau an Bord. Die Männer waren zwar alle sehr zuvorkommend zu mir, aber ich fühlte mich doch sehr allein. Dreizehn Tage dauerte die Fahrt - dreizehn Tage warten und grübeln, Ungewissheit, ob ich Jim je wiedersehen würde. Ich erlaubte mir nicht, darüber zuviel nachzudenken. Ich setzte mein Vertrauen auf den Herrn. Aber ihr könnt euch den Augenblick nicht vorstellen, als ich ihn da stehen sah, wie er nach mir Ausschau hielt. Ich fiel ihm nur um den Hals und küßte und küßte ihn. Mir war egal, was die Bolivianer dachten. Meine Gefühle konnten einfach nicht länger warten."

Genau in diesem Moment hörten wir ein ohrenbetäubendes Schnauben ganz in der Nähe. Wir bekamen alle einen Riesenschreck. Als wir uns wieder beruhigt hatten, stellten wir fest, daß es nur eine alte Kuh gewesen war, die den Kopf durchs offene Fenster gesteckt und geniest hatte.

„Ihr werdet euch an solche kleinen Überraschungen wie diese hier gewöhnen", sagte Jim immer noch glucksend.

Nachdem unsere Neugier gestillt war, überkam uns Müdigkeit. Wir sagten gute Nacht und machten uns auf, um seit über einer Woche den Schlaf in einem richtigen Bett zu genießen.

Am nächsten Vormittag erkundeten wir das Dorf, das unser Zuhause werden sollte. Es war nicht viel mehr als eine Lichtung im Dschungel. Ungefähr dreizehn palmblattgedeckte Häuser standen aufgereiht am Flußufer. Die rote Erde der Wege und Gärten stand in scharfem Kontrast zum satten Grün des Dschungelhintergrundes. Rankende Gewächse bildeten lebende grüne Wände, die geduldig darauf zu warten schienen, alles zu überwuchern. Nicht lange, und unsere Kleidung hatte einen leichten Rotstich, den man kaum herauswaschen konnte.

Edith ging mit Helen zu unseren Nachbarn und stellte sich vor. Die Dorfgemeinde bestand hauptsächlich aus Frauen und Kindern. Die Männer waren fast immer im Dschungel auf der Suche nach wilden Gummibäumen. Alle zwei bis drei Monate, gewöhnlich vor Feiertagen - würden sie gröhlend nach Hause kommen. Das Chaos brach los. Das ganze Dorf verfiel in wüste Tanz- und Trinkgelage. Manchmal endeten die Feierlichkeiten mit einer Schießerei. (Einmal, etwa ein

Jahr nach unserer Ankunft, versteckte sich der Bedrohte bei einer solchen Schießerei hinter unserem Haus. Durchs Fenster konnten wir die Kugeln den Staub aufwirbeln sehen, als sie über den Boden zischten.) Es gibt kein Gesetz vertreten durch Polizei oder Regierung in einer kleinen Dschungelsiedlung. Das einzige Gesetz ist „die Faust, die Peitsche oder der Colt".

Langsames Trommeln aus der Ferne, begleitet von Pfeifkonzerten, kündigte gewöhnlich den Beginn solcher Feste an. Wir Missionare blieben dann in der Nähe unserer Häuser, bis alles vorüber war.

Die Geschichte dieser Familien ist traurig. Die meisten der Männer waren vor Jahren aus Städten oder Farmen der zivilisierteren Welt hierhergekommen, angelockt durch Träume und Gerüchte vom schnellen und sagenhaften Reichtum, der den Abenteurer in der „Grünen Hölle" des Dschungels erwartet. Es gab Erzählungen von verborgenen Inkaschätzen, Diamanten so groß wie eine Fingerkuppe oder seltenen Metallen und Edelsteinen. Etwas bescheidener hofften sie vielleicht *pualha* zu finden, eine wilde Pflanze, deren Wurzeln ein Narkotikum enthält, das auf dem Rauschgiftmarkt hohe Preise erzielt.

Da diese Träume sich als Schäume erwiesen, mußten die Männer sich ihren Lebensunterhalt erarbeiten. Der einzige Weg, ein gesichertes Einkommen zu erzielen, bestand in der Suche nach Gummi. Einige reiche *patrones* kontrollierten das Gewerbe. Alle anderen arbeiteten für ein paar Pennies pro Tag und führten ein regelrechtes Sklavenleben. Ein paar *patrones* lebten auch in Cafetal. Aber weltliche Luxusgüter waren hier so rar, daß man zwischen den Häusern der Reichen und denen der Armen kaum einen Unterschied entdecken konnte. Alle bis auf eines, das einem *patrone* gehörte, hatten nackte Lehmfußböden, rote Lehmwände und waren sehr karg möbliert. Die Menschen aber waren meist freundlich, großzügig und hilfsbereit.

Das Haus eines Wohlhabenden hatte vielleicht drei oder vier Stühle mit geraden Rückenlehnen, eine Hängematte, einen kleinen Tisch und eine Nähmaschine im Wohnzimmer. Ein einziger hatte einen Kerosin-Kühlschrank; zwei oder drei andere besaßen einen Außenbordmotor. Durch diese Besitztümer galten sie als reich.

Die Frauen kochten über offenem Feuer auf dem Boden. Zwei Kessel und eine Bratpfanne waren die Küchenausstattung. Für diese Frauen war es der Gipfel an Reichtum, sich auf dem privaten Handelsboot, das etwa alle zwei Monate vorbeikam, ein Paar Schuhe kaufen zu können. Sie schonten ihre Schuhe und trugen sie nur sonntags. Die übrige Zeit trugen sie Sandalen oder liefen barfuß. All ihre weltliche Habe hatte in einer Schublade Platz. Aber alle legten großen Wert auf Sauberkeit. Wann immer sie ausgingen, trugen sie ihre Sonntagskleider.

Das Spielzeug unserer Kinder wurde zum Stadtgespräch. Die Frauen kamen in Grüppchen, um Connies Puppe zu bewundern, die eine Gummihaut hatte und die Augen öffnen und schließen konnte. Brians mechanische Ente, die quaken konnte und die Flügel auf und ab bewegte, um auf eine winzige Trommel zu schlagen, wurde maßlos bestaunt. Die Erwachsenen kamen und fragten, ob sie das Tier einmal über den Lehmfußboden ziehen durften.

In vielen Haushalten gab es Trauer wegen anhaltender Krankheit oder Todesfällen bei den Kindern. Es tat uns von Herzen weh, denn viele hätten durch einfache Medikamente oder die richtige Behandlung gerettet werden können. Aber so etwas war hier nicht zu bekommen.

Die Romantik und das Abenteuerliche unserer ersten Missionarstage waren bald zu Ende. Reisen, jeden Tag neue Eindrücke, Bilder und Geräusche - all das war vorbei. Die Arbeit, die uns hierhergebracht hatte - das Erreichen der wilden Stämme -, lag immer noch in der Zukunft. Unsere augenblickliche Sorge war es, uns so gut wie möglich einzurichten, uns an die täglichen Unannehmlichkeiten und Entbehrungen zu gewöhnen und uns so gut wie möglich an diese neue Art von Leben in einem fremden Land anzupassen.

Kapitel 5

Speerspitzen

In zwei Monaten, dachten wir, würden wir mit dem Bau unseres eigenen Hauses fertig sein; wir konnten die Gastfreundschaft von Jim und Helen nicht unbegrenzt in Anspruch nehmen. Da ich kein Geld hatte, konnte ich keine Hilfskräfte einstellen. Aber glücklicherweise war es hier viel einfacher, ein Haus zu bauen als in den Staaten. Man muß nur etwa drei Meter hohe Pfähle aufstellen, die die Querbalken stützen, auf denen das Dach ruht. Um eine Wand zu bekommen, setzt man dazwischen senkrechte Stäbe im Abstand von etwa einem halben Meter, die mit waagerechten Bambusstreifen verbunden werden. Dies ist das Skelett. Als nächstes werden die Zwischenräume mit Lehm gefüllt, der getrocknet fast so hart ist wie Zement. Natürlich bleiben Öffnungen für Fenster und Türen. Dann holt man Hunderte von Palmblättern aus dem Dschungel, bindet sie an die Stäbe, die wie Rippen von den Wänden bis zur Dachspitze reichen, und fertig ist das Dach. Um den Fußboden herzustellen, rutscht man nur in Unmengen nassen Lehms herum, trampelt hier fest, glättet dort, und läßt alles trocknen. Einen Vorteil hat das Ganze - keine Hausfrau macht sich je Sorgen um Schmutz, den Besucher oder Kinder ins Haus tragen könnten.

Ich hatte einige Werkzeuge, hauptsächlich eine Axt, eine Säge und eine Machete. Damit baute ich zuerst eine Schubkarre mit einem mehr oder weniger runden Rad, das ich aus einem soliden Stück Holz schnitt. Dann konnte die Arbeit beginnen. Ich mußte oft lächeln bei dem Gedanken, daß wir jetzt wohl sehr ähnlich lebten wie unsere Vorfahren, die Pioniere. Ich baute einen gut funktionierenden Herd für Edith aus selbstgemachten Lehmziegeln, die ich in der Sonne trocknen ließ und dann mit weiterem Lehm an Stelle von Mörtel zusammensetzte.

Drei Monate, nachdem wir begonnen hatten, war unser Haus endlich fertig, und es war für uns alle ein glücklicher Tag, an dem unser Familienleben unter eigenem Dach begann.

Edith kochte viele schmackhafte Mahlzeiten auf dem Holzofen. Eine Zeitlang ernährten wir uns sehr gut von unseren Vorräten; aber sie waren in bestürzender Geschwindigkeit aufgebraucht. Wir dachten, wir könnten innerhalb von zwei Monaten unsere Bestände durch eine Lieferung aus Cochabamba aufgefüllt bekommen, aber drei Monate vergingen, und wir warteten immer noch. Jetzt hatten wir fast gar nichts mehr. Es gab hier keinen Laden, in dem man etwas kaufen konnte. Zwei Wochen lang lebten wir sehr eingeschränkt. Aber Nachbarn brachten uns Yucca, Bananen oder frischen Mais, und wir kamen zurecht.

Was wir nicht erwartet hatten, war die stattliche Anzahl verschiedenster Insekten und Reptilien, die zusammen mit uns freudig einzogen. Wir gewöhnten uns mehr oder weniger an die allzeit präsenten Moskitos. Wir lernten, unsere Schuhe und Socken morgens vor dem Anziehen auszuschütteln, um die roten Skorpione zu entfernen, die sich gern dort versteckten und deren Stich sehr schmerzhaft ist. Edith konnte sich jedoch nicht an die Küchenschaben gewöhnen. Sie sah stets angewidert drein, wenn sie zufällig auf eine trat, was häufig vorkam. Vielleicht war es ein Überbleibsel aus ihrer Jugend im Mittelwesten, wo die Anwesenheit von Küchenschaben immer als Zeichen schlechter Haushaltsführung angesehen wurde. In den Tropen muß man lernen, sie als unvermeidbare Gäste zu akzeptieren.

Wir lernten, nach giftigen Schlangen Ausschau zu halten. In der Gegend gab es einige mit tödlichem Gift: die kleine leuchtend gestreifte Korallenschlange, eine kleine grüne Schlange (deren Namen ich immer wieder vergesse) und die unscheinbare, aber tödliche, bräunliche Yoperrohobobo.

Wir achteten besonders auf die Yoperrohobobo, nachdem Helen uns erzählt hatte, was ihr einmal passiert war. Sie lag auf dem Bett und entspannte sich, als sie einen Bolivianer bemerkte, der sie durchs Fenster beobachtete. Sie empfand das als unverschämt und wollte aufspringen, um ihm die Meinung zu sagen. Stattdessen schrie er, sie solle bleiben, wo sie war und sich nicht bewegen. Er kam schnell ins Haus, eine Machete in der Hand, hieb mehrmals unter das Bett und tötete eine Yoperrohobobo, die dort bereit zum Stoß aufgerollt gelegen hatte.

Eines Nachmittags rief Connie, die im Garten spielte: „Oh, Mami und Papi! Guckt mal, was ich gefunden habe!"

Ich lief zur Tür. Sie lachte und sprang wild umher, eine ungefähr fünfzig Zentimeter lange Schlange am Schwanzende umherschwingend. Ich stand nah genug, um die typische Zeichnung der Yoperrohobobo zu erkennen. Mein Herz sank in die Schuhsohlen. Neben mir stand Edith völlig erstarrt, unfähig, einen Ton zu sagen.

„Laß los! Laß los!" schrie ich und durchquerte den Garten in einem Satz. Als ich sie erreichte, sah ich, daß die Schlange einen Frosch halb im Schlund stecken hatte - der einzige Grund, weswegen sie nicht hatte zubeißen können. Ich dankte dem Herrn überschwenglich. Nur sein Schutz hatte Connie bewahrt. Wir schärften ihr ein, nie mehr fremde Schlangen oder Käfer anzufassen.

Einige Wochen später tranken wir abends mit einer bolivianischen Nachbarin eine Tasse Kaffee in unserem Wohnzimmer, als sie plötzlich ihre Tasse abstellte und überrascht ein spanisches Wort schrie. Ich folgte ihrem Blick hin zur gegenüberliegenden Wand, wo unterhalb des Dachsparrens einige Zentimeter offen lagen.

Wie ein lebender Wasserfall strömten durch die Ritze ganze Armeen schwarzer Ameisen.

„Gasolina! Gasolina![1]" rief die Frau. „Das ist das einzige Mittel, um sie aufzuhalten." Sie sprang auf, hielt dann aber inne. „Nein - Moment - das können Sie nicht tun. Sie könnten das Haus in Brand setzen. Beeilen Sie sich. Wecken Sie die Kinder. Sie müssen hier raus!"

Wir schnappten die verschlafenen Kinder aus ihren Betten und eilten die hundert Meter hinüber zum Haus der Ostewigs. Wir mußten immer wieder stehenbleiben, um zu stampfen und die echten oder eingebildeten Ameisen loszuwerden, die wir unsere Beine hinaufkrabbeln fühlten.

Am nächsten Morgen in aller Frühe kehrten wir nach Hause zurück, gespannt, was wir wohl vorfinden würden. Keine Bewegung, kein Ton. Unsere Lebensmittel, die wir in dicht schließenden Zinnbehältern aufbewahrten, und unsere Kleidung waren unversehrt. Aber die Ameisen hatten jedes lebende Wesen, das sie vorgefunden hatten, getötet und die Überreste mitgenommen - Fledermäuse, Mäuse, Spinnen, Küchenschaben und Skorpione. Einer unserer Nachbarn, der vorbeikam, versicherte uns, daß wir für ungefähr ein Jahr keinen weiteren Besuch der Ameisen zu erwarten hätten.

Eine Weile führten wir nun ein friedliches Leben, absolut frei von jeglichem Ungeziefer - bis nach einiger Zeit alle wieder einzogen. Ich entwickelte richtig freundschaftliche Gefühle gegenüber den Ameisen. Sie hatten das Haus perfekt gesäubert, eine Arbeit, die wir nie hätten erledigen können.

---

[1] Benzin

Ich sollte ihnen allerdings ganz andere Gefühle entgegenbringen, als ich später wieder mit ihnen zusammentraf. Die Wochen vergingen. Jim und ich begannen ungeduldig zu werden. Wir hatten nicht vergessen, daß wir aus einem ganz bestimmten Grund hier waren - den Eingeborenen, die niemals von Jesus Christus gehört hatten, Gottes Wort zu bringen. Wir überprüften die vor uns liegenden Schritte noch einmal: Zuerst mußten wir die Stämme ausfindig machen; danach mußten wir ihre Freundschaft und ihr Vertrauen gewinnen (dies bedeutete die völlige Umkehr einer langjährigen Geschichte von Kriegen mit dem weißen Mann). Dann würden wir ihre Sprache lernen müssen; und schließlich konnten wir hoffen, ihnen das Evangelium zu erzählen und christliche Lebensweise nahezubringen.

Dieses Vorhaben würde Monate in Anspruch nehmen, vielleicht sogar Jahre - vielleicht würden wir nie die Freude haben, die Früchte unserer Arbeit zu sehen, sondern das bliebe vielleicht denen vorbehalten, die nach uns kamen. Aber all dies nahm uns nicht den Mut. Wir wußten, daß es die normale Bürde war, die jeder Pionier auf dem Missionsgebiet zu tragen hatte.

Was uns allerdings störte, war die Tatsache, daß wir so lange brauchten, um anfangen zu können. In der Nachbarschaft gab es leider keinen erfahrenen Missionar, der uns mit Rat und Tat hätte zur Seite stehen können. Wir hatten keine schriftlichen Berichte, keine Landkarten oder wenigstens mündliche Information über die Stämme, zu denen wir vordringen wollten. Dies war wirklich die Frontlinie, auch die Frontlinie all der Mächte, die gegen uns kämpften, sowohl physisch als auch psychisch.

Und so suchten wir die Information dort, wo wir sie einzig bekommen konnten. Wenn die Gummiarbeiter aus dem Busch zurückkehrten, kamen sie oft herüber zu einem langen Abend mit bolivianischem Kaffee (und Ediths Plätzchen). Nach den Monaten der Einsamkeit, die hinter ihnen lagen, war es nicht schwer, sie zum Erzählen zu bringen. Dann war es an uns, die Köpfe zusammenzustecken und die Tatsachen von Fantasie und wilden Einbildungen zu trennen. Von letzteren gab es genug, um den Eifer eines jeden Missionars zu dämpfen: Die Stämme lebten in einem unerklärten Kriegszustand mit den übrigen Menschen. Die Männer sagten, es gebe keinen Zweifel, daß sie Kannibalen seien.

Unsere gesellschaftlichen Abende waren sehr zeitaufwendig. Stunden oberflächlicher Unterhaltung konnten zu einer winzigen Spur, zu einer verläßlichen Information führen. Zusammengenommen lernten wir aber eine Menge nützlicher Dinge. Zum Beispiel, daß wir unsere Zeiteinteilung nicht an Tagen oder Wochen orientieren mußten, sondern an Jahreszeiten. Bestimmte Stämme konnten beispielsweise am besten während der Trockenzeit erreicht werden (April bis November), andere wiederum, wenn der Fluß Hochwasser führte. (Die Überlieferungen, die wir von diesen Dschungelveteranen mitbekamen, retteten uns buchstäblich mehr als einmal das Leben.)

Typisch für unsere Informanten war ein alter, knorriger *patrone* namens Don Juan Camacho, der an seinem ersten Tag, als er zurück aus dem Dschungel kam, den Abend gleich mit uns verbrachte. Don Juan schien sich schon vor einer Fliege zu fürchten. Er hatte fast alle Zähne verloren, und seine Lippen waren eingesunken, kurz, er wirkte vollkommen harmlos und vertrottelt. Er hatte ein paar Augengläser, von denen wir annahmen, daß er sie trug, um würdevoller auszusehen. Er trug seine über sechzig Jahre mit viel Würde, wenn er so den Weg entlangtrottete, die weiten Hosenbeine in die Schäfte seiner Stiefel gestopft. Er hatte noch Untergebene, die für ihn arbeiteten, irgendwo draußen, am Rande von nirgendwo. Aber da er wirtschaftlich überlebt hatte, wußten wir, daß er beides besaß: Zähigkeit und Erfahrung.

Ich versuchte ihm natürlich den Zweck unserer Mission zu erklären. Seine schwarzen Augen sahen mich ungläubig an; ein mitleidig amüsiertes Lächeln spielte um seine Mundwinkel. Die Sicht der Mission war so extrem anders als seine eigene, daß er es kaum begreifen konnte. Aus seiner Hemdtasche zog er ein Zigarettenpapier und griff dann in einen kleinen gummibezogenen Beutel nach seinem scharf und vergammelt riechenden Tabak. Während er seine Zigarette rollte, konnte er sich eine Randbemerkung nicht verkneifen. „Ihr Evangelischen raucht doch nicht, oder? Ich finde es auch nicht richtig, muß es aber tun, um die Moskitos zu verscheuchen. *Asi es* (so ist es).“ Ich sah mich nach Moskitos um, konnte aber keine entdecken. Jim und ich schmunzelten, als er weitersprach.

„Sie sollten keine Schwierigkeiten haben, wilde Indianer zu finden“, sagte er. „Gar nicht weit von hier, ungefähr drei Tage den Guapore Fluß hinauf, in der Nähe von Paradon - dem roten Cliff - sind die Nhambiguaras. Sie haben diese Barrikade ins Wasser gesetzt, wissen Sie.“

Ich muß wohl leuchtende Augen bekommen haben, denn plötzlich sagte er: „Aber ich glaube, Sie wären verrückt, es zu versuchen. Lassen Sie das lieber, ja? Bleiben Sie besser hier und bekehren Sie uns. Ich möchte Sie nicht eines Tages aus dem Fluß fischen."

Don Juan bemerkte offensichtlich, daß seine Worte die gewünschte Wirkung verfehlten, denn seine Stimme wurde lauter, und er lehnte sich nach vorn: „Vielleicht glauben Sie, weil diese Nhambiguaras Eingeborene sind, hätten Sie es mit Kindern zu tun, stimmt's? Na, ich kann Ihnen sagen - die sind gerissen -, viel gerissener als unsereins. Sie sind wie Schatten, wie Nebel. Sie werden niemals gesehen, außer wenn sie es wollen. Aber gut - ich werde Ihnen eine Geschichte erzählen, eine wahre Geschichte, die vor gar nicht langer Zeit passiert ist und die Ihnen zeigen wird, was ich meine.

Ein Haufen Gummiarbeiter - Leute, die ich kenne, ungefähr elf waren es - gingen auf die Jagd nach Schildkröteneiern. Sie wollten ins Nhambiguara-Gebiet, also nahmen sie zum Schutz jeder einen Hund mit - elf Hunde. Außerdem haben sie alle Pistolen. Man geht nicht in den Dschungel ohne Pistole. Elf Männer, elf Hunde, elf Pistolen. Die erste Nacht halten sie nicht weit vom Fluß Rast. Sie alle klettern in ihre Hängematten. Sie alle legen ihre Pistolen unter die Hängematte in Reichweite auf den Boden. Die Hunde schlafen in der Nähe. Alles ruhig, alles friedlich.

Am Morgen wachen sie auf, fühlen sich wohl nach der gut durchgeschlafenen Nacht. Sie reiben sich die Augen und sehen sich um. Nichts! Alles ratzekahl leer - Verpflegung, Töpfe, Äxte, Macheten - alles weg. Sogar die Pistolen sind unter ihren Hängematten weggenommen worden. Und nicht ein einziger Hund hat gebellt."

„Sera?" (Kann das sein?) fragte ich. (Später wurde diese Geschichte von anderen bestätigt.)

„In dem Moment hören sie schallendes Gelächter. Gegenüber am Fluß auf einer Sandbank sehen sie ein paar Nhambiguaras, die mit ihren Pistolen winken; sie kringeln sich, lachen sich krank."

Der *patrone* legte eine Pause ein, um seine Zigarette wieder anzuzünden, die in der Zwischenzeit ausgegangen war. „Asi es", nickte er. „Es geschieht einfach so. Das ist wahr. Vielleicht gibt Ihnen das eine Vorstellung, mit was für Menschen Sie es zu tun haben werden. Keine Kinder, oder? Sie sind raffiniert. Unauffällig wie Schatten."

Sein wettergegerbtes Gesicht war ernst.

„Eines muß ich Ihnen noch sagen, solange ich noch dran denke - das heißt, sofern Sie auf Ihrer Unvernunft bestehen.

59

Wenn Sie sich jemals einem ihrer Lager oder Dörfer nähern und Sie finden auf Ihrem Pfad einen Pfeil - dann gehen Sie nicht weiter. Halten Sie nicht an, um herauszufinden, was das bedeutet. Suchen Sie nur das Weite, so schnell Sie können. Wissen Sie, auf ihre Art sind sie Gentlemen. Das ist ihre Warnung. Sie sagen Ihnen, daß Sie nicht willkommen sind - und wenn Sie nicht sofort umkehren, wird man Sie töten." Ich sollte mich an diese Warnung noch überdeutlich erinnern.

Wir befragten ihn auch zu anderen Stämmen. Nun, da gibt es noch die Sansimonianos, noch ein primitiver Stamm, angesiedelt jenseits der Ebene hinter den Bergen, ungefähr achtzig Kilometer westlich.

„Vor vierzehn Jahren ungefähr", sagte der *patrone*, „gab es einen Krieg - eine offene Schlacht -, Pistolen und Kugeln gegen Pfeil und Bogen. Die Indianer griffen einen kleinen Vorposten der Gummiarbeiter an. Die Gummiarbeiter gewannen. Sie töteten eine Reihe von Wilden. Sieben wurden gefangengenommen und als Diener hierhergebracht."

Ich spitzte die Ohren.

„Seit damals - nichts", fuhr der *patrone* fort. „Obwohl sie so nah sind, weiß man nichts von ihnen. Nur hin und wieder Pfeile aus dem Dickicht, wenn irgendein Gummiarbeiter zu weit in die Wildnis vorstößt. *Asi es.*"

Ich hatte jetzt Gelegenheit zu einer Frage. „Und was wurde aus den sieben, die hierhergebracht wurden?"

„Tot - alle schon lange tot. Krankheiten der Weißen." Er zog an seiner Zigarette und dachte kurz nach. „Oder, Moment mal. Nein. Einer lebt noch hier - obwohl er sich ziemlich abseits hält."

„Sie meinen, hier in Cafetal?"

„Ja. Hier in Cafetal. Also warum erzähle ich Ihnen von den Sansimonianos, wenn Sie von ihm Direktinformation haben können?"

Angewidert zerdrückte er seine Zigarette, die immer wieder ausging. Er stand auf, um sich zu verabschieden. Unsere Köpfe rauchten. Wieviel von dem, was er uns erzählt hatte, war wahr? (Zum Beispiel die Geschichte von den zwei Jägern, die sich auf einen Baumstamm setzten, um sich auszuruhen, und plötzlich merkten, daß der Baumstamm sich bewegte, um dann festzustellen, daß sie auf einer riesigen Anaconda saßen.) Wieviel davon war Übertreibung oder glatte Lüge? Auf jeden Fall hatten wir zum ersten Mal einen Anhaltspunkt, um aktiv zu werden.

Am nächsten Morgen machten Jim und ich uns auf den

Weg, den Sansimoniano aufzusuchen. Ohne große Umstände fanden wir ihn.

Er lebte ganz allein in einem heruntergekommenen Verschlag am Fluß ganz am Ende des Dorfes. Ein verhutzelter, gebeugter alter Mann, dessen tief gefurchtes Gesicht immerwährende Traurigkeit ausdrückte. Er grüßte uns in leidlich gutem Spanisch, denn er hatte inzwischen diese Sprache gelernt. Zunächst wirkte er freundlich und zugänglich. Wir ließen uns auf dem Boden nieder und erklärten ihm langsam und geduldig, was unser Anliegen war. Wir sagten, wir seien Missionare, und erklärten ihm, was ein Missionar ist. Wir sagten, daß wir mit seinen Leuten Freundschaft schließen wollten, um ihnen die Botschaft vom ewigen Leben zu bringen. Die ganze Zeit blieb seine Miene völlig ausdruckslos. Wir konnten nicht abschätzen, wieviel er verstand. Dann sagten wir, daß wir gern eine Weile von ihm unterrichtet werden wollten, um einige Worte und Ausdrücke in der Sprache der Sansimonianos und etwas über Sitten und Gebräuche des Stammes zu lernen.

Der Indianer erhob sich. Seine schwarzen Augen schossen Blitze. „Niemals!" rief er und sprach dabei sehr bestimmt. „Über die Jahre sind viele Männer gekommen und haben mir die gleiche Frage gestellt. Der weiße Mann will meinem Volk nur schaden. Er will sie nur umbringen, versklaven oder sie quälen. Das ist unsere Geschichte. Nein, ich werde sie niemals verraten. Sie werden von mir nichts erfahren. Was ich weiß, wird mit mir sterben."

Uns blieb nichts anderes übrig, als seine Gefühle zu respektieren, auch wenn damit unser erster erfolgversprechender Versuch sofort beendet war.

Mehr als alles andere war es die Jahreszeit - und unsere wachsende Ungeduld -, die uns zu dem Entschluß brachte, es einfach auf einen Versuch ankommen zu lassen und die Sansimonianos aufzusuchen.

Die Regenfälle ließen nach; wir hatten April, Anfang der Trockenzeit. Flußaufwärts, so sagte man uns, würde das Nhambiguaragebiet am Rand des Flusses immer noch unter Wasser stehen. In wenigen Wochen würden die Niederungen zwischen uns und den Sansimonianos so ausgetrocknet sein, daß wir ständig Gefahr laufen konnten, plötzlich ohne Wasser zu sein. Ohne Frage war jetzt die richtige Zeit zum Aufbruch.

Ich habe seither viele ähnliche Situationen erlebt, aber keine andere ist in meinem Gedächtnis so lebendig wie diese letzten Tage vor unserer ersten Reise ins Ungewisse. Wir waren blutige Anfänger, und wir wußten es. Alle unsere Vorstellungen, wie wir im Dschungel überleben würden, waren rein theoretisch. Obwohl wir jede denkbare Situation wieder und wieder geprobt und durchgespielt hatten - in bezug auf Nahrung, Kleidung, Verhalten im Falle eines Unfalls, Verhalten bei der ersten Begegnung mit den Indianern -, jetzt kam die Nagelprobe.

Für Helen und Edith würde es hart werden. Das tägliche Leben war in Cafetal, auch mit zwei gesunden Männern, die die schwersten Arbeiten übernahmen, schwer genug. Aber wenn ihre Lieben erst gegangen waren, dem Unbekannten entgegen, würde jeder Tag eine neue Prüfung sein für Glauben und Vertrauen.

In dieser Lage bekamen wir Unterstützung durch das Eintreffen eines kräftigen und energischen jungen Missionars, ein ehemaliger Aufklärungspilot mit Namen Ken Finney.

Ich muß immer lachen, wenn ich an all das Zeug denke, das wir auf unseren ersten Einsatz mitnahmen: eine Hängematte für jeden, Kleider zum Wechseln, Stiefel für den Sumpf und Bergschuhe für die Höhen, Verpflegung, Geräte und Geschenke für die Indianer. Aufgeteilt unter uns dreien wog jedes Paket ungefähr sechzig Pfund - eine ziemliche Menge für das rauhe Gelände hier. Wir hatten mehrere Pfund Reis in eine Tasche eingebunden, Hafermehl, Salz, Milchpulver und ein wenig Nescafé. Unser wertvollstes Gut hatten wir von den Bolivianern übernommen, eine Art Frühstücksflocken, die entweder trocken oder mit Milch oder Wasser gegessen werden konnten. Wir stellten es selbst her - aus Mais, der getrocknet, grob gehackt und mit der gleichen Menge gemahlenen Erdnüssen vermischt und mit ein wenig Salz gewürzt wurde. Diese Nahrung war sehr praktisch, wenn es einmal zu naß war, um ein Feuer anzuzünden. Der Reis war dagegen fad und geschmacklos. Obwohl wir hungrig waren, konnten wir ihn manchmal kaum essen. Es brauchte mehrere Einsätze, bis wir gelernt hatten, daß die verschiedenen Geschmackszutaten wie Speck, Gewürze und Kräuter genauso wichtig sind wie der Reis selbst.

Unser Abschied war schwierig, noch erschwert durch Brian, der überhaupt nicht einsehen wollte, warum wir ihn nicht auch mitnehmen konnten. Später, als wir schon längst in der Stille des Dschungels wanderten, hatte ich immer noch die Stimmen meiner Lieben im Ohr : *„Bye-bye, Daddy"* und *„Good-by sweetheart"*.

Am Anfang war der Weg für einen Ochsenkarren zwischen

den hohen grünen Dschungelwänden breit genug. Da sie sich in der Höhe über uns wieder verflochten, hatten wir das Gefühl, durch einen Tunnel zu gehen. Die feuchte Luft war einige Grad kühler als in Cafetal. Aber das Wasser war noch nicht so weit zurückgegangen, wie wir uns das vorgestellt hatten. Bald wateten wir bis zu den Hüften im Wasser, auf Stöcke tretend und in der Hoffnung, daß sich keiner davon als Anakonda erweisen würde. Einmal, Jim und ich gingen gerade voraus, merkten wir plötzlich, daß Ken auf einmal nichts mehr sagte. Wir drehten uns um und sahen nur noch seinen Hut auf dem Wasser schwimmen. Aber bevor wir uns Sorgen machen konnten, tauchte er schlimm hustend und spuckend wieder auf.

Gerade als wir überlegten, wieviel wir von all dem wohl noch ertragen würden, gelangten wir auf den *campo* (Grasland). Nach einigen weiteren Stunden sahen wir vor uns eine kleine Lichtung und eine Farm ein einsamer Vorposten im Niemandsland. Der Farmer, ein zahnloser Bolivianer, kam lächelnd heraus, um uns zu begrüßen. Wie froh waren wir, ihn zu sehen, und wie froh war seine Familie, uns zu sehen. Sie luden uns ein, über Nacht dort zu bleiben. Als wir am Morgen wieder aufbrachen, drängten sie uns fast die Hälfte ihrer eigenen Vorräte auf - frische Eier, Ananas und so weiter, für uns natürlich wahre Delikatessen. Der Bolivianer bestand darauf, uns zusammen mit seinem Ochsen als Führer zu begleiten. Dankbar nahmen wir das Angebot an, denn die Riemen unserer schweren Rucksäcke schnitten uns bereits in die Schultern. Jetzt konnten wir unsere Bündel eine Zeitlang auf das Tier abladen. Als wir aufbrachen, zeigte er uns eine Narbe an seiner Schulter. Einige Jahre zuvor war er zu weit ins Indianergebiet hineingeraten und mit einem Pfeil beschossen worden.

Am Ende des dritten Tages war auch das Ende des *campo* erreicht. Jetzt lagen noch mehr Sümpfe vor uns und immer mehr Flüsse, die überquert werden mußten. Unser Führer teilte uns bedauernd mit, daß er nicht weiter mitgehen konnte. Mit den besten Wünschen für uns machte er sich mit seinem Ochsen auf den Heimweg.

Die Berge hinter den Sümpfen schienen so nah zu sein und kamen doch scheinbar nicht näher. Der Boden wurde immer nasser und schwerer; die Hitze und das Gewicht unseres Gepäcks laugten uns aus. Einmal, als Jim scheinbar auf die Spuren eines alten Indianerpfades gestoßen war, lebten wir auf. Aber leider war es doch ein Irrtum.

Jeden vierten Tag legten wir eine Ruhepause ein. Wir

verbrachten mehr Zeit als gewöhnlich damit, die Bibel zu lesen und neue Kräfte zu schöpfen. An einem dieser Ruhetage ging Jim, um sich seine Schuhe anzuziehen. Er schlug sie gegeneinander, wie wir es gelernt hatten, um einen möglicherweise versteckten Skorpion oder eine Schlange herauszuschütteln. Nichts fiel heraus, und so schlüpfte er mit dem Fuß hinein. Er stieß einen markerschütternden Schrei aus. Durch den Socken war er von einem Skorpion gestochen worden. In der Ausbildung hatten wir gelernt, die verschiedenen Skorpione zu unterscheiden: Dieser war glücklicherweise nicht von der tödlichen Sorte. Aber Jim durchlebte vierundzwanzig Stunden ärgster Schmerzen. Hier draußen im Dschungel konnten wir auch nicht viel mehr dagegen tun, als ihn durch Lesen und Gespräche abzulenken.

Angesichts des riesigen Areals sumpfigen Dschungels vor uns änderten wir unsere Marschrichtung und wanderten nun nach Süden auf einige näher liegende Bergspitzen zu. Dies erwies sich als der richtige Kurs, denn bald waren wir auf trockenem Grasland am Fuße der Berge.

Wir fanden einen guten Lagerplatz. Nun mußten wir entscheiden, ob wir weiter vorstoßen oder lieber umkehren sollten. Wir waren jetzt fast drei Wochen unterwegs, und unsere Vorräte neigten sich dem Ende zu. Entgegen unseren Erwartungen hatten wir kein Wild schießen können. Wir hatten nicht viel mehr als ein wildes Tier oder einen wilden Vogel zu Gesicht bekommen. Aber wir mochten nicht besiegt nach Hause zurückkehren. Schließlich einigten wir uns, daß wir noch einen letzten Versuch machen würden, eine Spur der Sansimonianos zu finden. Zwei von uns würden auf den Berg steigen; einer sollte im Lager bleiben. Wir zogen Hölzchen, und Jim blieb im Lager. Ken und ich begannen unseren Aufstieg.

Wir gingen in einem Bogen um den Berg herum, damit ich einen Überblick bekam und Karten von andern Bergketten zeichnen konnte. Ich war gerade dabei zu skizzieren, als Ken plötzlich meinen Arm packte.

„Schau da!" rief er. „Genau unter uns! In dem kleinen Tal! Ich sehe Rauch von ein paar Lagerfeuern!"

„Kein Zweifel", erwiderte ich. „Muß ein Jagdfest der Sansimonianos sein."

Der Nachmittag war weit vorgerückt; die Sonne hing schon tief über den entfernten Bergen. Wenn wir das Lager der Indianer erreicht haben würden, wäre es schon finster. Konnten wir es wagen, sie zu solcher Stunde zu besuchen? Andererseits konnte es sein, daß eine solche Gelegenheit so bald nicht wiederkam. Wenn wir bis zum Morgen warteten, könnten die Indianer schon weg sein. Wir entschieden, daß es tollkühn wäre, jetzt zu ihnen zu gehen - lieber wollten wir bis zum Morgen warten.

Ken und ich wandten uns zum Abstieg zurück. Die Dämmerung wurde langsam zur Dunkelheit. Im Stockfinsteren den Weg durch den *campo* zurückzutappen war eine entschieden andere Erfahrung, als bei Tageslicht den Weg zu finden. Wir hatten mit Jim abgesprochen, daß er seine Taschenlampe brennen lassen sollte, um uns den Weg zu weisen. Oft verwechselten wir die Glühwürmchen in der Ferne mit Jims Taschenlampe! Aber schließlich war sie doch auszumachen.

Jim hatte das Abendessen schon fertig, als wir zurückkehrten. Während des Essens erzählten wir von unseren Erlebnissen. Wir waren erschöpft und fielen früh in unsere Hängematten.

Beim Anbruch der Morgendämmerung ließen wir unser Gepäck zurück und machten uns auf den Weg zum Tal. Etwa eine Stunde später standen wir dem Indianerlager gegenüber. Die Indianer hatten alle Spuren ihres Hierseins vollkommen verwischt, sogar die Feuerstellen. Wir trennten uns und durchsuchten den Dschungel nach Spuren. Aber dieser Stamm hinterließ absolut keine erkennbare Spur.

Wieder überlegten wir, was wir tun sollten. Wir hatten kaum noch genügend Vorräte, um nach Cafetal zurückzukommen. Es blieb keine Wahl: Wir mußten unsere erste Reise abbrechen. Wieder Enttäuschung - bittere Enttäuschung, wenn wir bedachten, wie nahe wir am Ziel gewesen waren. Aber zumindest wußten wir nun, daß die Sansimonianos hier zu finden waren. Eines Tages würden wir sie erreichen.

Unsere leichter gewordenen Rucksäcke machten den Rückweg weniger beschwerlich. Als wir die Lichtung sahen, in der Cafetal lag, beschleunigten wir unsere Schritte. Als wir einander begutachteten und zum ersten Mal feststellten, wie schäbig wir mittlerweile aussahen, mußten wir alle herzlich lachen. Bärtig, ausgemergelt, bis zum Bauchnabel mit Lehm beschmiert, waren wir ein erbärmlicher Anblick.

Aber unser Willkommen hätte herzlicher nicht sein können.

Helen und Edith waren jeden Tag von wohlmeinenden Nachbarn besucht worden, die in ihrer besorgten Beflissenheit die Unruhe unserer Frauen nur verstärkten mit Aussprüchen wie: „Ihre Männer müßten aber jetzt schon wieder zurück sein."

„Hoffentlich ist ihnen die Verpflegung nicht ausgegangen."

„Vielleicht sind sie ja von den *tigres* erwischt worden."

„Sie hätten nicht versuchen sollen, diese Wilden zu erreichen."

Ihnen allen hatten Helen und Edith mit ungebrochener Zuversicht gesagt: „Sie werden zurückkommen." Aber es war schwer für die beiden gewesen.

Oh, wie gut tat es, den Geruch von gebratenem Speck und Eiern in die Nase zu bekommen, zusammen mit einer Spur von Eau de Cologne und der Sicherheit, daß all die Lieben wirklich da sind! Wie gut war es, wenigstens ein paar Tage zu Hause zu sein, ehe wir wieder auf Tour gehen würden.

Kapitel 6

In die Steinzeit zurückversetzt

Alles in allem waren es sehr schöne Monate, die unserem ersten Ausflug in den Dschungel folgten. Wir freundeten uns mit unseren bolivianischen Nachbarn an, und es verging kaum ein Abend, an dem wir das Haus nicht voller Gäste hatten. Wir versuchten sie mit dem Evangelium zu erreichen. Diejenigen, die eine Spur von Religiösität gehabt hatten, hatten diese schon in ihrer Jugend weit hinter sich gelassen und waren froh, wieder Geschichten aus der Bibel hören zu können. Am meisten jedoch genossen sie es, mit uns die schwungvollen Gospels in spanischer Sprache zu singen, wie z. B. *„There is Power in the Blood"* oder *„Ye Must Be Born Again"*. Oft sangen wir mehrmals hintereinander dasselbe.

Wir erfuhren von einem anderen Weg, die Sansimonianos zu erreichen, und beschlossen, es zu versuchen. Dies bedeutete, über eine bestimmte Flußbiegung hinaus flußabwärts zu gehen. Auf diesem Weg konnten wir das fragliche Gebiet per Boot erreichen, statt wie vorher zu wandern.

Wir brachen auf und waren vier ereignislose Wochen weg. Dann ging der Außenbordmotor kaputt, und unsere Vorräte näherten sich dem Ende. Wieder mußten wir zurückkehren, ohne etwas in Händen zu haben, das unsere Anstrengungen belohnte.

Eines Abends kam wieder unser Freund Don Juan Camacho zu Besuch. „Wenn ihr immer noch entschlossen seid, die Nhambiguaras aufzusuchen", sagte er, das Papier für eine seiner endlosen Zigaretten rollend, „dann ist jetzt die richtige Zeit dafür. *Asi es.*"

Edith fragte, warum er dessen so sicher sei.

„Jetzt ist August. Der Höhepunkt der Trockenzeit steht bevor", sagte der *patrone* mit seinem verschlafenen Lächeln. „Jetzt ist die Zeit, wenn die Sandbänke am höchsten aus dem Wasser ragen und die Schildkröten dorthin gehen, um ihre Eier zu legen. Mmmh - sie schmecken gut - oder? Das ist außerdem der Zeitpunkt, wo auch die

Nhambiguaras dorthin kommen, um die Eier zu sammeln. Ich würde selbst gern welche suchen - wenn ich die Zeit dazu hätte."

Wir lachten, weil wir wußten, daß er alle Zeit der Welt hätte, wenn er gehen wollte.

„Also, das ist dann die beste Gelegenheit für euch, sie zu treffen, wenn ihr immer noch fest entschlossen seid, Selbstmord zu begehen. Aaah ... diese Nhambiguaras, das sind ganz Hinterlistige", seufzte er und blies eine lange schwere Wolke blauen Rauchs gegen die Zimmerdecke.

Er fuhr fort, seine blutrünstigen Geschichten zu erzählen - von vermutetem Kannibalismus, von Leichen von Gummiarbeitern, die gespickt mit Pfeilen aufgefunden wurden, von Gummiarbeitern, die einfach verschwunden waren, ohne den Schatten einer Spur zu hinterlassen.

In dieser Nacht konnten wir kaum schlafen. Am nächsten Tag begannen Jim und ich gleichzeitig mit dem Aufstellen von Plänen für die nächste Expedition. Aber unsere Abreise wurde immer wieder verzögert. Ken Finney hatte uns verlassen, um sich im Missionszentrum in Cochabamba zu melden. In der Zwischenzeit freuten wir uns über die Nachricht, daß ein junges Missionarsehepaar namens Bob und Betty Williams zu uns stoßen sollte, und wir erwarteten ihre Ankunft.

Der Oktober war schon vorgerückt, ehe wir startbereit waren. Weder die wilden Erzählungen von *patrone* noch die überaus blutrünstigen Geschichten einiger anderer Nachbarn schreckten uns ab. Wir waren uns der Risiken voll bewußt. Aber für uns waren die Nhambiguaras Menschen, die Erlösung brauchten.

Endlich luden Jim Ostewig, Bob Williams und ich das letzte Vorratspaket in unseren Einbaum. Wir winkten unseren Familien zum Abschied zu und tuckerten gemächlich flußaufwärts unserem Ziel entgegen.

Nachdem wir einige Zeit an den Sandbänken vergeblich auf Indianer gewartet hatten, beschlossen wir, ins Inland vorzudringen. Vielleicht fanden wir eines ihrer Dörfer. Ohne die geringste Vorstellung, wie weit wir wohl würden reisen müssen, versteckten wir unseren Außenbordmotor, Benzin, Pistolen und Kamera. Unsere Rucksäcke wurden mit Verpflegung für etwas mehr als eine Woche gefüllt.

Es war ein strahlender, heißer Morgen, an dem wir uns aufmachten, ihre Spur zu finden. Fast unmittelbar entpuppte sich dieses Vorhaben geradezu als Sisyphusarbeit. Die einzigen mutmachenden Zeichen waren die Zweige, die die Indiander umgebogen hatten, um den Weg zurück ins Inland zu ihren Dörfern zu markieren. Aber bald wurde uns klar, daß sie nicht in gerader Richtung zu wandern pflegten. Wir kamen zu einer dürftigen Spur. Aber sie lief im Zick-Zack hin und her. Wann immer die Indianer auf ein Knäuel Dschungellianen gestoßen waren, krochen sie darunter durch, anstatt sich den Weg freizuhacken. Wir liefen hin und her im Kreis und zurück, verloren eine Spur und nahmen eine neue auf.

Die Stille, die uns umgab, wurde nur vom Zwitschern der Vögel gestört und dem Knacken der Zweige, die wir beim Gehen zerbrachen. Nach einer Weile gelangten wir zu einer Lichtung, einer kahlen Stelle, an der das Gras abgebrannt worden war. Irgendwie waren wir erleichtert: Zum ersten Mal konnten wir wieder mehr überblicken als die unmittelbare Nähe, und wir hatten nicht länger Sorge, in einen Hinterhalt zu geraten.

Aber die Nhambiguaras hatten den Flecken absichtlich verbrannt, um die abgeknickten Zweige und zertrampelten Blätter zu zerstören und so ihren weiteren Weg geheimzuhalten. Wir richteten uns nach dem Kompaß, in der Hoffnung, ihre Spur hinter dem *campo* wiederaufnehmen zu können. Ohne Schatten war die Hitze mörderisch. Wir hatten seit Stunden kein Wasser gefunden und schwitzten heftig unter der sengenden Sonne.

Mir fiel auf, daß Bob nicht viel sprach. Sein Gesicht war rot und seine Augen glasig. Schließlich gab er zu, daß er sich ziemlich krank fühlte. Er dachte, er hätte eine schwere Grippe ausgebrütet. Aber im *campo* war kein Wasser zu finden, also mußten wir weitergehen.

Um vier Uhr waren auch Jim und ich erschöpft. Wir konnten nur ahnen, wieviel schlimmer sich Bob mit seinem fieberheißen Kopf fühlen mußte.

Wieder im Dschungel, stießen wir auf einen schmalen Pfad, der zu einem kleinen baumbestandenen Tal führte. Da die Spuren eher auf Tiere als auf Menschen schließen ließen, hofften wir auf eine Wasserstelle zu stoßen. Wir beschleunigten unsere Schritte.

Ja, da war schon eine Wasserstelle. Aber zu unserer tiefen Enttäuschung war sie ausgetrocknet. Es war nur noch ein Kreis von klumpigem, getrocknetem Lehm übrig.

Bob sank mit einem Stöhnen zu Boden. „Tut mir leid, Freunde", sagte er, „ich kann nicht weiter."

Jim und ich griffen unsere Macheten. Dies war vielleicht unsere einzige Chance, Wasser zu finden, und wir mußten das Beste daraus machen. Mit unseren schwindenden Kräften begannen wir fieberhaft zu graben. Etwa einen halben Meter weiter unten stießen wir zu unserer großen Freude auf Wasser. Es war lehmig und schmeckte sauer - und wie es stank! Aber es war Wasser, und ohne menschliche Wesen in unmittelbarer Nähe war es sicher auch nicht vergiftet. Wir mußten uns zwingen, nicht mehr davon zu trinken, als gut für uns war. Nach den ersten unbeherrschten Schlucken nippten wir nur noch; wir füllten unsere Flaschen und Behälter zum Trinken und Kochen. Ich hatte auf einmal Lust auf ein Bad! Wie erfrischend das sein würde. Ich grub noch ein wenig tiefer, holte noch zwei oder drei Tassen heraus und bespritzte mich damit. Das war mehr moralische Aufrüstung als jede Massagedusche in einem modernen Hotel.

Da Bob nicht weitergehen konnte, mußten wir hier unser Lager aufschlagen. Wir wollten kein Feuer anzünden, weil der Rauch unsere Anwesenheit verraten hätte. Aber wir mußten essen, um nicht völlig entkräftet zu werden, und so brannten wir doch eins an. Der Reis schmeckte durch das Wasser so sauer, daß Jim und ich ihn kaum herunterbekamen. Bob rührte seinen nicht an.

Nach einer unruhigen Nacht waren wir froh, als der Morgen graute. Der Dschungel war erfüllt vom grellen Kreischen der Papageien. Erfrischt durch Essen, Trinken und eine Nacht Schlaf, freuten Jim und ich uns unseres Lebens. Bob war allerdings immer noch sehr krank. Es quälte uns alle, daß wir auf dem harten Weg so weit vorangekommen waren, vielleicht sogar kurz vor dem Ziel standen und doch jetzt nicht weitergehen konnten. Wir besprachen die Lage. Keiner von uns wollte aufgeben. Aber Jim und ich spürten, daß wir Bob nicht allein lassen durften; es war für uns alle besser zusammenzubleiben. Wir neigten die Köpfe und beteten um Führung. Dann überließen wir Bob die Entscheidung. Er hatte die Wahl. Es war eine schwere Entscheidung für ihn. Lange schwieg er. Schließlich sagte er: „Ich glaube, ich fühle mich jetzt ein bißchen kräftiger. Laßt uns weitergehen, so weit wir kommen. Wenn ich nicht mehr laufen kann, werden wir anhalten."

Wir hoben unsere Rucksäcke auf und machten uns auf den Weg. Wenig später stießen wir auf einen gut ausgehauenen Weg an einem winzigen Bach entlang. Vielleicht würde dieser Weg uns zu einem Dorf führen. (Langsam verstanden wir mehr von dem, was die Indianer taten. Solange sie sich in der Nähe des Hauptflusses aufhielten, verwischten sie ihre Spuren; weiter im Inland fühlten sie sich sicherer, und sie kümmerten sich nicht um die sichtbar zurückgelassene Fährte.) Unsere Ohren waren gespitzt, ob ein ungewöhnliches Geräusch zu hören war, während unsere Augen den Weg vor uns nach einem möglichen Pfeil absuchten, der eine Warnung bedeutet hätte. Da wir unbewaffnet tief ins Indianergebiet eingedrungen waren, wußten wir genau, daß wir auf ihr Wohlwollen angewiesen waren. Ungefähr eine Stunde bewegten wir uns so gespannt fort. Bob wurde schwächer und stolperte immer öfter. Er konnte nicht viel weiter gehen. Ich ließ einen gedämpften Freudenschrei hören. Vor uns tat sich eine kleine Lichtung auf. Wir sahen keine Hütten oder Häuser. Aber wir sahen kultiviert angelegte kleine Pflanzungen: Yucca, breitblättrige, junge Bananenstauden und ein kleines Fleckchen mit Maispflanzen. Der Anblick ließ keinen Zweifel mehr zu - wir waren an einem Indianerfeld angekommen. Aber nirgendwo war ein menschliches Wesen zu sehen.

Bob legte sich lang auf den Boden: „Ihr beiden könnt ruhig weitergehen. Ich werde hierbleiben und mich ein bißchen ausruhen."

Wir hängten seine Hängematte zwischen zwei Bäume und machten es ihm so bequem wie möglich.

„Wir werden uns so ungefähr zwei Stunden lang umsehen, dann kommen wir zu dir zurück", sagte ich, als wir aufbrachen.

Sehr langsam und vorsichtig traten Jim und ich aus dem Schutz der Bäume heraus und überquerten das neu angepflanzte Feld. Auf der anderen Seite der Lichtung fanden wir die Fortsetzung des gut ausgehauenen Weges. Wir folgten ihm etwa eine halbe Stunde und gelangten zu einer weiteren Lichtung, auf der etwa acht kegelförmige, einfache Hütten standen. Wir hatten gefunden, wonach wir gesucht hatten: ein Nhambiguara-Dorf.

Wir warteten einige Minuten im tiefen Schatten am Rand des Dschungels. Ein tödliches Schweigen lag über allem. Nach einer scheinbaren Ewigkeit konnte ich die Spannung nicht mehr ertragen. Ich stieß einen lauten Schrei aus. Auf der anderen Seite der Lichtung erschien ein Indianer. Er war ziemlich groß, hatte langes schwarzes Haar, grimmige schwarze Augen und war vollkommen nackt. In einer Hand hielt er einen langen Bogen und etwa ein Dutzend Pfeile.

Regungslos starrten wir einander an.

Was war das für ein Moment! Vor uns stand der erste eingeborene Indianer, den wir je gesehen hatten. Er mußte noch ganz genauso aussehen wie seine primitiven Vorfahren. Ich spürte, daß er und ich uns über einige tausend Jahre hinweg anstarrten!

Seiner Miene nach zu urteilen, die eine Mischung aus Erstaunen, Neugier, Angst und Ärger war, denke ich, daß wir ihm ebenso fremd vorkamen wie er uns.

Er sprach als erster in einer langen Reihe gutturaler, rasend schneller, unverständlicher Laute. Ich wünschte mir einen Weg, ihm mitteilen zu können, daß wir gekommen waren, um Freundschaft und Liebe zu bringen. Aber wie sollten wir unsere Gefühle verständlich machen? Ich versuchte, etwas zu sagen - aber das hatte für ihn natürlich genauso wenig Zweck wie das, was er zu uns gesagt hatte. Ich fühlte mich frustriert und hoffnungslos von ihm getrennt.

Der Indianer begann mit den Armen in halbkreisförmigen Bewegungen anzuzeigen, daß er uns aufforderte, ihm in den Dschungel zu folgen.

Was meinte er mit dieser Geste? „Kommt und seid unsere Gäste" oder „Laßt uns miteinander bekanntmachen"? Vielleicht hieß es auch: „Ich möchte euch den anderen vorstellen." Oder möglicherweise auch: „Kommt näher - damit wir euch leichter umbringen können." Diese Geste konnte hundert verschiedene Bedeutungen haben. Wir blieben lieber, wo wir waren. Der Indiander trat langsam zurück und verschwand im Dschungel.

Nach kurzem Zögern gingen Jim und ich auf die Lichtung hinaus. Als wir die erste Hütte erreicht hatten, knieten wir uns hin und spähten durch die Türöffnung, die so niedrig war, daß man nur auf allen vieren in die Hütte kommen konnte. Ich wollte hineinkrabbeln.

„Lieber nicht", warnte Jim. „Sie könnten uns dort fangen."

Ich schaute in die Hütte und sah nichts als den nackten Lehmfußboden, auf dem drei Steine standen, vermutlich zum Knacken von Kokosnüssen oder dem Bauen einer Feuerstelle, außerdem einen Korb oder zwei und Pfeil und Bogen. Was für ein trostloses Bild vom einfachen Leben! Dies muß ein Stamm sein, der gezwungen ist, ein Nomadenleben zu führen, ständig auf der Suche nach Eßbarem, dachte ich.

Plötzlich hörte ich Blätter rascheln. Jim und ich eilten schnell über die Lichtung zu einem Wetterschutz auf der Seite, von der wir gerade gekommen waren. Hier waren wir vor der Sonne geschützt, konnten die Szenerie überblicken und notfalls schnell die Flucht ergreifen. Wir blieben etwa zwei Stunden dort stehen. Das unbehagliche Gefühl, daß unsichtbare Augen uns von allen Seiten beobachteten, veranlaßte uns schließlich aufzubrechen. Wir gingen den Weg durch den Dschungel zurück zu Bob.

Als er uns kommen sah, weinte er fast vor Freude. „Ich dachte, ihr würdet nie mehr zurückkommen", sagte er. „Ich überlegte die ganze Zeit, was euch passiert sein könnte - ob ihr noch lebt, und was ich tun sollte, wenn ihr getötet worden wärt. Ich sage euch - diese Erfahrung hat mir jedenfalls eines klargemacht: Wenn wir sterben, laßt uns alle zusammen sterben."

„Wir sind zu demselben Schluß gekommen", sagte Jim mit einem Nicken.

Ehe wir von unserem Erlebnis berichten konnten, platzte Bob mit einem eigenen Bericht heraus. „Ihr wart gerade weg", begann er, „ich lag hier, und dunkle Gedanken begannen in mir aufzusteigen, als ich plötzlich ein Rascheln hörte, ganz nah - neben unserem Gepäck. Ich blickte auf und sah zwei nackte Indianer dort stehen und mich anstarren. Sie hoben ihre Bogen und zogen die Sehnen zurück. Mann, hatte ich Angst! Sie richteten ihre Pfeile genau auf mich. Ich dachte wirklich, daß meine letzte Stunde gekommen war. Sie blieben eine Minute so stehen, und dann, ihr werdet mir das nicht glauben: Langsam entspannten sich ihre Armmuskeln; sie ließen die Pfeile nicht fliegen. Ich bin ganz sicher, der Herr hat sie am Schießen gehindert."

Er legte eine Pause ein, um Atem zu schöpfen.

„Dann rannten beide weg und verschwanden. Ich ging zu unseren Rucksäcken und holte ein paar Messer und Reis. Ich ließ die Sachen als Geschenk auf dem Boden liegen, falls sie noch einmal zurückkommen würden. Ich hatte ganz schön Angst, daß sie wiederkommen würden. Schaut euch hier diese Nachricht an. Es ist ein Abschiedsgruß an meine Frau. Ich habe ihn in dem Moment geschrieben. Ich dachte, falls mir etwas passieren sollte, würde vielleicht jemand den Zettel finden und an sie weiterleiten. Aber sie kamen nicht wieder. Das Zeug liegt immer noch da."

In unserem Eifer, das Indianerdorf zu erreichen, hatten wir vergessen, was die Bolivianer uns erzählt hatten, daß nämlich die Indianer extrem anfällig für unsere Krankheiten, wie Grippe, sind. Wir machten uns Vorwürfe. Daran hätten wir vorher denken müssen.

Widerwillig entschlossen wir uns, die Expedition hier abzubrechen und den Weg zurück zum Fluß zu suchen. Bob merkte, daß er kaum Kraft genug hatte für die Reise. Wir ließen die Geschenke zurück und trösteten uns mit dem Gedanken, daß sie uns vielleicht den Weg für einen späteren Kontakt ebnen würden.

Jim ging voraus, dann Bob, und ich folgte zum Schluß. Wir waren auf dem Dschungelpfad noch nicht weit gekommen, als mich etwas ins Bein stach. Ich blieb stehen und bückte mich, um es aufzuheben. Es war die Spitze eines Pfeils aus Bambus, ungefähr einen Fuß lang und mit nadelscharfer Spitze. Der Pfeil steckte auf dem Weg und zeigte auf uns. Don Juans Warnung klang mir wieder in den Ohren. Wir eilten weiter.

Etwa zwei Kilometer weiter trafen wir noch einmal auf ein Zeichen ihrer „Gastfreundschaft". Ein Ast lag quer über dem Weg. Als ich darüberstieg, landete ich unsanft auf einem Haufen Blätter, unter denen noch ein Bündel Zweige mit etwa 10 Zentimeter langen Dornen lag. Glücklicherweise hatte ich robuste Schuhe mit dicken Sohlen an! Trotzdem stach ein Dorn durch die Sohle in meinen Fuß. Dies war eine Falle, die die Nhambiguaras für uns aufgebaut hatten. Da sogar die Bolivianer hier zumeist barfuß laufen, war das eine Methode, jemanden mit Sicherheit zum Krüppel zu machen. Ich wartete, ob sich um die Wunde ein Stechen einstellte. Da dies nicht eintrat, schloß ich, daß die Dornen nicht vergiftet waren. Wir marschierten weiter.

Die offene Weite des Graslandes war ein willkommener Anblick. Zumindest zeigte es uns, daß wir in die richtige Richtung liefen. Nachdem wir allerdings den abgebrannten Flecken hinter uns gelassen hatten, verloren wir jede weitere Spur des Pfads. Im dichten Dschungel auf der anderen Seite war es unmöglich, unseren Ausgangspunkt wiederzufinden. Wir konnten uns nur auf unseren Kompaß verlassen und uns vorwärtsstürzen.

Wieder einmal wurden wir vom Durst geplagt. Unser Wasser aus einem Bach nahe dem Nhambiguara Dorf war lange verbraucht. In unserer Hast hatten wir die offene, unter mitleidlos brennender Sonne stehende Fläche des *campo* mit viel schnellerem Tempo als üblich durchquert. Das mußten wir jetzt, obwohl wir wieder im kühlen Dschungel waren, mit brennendem Durst bezahlen.

Ich habe niemals eine schlimmere Erfahrung erlebt. Meine Zunge schwoll an und schien den Hals auszufüllen, so daß ich panische Angst hatte zu ersticken. Unsere Kräfte erlahmten. Alle paar Minuten fiel der eine oder andere von uns zu Boden, unfähig, noch einen Schritt zu machen. Das Verlangen nach Flüssigkeit wurde übermächtig. Ich begann Halluzinationen zu haben und Dinge zu sehen, die gar nicht da waren, beispielsweise einen kühlen Wasserfall. Wenn einer von uns hinfiel, halfen ihm die anderen auf und sprachen ihm Mut zu. Als ich fiel, merkte ich, wie einfach es wäre, hier liegenzubleiben und zu sterben.

Nur mit unserem Kompaß als Richtungsanzeiger stürzten und stolperten wir blind nach vorn durch Dornen und Unterholz in Richtung Fluß. Unsere Hemden und Hosen hingen längst in Fetzen; unsere Körper waren mit Rissen und Kratzern bedeckt.

Ich spürte, daß ich unmöglich weiterkonnte, und war schon kurz davor, zu Boden zu gleiten, als ich vor meinen Füßen ein langes, tassenförmiges Palmblatt liegen sah. In seiner Mitte war eine winzige Pfütze Feuchtigkeit. Zuerst dachte ich, es sei wieder nur Einbildung. Langsam begriff ich, daß dies Wirklichkeit war.

Dann kam die Prüfung. Der Drang, nur zu schlucken, gierig zu schlucken, ehe Jim und Bob etwas abbekamen, war groß. Aber die Bindungen der Bruderliebe, geschmiedet und geformt in all diesen Widrigkeiten, waren stärker. Mit großer Selbstbeherrschung nahm jeder von uns einen kleinen Schluck und wartete dann auf den anderen. Das Wasser war voll von kleinen Larven. Aber das störte uns nicht im geringsten. Zusammen waren es ungefähr drei Tassen voll Wasser. Wir tranken die ganze kühlende Erfrischung, Larven und alles andere inklusive. Wie gut das unseren ausgedörrten Zungen und trockenen Kehlen tat! Dann knieten wir gemeinsam nieder und dankten dem Herrn für seine Barmherzigkeit. Die Worte aus Jesaja 41, Verse 17 und 18, kamen uns auf die Lippen: „Die Elenden und die Armen suchen nach Wasser, und es gibt keins, und ihre Zunge vertrocknet vor Durst. Ich, der HERR, werde sie erhören, ich, der Gott Israels, werde sie nicht verlassen."

Wieviele kleine Segnungen im Leben nehmen wir als selbstverständlich hin, weil sie immer da sind. Nur wenn wir auf sie verzichten müssen, können wir ihren wahren Wert schätzen lernen. Ich habe stets in meinem Leben für das Essen gedankt. Seit dieser Erfahrung danke ich auch für das Wasser.

Erfrischt und mit neuen Kräften setzten wir unseren Weg durch die Dornen fort. Nach wenigen Schritten juchzte Jim laut auf: „He, Leute! Wir haben die Spur wiedergefunden!"

Wir beeilten uns, zu ihm aufzuschließen. Er beugte sich über eine Fußspur im Boden - der klare Abdruck eines Schuhes, der in die Richtung zeigte, aus der wir gerade kamen. Wir hatten unsere eigene Spur wiedergefunden.

Von dort an war es ein eher einfacher Weg bis zum Flußufer, wo wir uns in den Sand fallen ließen. Wir tranken und tranken, als ob wir den Rio Guaporé leertrinken wollten. Da saßen wir nun am Ufer, ruhten uns aus und ließen die Erfahrungen der letzten ereignisreichen Stunden noch einmal an uns vorbeiziehen. Wir fühlten, daß wir für eine Reise genug getan hatten. Die Warnung durch den Pfeil mußte ernstgenommen werden. Es wäre verrückt gewesen, schon bald wieder ins Nhambiguaragebiet aufzubrechen. Außerdem war Bob immer noch schwach von der Grippe.

Nach einer Nacht, in der wir wie die Murmeltiere schliefen, beluden wir unseren Einbaum mit den wenigen Vorräten, die noch geblieben waren und brachen flußabwärts auf nach Cafetal.

Kapitel 7

Das erste Basislager

D er Dezember hatte die Regenzeit eingeleitet. Auf beiden Seiten des Flusses stand der Dschungel bis weit hinter die Ufer unter Wasser. Wir wußten, daß wir nun sechs bis sieben Monate warten mußten, bis die überfluteten Flächen ganz getrocknet waren, ehe wir einen neuen Vorstoß zu den Nhambiguaras unternehmen konnten. Es war einer der Zeiträume, die nur aus Warten und Pläneschmieden bestehen, die im Leben eines Pioniermissionars oft auftreten.

Im Januar 1951 ergab sich eine Gelegenheit, mit der Monotonie zu brechen: Eine Reise von etwa einem Monat zum Jahrestreffen unserer Missionsgesellschaft in Cochabamba stand auf dem Programm. Die meisten der Missionare in Bolivien würden daran teilnehmen. Es erwies sich als eine Zeit geistlicher Erneuerung. Da wir seit fast einem Jahr am Rand der Zivilisation gelebt hatten, hatten wir keine Gelegenheit gehabt, sonntägliche oder andere Gottesdienste zu besuchen, an die wir zu Hause gewöhnt gewesen waren. Ich hatte gar nicht bemerkt, wie sehr mir das gemeinsame Beten und Singen gefehlt hatte, bis wir auf der Konferenz den ersten Gottesdienst besuchten. Als der erste Choral angestimmt wurde, konnte ich meine Tränen nicht zurückhalten.

Nun war auch der Zeitpunkt, an dem unsere Arbeit beurteilt wurde. Ich mußte den Konferenzteilnehmern mitteilen, daß unsere Bemühungen bis jetzt nicht viel Erfolg gehabt hatten. Aber für die Zukunft waren wir immer noch hoffnungsfroh.

Gar nicht lange, nachdem Edith und ich mit den Ostewigs wieder zurück nach Cafetal gekommen waren, wurden wir durch die Ankunft eines weiteren Missionars namens Dave Yarwood ermutigt. Er war gekommen, um uns bei unserer Arbeit zu unterstützen. Dave sah aus wie ein großer, tapsiger Bär. Er machte den Eindruck, durch nichts erschüttert werden zu können und auf alles gefaßt zu sein. Aber er hatte ein butterweiches Herz. Dave war Junggeselle. Seine Mutter war verwitwet und lebte in den Staaten; er schrieb ihr regelmäßig und treu seine Briefe. Er war im Staat Washington auf einer Farm aufgewachsen, war naturverbundenes Leben gewöhnt und liebte es, zu jagen und zu fischen. (In den Monaten unserer gemeinsamen Expeditionen, oft in Gefahr, aber immer das Wohl der anderen mit im Auge, kamen Dave und ich uns näher als die meisten Brüder.) Dave fand gar keinen Geschmack daran, während der Regenzeit untätig in Cafetal zu sitzen. Als wir uns über alles unterhielten, stellte sich heraus, daß wir zumindest eine Sache in Angriff nehmen konnten: Wir konnten ein Stück hochgelegenen Landes ausfindig machen, auf dem wir eine kleine Basisstation errichten konnten, von der aus wir unsere weiteren Kontakte zu den Nhambiguaras starten würden. Dies würde es uns ersparen, alle zwei Wochen nach Cafetal zurückzukehren, um unsere Vorräte zu erneuern.

Etwa Mitte Februar belud ich den Einbaum mit Benzin für den Außenbordmotor und mit Grundnahrungsmitteln. Dave wollte gern seinen kleinen, schwarzen Hund mitnehmen, einen Mischling mit glänzendem schwarzen Fell, den er in Guajara Mirim aufgelesen und mit nach Cafetal gebracht hatte.

Er nannte den Hund „Sacky", weil er immer mit in seinen Schlafsack kroch. Wir nahmen noch einen weiteren Hund mit, weil wir dachten, sie könnten uns helfen, Überraschungsangriffe der Indianer zu verhindern. Als das Postboot kam, hängten wir unser Boot dahinter, um Benzin zu sparen. Jim und ich verabschiedeten uns von unseren Familien und legten dann ab, um zusammen mit Dave flußaufwärts zu fahren. Bob war nach Cochabamba zurückgekehrt.

Am dritten Tag dachten wir, den Platz gefunden zu haben, von dem aus wir dem Weg zum Nhambiguaradorf gefolgt waren. Ich sage „dachte", weil die alte Sandbank jetzt tief unter Wasser lag und wir den Platz kaum wiedererkennen konnten.

Ein paar Kilometer weiter signalisierten wir dem Steuermann, ein wenig zu verlangsamen, damit wir uns ausklinken konnten. Dann brummte der Außenborder, und wir waren auf uns selbst gestellt, nach dem ersten herausragenden Stückchen Land Ausschau haltend. Wir waren noch gar nicht weit gefahren, als wir den hohen, roten Felsen auf der bolivianischen Seite aufragen sahen. Das war unser Wahrzeichen; wir waren in Paredon angekommen. Jim drückte auf die Ruderpinne, und wir fuhren zum Ufer.

Unser erstes Lager schlugen wir gleich am matschigen Ufer auf. Erkundungsgänge würden wir morgen unternehmen. Jim, Dave und ich waren froh, am Abend in unsere Hängematten zu kommen; wenigstens waren wir dort weg vom durchgeweichten Boden und geschützt gegen die häufigen Regenschauer, gut verpackt in den Dschungelhängematten und unter einer wasserdichten Plane.

Alles war feucht. Der Regen kam urplötzlich ohne Vorankündigung und war sehr heftig. In den folgenden Tagen, als wir unser Lager aufbauten, verwendeten wir ein gut Teil Energie darauf, trockenes Holz zu finden, um das Feuer zu unterhalten und es heiß genug anzufachen, um darüber kochen zu können. Der Boden um uns herum war rutschiger, matschiger Dreck.

Nur nachts in unseren Hängematten blieben wir trocken. Aber die Armee hatte Bequemlichkeit nicht im Sinn gehabt, als die Dschungelhängematte entworfen worden war. Wir schliefen zusammengeklappt wie die Taschenmesser, unsere Füße und Köpfe ziemlich auf gleicher Höhe. Natürlich erwachten wir mehr steif und müde als erfrischt.

Eines Morgens, als der Regen nachgelassen hatte, machten wir uns auf die Suche nach einem Platz für unser Basislager. Wir dachten, das ideale Plätzchen gefunden zu haben: Der Hügel oberhalb des rostroten Felsens, dem Paredon seinen Namen verdankt. Durch die höhere Lage würde der Untergrund sich nicht wie der Schlick hier am Flußufer in einen See aus Matsch verwandeln, wenn wir darauf herumliefen. Es war ein undurchdringliches Gewirr von Bäumen, Ranken und dicken Blättern, aber das störte uns nicht. Ein paar Tage harter Arbeit mit Axt und Machete würden das ändern.

„He!" Das war Jims Stimme. „Kommt mal her, und seht euch das an!"

Er stand am Rand des Felsens; der Rio Guaporé rollte zu seinen Füßen vorbei. Die tiefhängenden Wolken lichteten sich für einen Augenblick und enthüllten in der Ferne die blaßblaue Silhouette des brasilianischen Hochlandes.

„Da, ganz weit drüben. Ich glaube, das ist das Nhambiguaradorf, in dem wir diesen Indianer gesehen haben."

„Was sagt man dazu!" rief ich. „Du hast recht! Und ich bezweifle, daß der Weg dorthin länger als einen Tag dauert."

Ermutigt durch unsere Entdeckung, schlidderten und rutschten wir den Berg wieder hinunter und begannen unsere Werkzeuge für die vor uns liegende Arbeit zu schärfen.

Es war jetzt spätmorgens, und wir hatten alle ziemlichen Hunger. Ich machte mich auf die gewohnte Suche nach trockenem Holz, um es dann geduldig zum Brennen zu bringen und unser Mittagessen zu kochen, als ich plötzlich Dave rufen hörte: „He, Bruce! Schau mal da drüben am Dschungel!"

Ich richtete mich auf. Da war etwas, das vorhin noch nicht dagewesen war. Erst dachte ich an einen Schatten, lang und breit - am Boden entlang. Aber es konnte kein Schatten sein - es schien keine Sonne. Dann sah ich, daß es sich in langsamem gleichmäßigem Tempo direkt auf mich zu bewegte. Der ganze Boden schien in Bewegung zu sein, wogend und schaukelnd. Fast automatisch sah ich auf die Spitze, die mir am nächsten war. Dort trennten sich kleine schwarze Linien von der mysteriösen Masse, liefen schneller als der Hauptstrom, aber in keine bestimmte Richtung, sondern immer im Zickzack hin und her. Dann wußte ich es.

„Ameisen!" schrie Dave fast im selben Augenblick.

„Wanderameisen!" antwortete ich.

Blitzartig hatte ich das Bild vor Augen, als an dem schrecklichen Abend in Cafetal die Ameisen wie ein Wasserfall unser Haus überflutet hatten. Ich konnte die Masseninvasion vor meinem geistigen Auge sehen - bis in den Dschungel. Wie weit? „Manchmal meilenweit", hatten Bolivianer uns gesagt.

Der Hauptstrom war gerade noch knapp fünf Meter entfernt.

„Kommt, Dave, Jim - laßt uns abhauen!" schrie ich. Wir rannten zum Flußufer zu unserem Einbaum.

Auf dem Weg stieg in mir Wut hoch. Wir konnten unsere Haut retten. Aber dies wäre das Ende unseres Basislagers. Wenn die Ameisen erst einmal unseren Zucker entdeckt hätten - von den Bohnen ganz zu schweigen -, würden sie sich hier häuslich niederlassen. Dann konnten wir unser Lager abschreiben. Und gerade jetzt, wo wir eine optimale Lage entdeckt hatten.

Ich erinnerte mich an den Vorschlag unserer Nachbarin in Cafetal: die Benzinfackel. Ich faßte den Entschluß, daß wir uns nicht von einem Haufen Ameisen vertreiben lassen würden.

„Kommt, Freunde!" rief ich. „Wir geben uns nicht kampflos geschlagen."

Ich schnappte mir einen Benzinkanister vom Einbaum und rannte zurück. „Los, schnell! Nehmt irgendwelche Tassen oder Kannen! Holt Streichhölzer!"

Die hin und her laufenden Ameisenkolonnen waren fast am Lagerrand angelangt. Dies waren die Erkundungstruppen, die Signale an die Haupttruppe zurücksandten, welcher

Weg der beste sei. Meine Haut begann zu jucken, während ich zusah. In meiner Phantasie fühlte ich schon die scheußlichen, kleinen Füße überall auf meinem Körper, die unzähligen Bisse der kräftigen harten Beißwerkzeuge. War die Geschichte wahr, die ich gehört hatte, daß genug von ihnen einen Mann binnen Minuten bis aufs Skelett abfressen konnten?

Jim hielt mir eine Metalltasse hin, Dave eine Zinnkanne. Mit bebenden Händen füllte ich sie mit Benzin. Wir schütteten das Benzin direkt vor die Ameisen und warfen ein brennendes Streichholz hinterher.

Puff! machte es, gefolgt von einem orangefarbenen Blitz, und der Matschboden begann lustig zu brennen. Die Vorhut zögerte. Aber bald flackerte das Feuer nur noch. Die Hauptkolonne marschierte weiter. Mehr Benzin - mehr Feuer - wieder und wieder ... Wir sahen zu und warteten auf Ergebnisse. Ich sah Jim und Dave an. Ihre durch die Flammen geheimnisvoll rot angestrahlten Gesichter waren Masken von ehrfürchtiger Gebanntheit. Schließlich hielt der Hauptstrom an, um schließlich in perfekter Ordnung zurück in den Dschungel zu marschieren.

Wir setzten uns sofort auf die nächstliegende Kiste und trockneten uns die Stirn. Wir schwitzten - und nicht nur wegen der Hitze. Es dauerte eine ganze Weile, bis wir wieder Appetit hatten. Dann setzte ich die Vorbereitungen für das Mittagessen fort.

Am Nachmittag schaute ich aus unerklärlichen Gründen mit einem Mal nach Norden. „Nein, nicht schon wieder!" rief ich. Tatsächlich, da näherte sich derselbe Schatten. Die Ameisen marschierten aus einer anderen Richtung auf uns zu - mit einem Unterschied. Keine suchenden Zickzack-Truppen, die vorausliefen. Die Aufklärungstruppen hatten sich mit dem Rest verbunden, und sie bewegten sich weitaus schneller. Jetzt war es nicht der Zucker, hinter dem sie her waren; diesmal waren wir das Ziel!

Im straffen Tempo ihres Aufmarsches konnte ich zielgerichtete Boshaftigkeit spüren, brutale, stumme, drohende Einfalt, auf ein einziges Ziel gerichtet.

Aber diesmal waren wir vorbereitet.

Ich hatte gerade die erste Salve losgelassen, als Dave laut rief: „Da kommen noch mehr von der anderen Seite!" Tatsächlich griffen sie von zwei Seiten an.

In den nächsten Minuten vergossen wir viel Benzin und ließen das Feuer in großen Halbkreisen auflodern. Welle nach Welle tauchte auf; die Körper der verbrannten Kameraden wurden überklettert. Unaufhörlich liefen sie weiter Sturm. Besorgt beobachteten wir, wie unser Benzinvorrat immer weiter schrumpfte. Aber langsam schienen die Ameisen die Botschaft zu begreifen, daß sie sich gegen ein flammendes Inferno stellten. Wieder formierten sich die Kolonnen und marschierten zurück in den Dschungel. Eine Himmelsrichtung hatten sie allerdings ausgelassen: den Süden. Unser Abendessen verlief in unruhiger Ausschau nach dem langen Schatten. Dann fielen wir erschöpft von unseren Anstrengungen in die Hängematten. Aber keiner von uns schlief diese Nacht viel. Ab und zu leuchtete immer wieder einer von uns mit der Taschenlampe durchs Moskitonetz auf den Boden, um zu sehen, ob der lange, schweigende, tödliche Zug wieder auftauchte.

In den nächsten Tagen, als wir unser Lager ausbauten und verbesserten, waren wir auf der Hut. Aber die Ameisen tauchten nicht wieder auf. Offensichtlich war unsere Taktik der „verbrannten Erde" aufgegangen.

Das Wetter, vorher schlechter geworden, besserte sich ein wenig, und so konnten wir die Rodung des Geländes auf dem Felsen in Angriff nehmen. Aber das Benzin war knapp und die Lebensmittel ebenso. Wir rationierten unsere Bohnen und den Reis, aber das schwächte uns so sehr, daß wir keine gute Arbeit mehr leisten konnten. Schließlich erreichten wir den Punkt, an dem wir nach Cafetal zurückkehren mußten, um unsere Vorräte zu erneuern und selbst wieder zu Kräften zu kommen.

Nach zwei Wochen zu Hause kehrten wir zurück. Wir waren jetzt stärker und hatten genügend Vorräte für siebzehn Tage bei uns. Die Regenfälle hatten nachgelassen, und wir konnten den Bau unseres Basislagers in Angriff nehmen.

Das schwierigste war das Zuschneiden der Pfähle aus Mahagoniholz - sie waren zehn bis fünfzehn Zentimeter im Durchmesser - und das Heranziehen aus dem Dschungel mit Hilfe von Seilen aus geflochtenen Ranken. Wir gruben und setzten sie in den Boden zu einer Art Palisade und umschlossen einen leidlich großen Raum. Jetzt würden wir bei einem Überraschungsangriff der Indianer wenigstens einen Schutz vor fliegenden Pfeilen haben. Darüber setzten wir einen Dachfirst über die ganze Länge des „Hauses", der durch senkrechte Stangen an den Enden des Hauses getragen wurde. Vom First ausgehend, banden wir dünne Baumstämme fest, die bis auf die Seitenwände reichten. Auf diese Rippen, die etwa einen halben Meter auseinander standen, banden wir Palmblätter.

Als wir schließlich unser Werk begutachteten, mußten wir zugeben, daß es nicht besonders aufregend aussah. Zu Hause in den Staaten wäre es noch nicht einmal als baufällige Hütte akzeptiert worden. Aber es war ein Vorposten. Wir setzten uns zusammen auf den gerodeten Boden und hielten Rat. Von unserem erhöhten Standpunkt aus konnten wir erkennen, daß viel vom tieferliegenden Dschungel immer noch überflutet war, was sich in absehbarer Zeit auch nicht ändern würde. Es hatte also keinen Sinn, vor der zweiten Augusthälfte auch nur den Versuch zu unternehmen, Kontakte zu knüpfen. Der August war fünf Monate entfernt.

„Warum versuchen wir nicht noch einmal, mit den Sansimonianos freundschaftlichen Kontakt zu bekommen?" schlug ich vor. „Wenn wir Erfolg haben, bleiben wir dran. Wenn nicht, kommen wir hierhin zurück. In der Zwischenzeit sammeln wir weitere Erfahrungen draußen in der Wildnis." Die anderen stimmten zu. Während der nächsten drei Monate dauernden Expedition sammelten wir Unmengen von Erfahrungen in der Wildnis westlich von Cafetal. Aber die Sansimonianos wichen uns aus.

Jetzt wußten wir, daß wir all unsere Anstrengungen nach Kräften darauf konzentrieren mußten, die Nhambiguaras freundschaftlich zu erreichen. Wir malten uns im Traum nicht aus, was wir erleben würden.

Kapitel 8

Ein neuer Brückenkopf

An einem heißen Nachmittag im August, wir waren wieder zurück in Paredon, setzten Jim, Tom, Dave und ich uns in unseren Einbaum, um auf die Suche nach Schildkröteneiern zu gehen. Etwa einen Monat vorher war Tom Moreno, ein junger Missionar aus Texas, gekommen, um sich uns anzuschließen. Tom war um die zwanzig; er besaß die bewundernswerte Ausdauer der Jugend und eine gewinnende Art gegenüber jedem Menschen, den er traf.

Schildkröteneier, mit weicher Schale und ungefähr so groß wie ein Tischtennisball, bestehen fast nur aus Eidotter. Für die Einheimischen sind sie eine große Delikatesse. Sie essen die Eier entweder roh oder kochen sie zu einem Brei. Beide Möglichkeiten waren wegen der körnigen Beschaffenheit der Eier nicht nach unserem Geschmack. Aber wir hatten herausgefunden, daß man sehr lockere Omeletts aus diesen Eiern zubereiten konnte, die sehr nach Hühnereiern schmeckten mit einem Hauch Fischaroma. Außerdem lieferten sie sehr viel Eiweiß, ein unverzichtbarer Energiespender, wenn man körperlich arbeitet und auf Forschungsreise ist.

Gegenüber, auf der brasilianischen Seite des Flusses, lag eine riesige Sandbank von ca. zwanzigtausend Quadratmetern Fläche. Solche Sandbänke entstehen gewöhnlich in Flußbiegungen. Diese sah aus wie ein idealer Platz für die Schildkröteneiablage, also legten wir an und begannen mit der Suche.

Wir verteilten uns, um möglichst viel Fläche nach den kleinen schmalen Spuren der Schildkrötenklauen absuchen zu können, die uns dann zum Eiablageplatz unter dem Sand führen könnten.

Plötzlich gab Dave einen Pfiff von sich. „He!" rief er halblaut. „Das hier ist kein Schilkrötenabdruck! Kommt mal her!"

Wir rannten zu der Stelle, an der er stand und sich nach vorn beugte, angestrengt in den Sand spähend. Dort war zweifelsfrei ein menschlicher Fußabdruck - und ein frischer noch dazu.

„Der stammt von einem Indianer - ich bin ganz sicher!"
flüsterte Jim aufgeregt.

Zu Hause in Cafetal hatte Don Juan uns kurz die Merkma-
le eines Indianerfußabdrucks erklärt, falls wir jemals auf einen stoßen sollten: Er würde typisch sein für eine Person,
die ihr ganzes Leben lang barfuß gegangen ist - sehr breit
vorn am Ballen, mit kräftigen Zehenabdrücken, die etwas
auseinanderstanden. Dieser Abdruck hier erfüllte alle Vorga-
ben ganz exakt.

Die Schildkröteneier waren vergessen. Wir verteilten uns
und machten uns erneut auf die Suche. Neue Spuren
tauchten auf - und dann mehr und mehr.

Als wir verschiedenen Spurverläufen folgten, waren wir
überrascht, daß alle am selben Punkt am Rand des Unter-
holzes zusammentrafen.

Wir spähten durchs Dickicht und sahen Zeichen einer
neuen Spur. Völlig im Bewußtsein der möglichen Gefahren,
entschlossen wir uns dennoch, das Beste aus unserer Entdeckung zu machen.

Die Spur war recht einfach zu verfolgen. Heiß und kalt lief
es mir den Rücken hinunter, während wir uns langsam
durchs dichte Unterholz schoben, alle paar Schritte anhielten
und mit angehaltenem Atem Augen und Ohren anstrengten,
um mögliche Zeichen feindlicher Übergriffe zu erkennen.

Nur Schweigen.

Einige hundert Meter weiter landeinwärts gelangte der
Weg auf eine gerodete Lichtung: ein Indianerlager. Genau
an diesem Punkt hatten wir vor ein paar Tagen Geschenke
für die Indianer hinterlassen. (Ich muß noch erklären, daß
unsere Geschenke im Wert immer dem Grad der Wichtigkeit
und Bekanntheit angepaßt waren. Beim ersten Kontakt ließen wir nur einfache Dinge zurück - einige Schälmesser, ein
oder zwei mit Mais gefüllte Zinnkannen, einen leeren Zinn-
kanister. Die wertvolleren Dinge - eine Machete, eine Axt,
Zucker oder Ketten - hielten wir zurück für ein späteres nä-
heres Treffen.)

Wir freuten uns über das, was wir sahen: Die Eingeborenen hatten unsere Geschenke angenommen. Unsere erste
freundschaftliche Geste hatte Erfolg gehabt. Schnell holten
wir hervor, was wir extra zu solch einem Zweck mitgebracht
hatten - eine Axt, ein paar größere Messer, weitere Kannen
mit Essen. Dann beschlossen wir, daß dies für einen Tag
genug sei, und wir die Dinge besser nicht zu weit treiben
sollten. Wir wandten uns zurück zum Fluß.

Wir ließen zwei Tage verstreichen, ehe wir erneut einen

Vorstoß zu der Lichtung wagten. Diesmal war unsere Freude noch größer. Die Indianer hatten nicht nur unsere Geschenke angenommen: Sie hatten im Gegenzug welche für uns bereitgelegt. Wir beugten uns über eine sauber gerodete Stelle auf dem Boden und fanden ein paar hundert Schildkröteneier, einen ihrer Bambuspfeile, kunstvoll mit Truthahnfedern verziert und ein rohes Messer mit einem Holzgriff.

Als ich das Messer genauer betrachtete, stieg Unruhe und Sorge in mir auf. Obwohl messerscharf, war das Metall in der Mitte gebogen und mit Rost bedeckt. Ganz offensichtlich war es aus einem Gewehrlauf gehämmert worden. Wie waren die Wilden an das Gewehr gekommen? Und was war mit dem Eigentümer geschehen? War er ein Opfer eines dieser lautlosen Pfeile geworden? Und war er danach aufgegessen worden, was den Gerüchten zufolge das Schicksal Gefangener war?

Ich wagte nicht, diese Gedanken weiterzuführen. Abgesehen davon, war das Ganze sehr ermutigend. Zu keiner Zeit, seit wir uns flußaufwärts gewagt hatten, war die Aussicht auf einen freundschaftlichen Kontakt besser gewesen.

Wir beschlossen, ein wenig weiterzurudern, in der Hoffnung, am Ufer auf Indianer zu treffen. Für das Rudern entschieden wir uns, um die Indianer nicht durch das Motorengeräusch des Außenborders zu erschrecken.

Etwa eine halbe Stunde später, wir kamen gerade um eine Kurve, hob Dave sein Paddel und flüsterte heiser: „Da sind sie!"

Einige hundert Meter vor uns am Flußufer zählte ich vier Indianer. Sie duckten sich zu Boden, eine Haltung, die Angst und Fluchtbereitschaft signalisierte. Sie schienen bereit zu sein, jeden Augenblick im schützenden Dschungel unterzutauchen. Und tatsächlich, als sie uns in ihre Richtung kommen sahen, verschwanden sie im Urwald.

Wir waren bald auf gleicher Höhe mit der Stelle, an der sie verschwunden waren. Dave und Jim riefen sie an, um sie herauszulocken. Keine Antwort - nur das Flüstern des Windes in den Baumwipfeln. Zu diesem Zeitpunkt waren meine Gefühle zwiespältig. Die Angst vor dem Unbekannten ließ mich halb hoffen, daß sie *nicht* herauskommen würden. Aber ich kämpfte, um dieses Gefühl zu überwinden.

Wir zogen das Kanu auf die Sandbank und hinterließen weitere Geschenke. Dann zogen wir uns ins Boot zurück, ruderten auf den Fluß und warteten. Immer noch kein Lebenszeichen. Wir begannen mit der Strömung abzudriften, also fingen wir an zu rudern. Wir waren ein paar hundert Meter weit gekommen, als Jim über die Schulter zurücksah und rief: „He! Sie sind zurückgekommen!"

Wir drehten uns um. Die Nhambiguaras waren wieder hervorgekommen und hoben die Geschenke auf. Aber als wir wieder auf ihre Höhe kamen, verschwanden sie erneut.

Mittlerweile senkte sich die Sonne schon hinter die Baumwipfel. Wir waren ungefähr sechs Kilometer von unserer Basis entfernt, also brachen wir hier ab und machten uns auf den Heimweg.

Am Abend, als wir unter dem sternenklaren Himmel versammelt saßen, knackte ein Zedernzweig im Feuer und sprühte Funken. Dave fragte: „Ich überlege. Sollen wir morgen unsere Gewehre mitnehmen? Vielleicht erwischen wir eine Ente oder einen Truthahn. Oder meint ihr, es wäre besser, die Gewehre im Moment nicht zu tragen?"

Ich antwortete: „Es ist wahrscheinlich nicht die beste Idee, mit Gewehren herumzulaufen, wenn die Wilden in der Nähe sind. Sie würden vielleicht denken, daß wir hinter ihnen her sind, und uns mit Pfeilen vollpumpen."

Es gab Für und Wider bei dieser Frage, und wir diskutierten ziemlich lange.

Ich fuhr fort: „In Johannes 18, Vers 36 heißt es: 'Jesus antwortete: Mein Reich ist nicht von dieser Welt; wenn mein Reich von dieser Welt wäre, so hätten meine Diener gekämpft, damit ich den Juden nicht überliefert würde.' In der Apostelgeschichte haben weder Stephanus noch Paulus jemals zurückgeschlagen, um sich zu verteidigen. Ich persönlich würde mich lieber töten lassen, als zu töten und dies mein Leben lang auf dem Gewissen zu haben." Wir entschlossen uns, den Beispielen aus der Schrift zu folgen.

Am folgenden Morgen machten sich Jim, Dave und Tom wieder auf den Weg. Ich blieb zurück, um das Haus zu hüten. Nie zuvor hatte ich einen Tag so voll bohrender Einsamkeit erlebt. Meine Gedanken waren bei den Freunden. Jeden Augenblick dachte ich darüber nach, was wohl gerade mit ihnen passierte. Jetzt war ich frei von Sorge um meine eigene Person. Wir hatten unser Lager ja am gegenüberliegenden Ufer. Dann erinnerte ich mich jedoch an eine Stelle flußaufwärts, die sehr seicht war und die die Indianer leicht durchwaten konnten. Jedesmal, wenn ich das Rascheln eines Tieres im Unterholz hörte, zuckte ich zusammen. Jedesmal, wenn unsere Hunde bellten, erstarrte ich.

Kurz vor Einbruch der Dämmerung, als ich gerade das Feuer neu anfachte, um unser Abendessen, Reis und Bohnen, zu kochen, hörte ich die vertrauten Stimmen vom Fluß her herannahen. Die Kameraden kamen zurück.

„Rate mal, was passiert ist!" rief Jim mit leuchtenden Augen. „Wir haben heute nachmittag Kontakt aufgenommen." Dann fuhr er fort und erzählte der Reihe nach: „Als wir den Fluß entlanggerudert kamen, sahen wir etwa sechs von ihnen an derselben Stelle wie gestern. Und weißt du was? Sie winkten uns, herüberzukommen. Wir kamen überein, daß ich im Boot bleiben sollte, während Tom und Dave zur Sandbank hinüberschwammen. Die Entfernung betrug ungefähr sechzig Meter."

Dann nahm Dave den Faden auf: „Alles schien optimal zu laufen. Wir dachten, wir würden gute Fortschritte machen. Es war erstaunlich, wie prima wir einander verstanden, ohne die Sprache des anderen zu kennen. Ganz plötzlich, ohne einen für uns ersichtlichen Grund, wurden die Indianer nervös. Ich denke, sie haben uns nicht ganz vertraut. Wir merkten, daß es Zeit war, uns zurückzuziehen, und taten das auch. Aber ehe wir aufbrachen, verabredeten wir - durch Gesten für Schlafen und den Stand der Sonne -, daß wir uns gern morgen um acht Uhr am gleichen Ort wieder treffen würden. Wir haben jetzt eine Verabredung. So - wann gibt's Abendessen? Ich habe einen Bärenhunger!"

Ich habe während dieser Nacht nicht viel geschlafen. Bei Tagesanbruch packten wir noch einige Geschenke ein für den glücklichen Fall, daß wir die Indianer treffen würden. Diesmal war es Jims Aufgabe, das Haus zu hüten. Er zog ein langes Gesicht, als er uns zum Abschied winkte. Er wäre gern mitgekommen, und ich wußte ganz genau, wie er sich fühlte.

Es war der 6. September 1951. Ich notierte das in meinem Tagebuch, denn es konnte ein historischer Tag werden. Flußabwärts war das Rudern einfach, und so hatte ich viel Zeit zum Nachdenken - zu viel Zeit. Mir fiel wieder Daves Beschreibung ein, wie nervös die Nhambiguaras am vorherigen Nachmittag geworden waren. Ich versuchte, mich innerlich für das kommende Ereignis zu stärken. Wieder begann sich in mir der Wunsch auszubreiten, daß ein Treffen nicht stattfinden möge. Ich versuchte im stillen, Choräle zu singen. Aber ehe ich mit einer einzigen Strophe fertig war, merkte ich, wie meine Gedanken um Möglichkeiten der Selbstverteidigung kreisten. Ich wollte jetzt noch nicht sterben. (Ich redete mir ein, der Grund dafür wäre, daß ich bis jetzt so wenig im Werk des Herrn geleistet hätte. Tatsache war, daß ich einfach nicht sterben wollte.) In Gedanken spielte ich durch, was ich tun würde, falls man mich angriff. Ich könnte über Bord springen, so weit wie möglich tauchen und flußabwärts schwimmen, um den fliegenden Pfeilen zu entkommen. Da war große Schwachheit auf meiner Seite - aber es war die Schwachheit des Fleisches.

Dann erinnerte ich mich, daß ich daheim in den Staaten, als ich meine Missionslaufbahn begonnen hatte, dem Herrn versprochen hatte, nötigenfalls auch mein Leben für ihn zu geben. Dies gab mir Kraft. Ich würde mein Wort nicht zurücknehmen.

Ein langes, gerades Flußstück kam in unser Blickfeld. Dort auf dem Sandstreifen am Ufer warteten etwa acht Indianer auf uns.

Wir steuerten zum Ufer und zogen das Kanu an Land. Mein Herz klopfte rasend schnell. Was würden sie tun? Wie würden sie uns empfangen? Ich hatte kaum Zeit für Spekulationen. Sie kamen alle auf uns zu und plapperten in fremdartigen gutturalen Lauten, ähnlich denen der Affen.

Ich sah diese legendären Gestalten zum allerersten Mal aus so großer Nähe. Sie waren alle nackt; nie zuvor waren mir ähnlich vollkommene physische Geschöpfe begegnet. Obwohl etwas kleiner als wir, waren sie doch wunderbar proportioniert. Bei jeder schnellen, katzenartigen Bewegung konnte man das Spiel der voll ausgebildeten Muskeln unter der braunen Haut beobachten. Manche hatten die Haare über der breiten Stirn zu einem Pony geschnitten, das lange schwarze Haar den Rücken hinabhängend. Andere hatten kurzgeschnittene Stufenfrisuren, als ob sie die Haare mit einem primitiven Schneidinstrument bearbeitet hätten.

Sie kamen auf uns zu und umarmten uns mit knochenbrecherischer Heftigkeit. Mir fiel auf, daß sie alle breit lächelten; aus Mangel an Alternativen lächelte ich auch. Genauer gesagt, ich lächelte so angestrengt und lange, daß meine Wangenmuskeln zu schmerzen begannen.

Dann begannen sie, uns am ganzen Körper zu betasten - unser Haar, unsere Augen, unsere Haut -, als ob wir Außerirdische von einem anderen Stern wären. Ich fühlte mich unbehaglich, als sie meine Arme und Beine drückten, dabei ununterbrochen miteinander plappernd - als ob sie abschätzten, wieviel ich wohl als Fleischeinlage im Suppentopf wert sein würde!

Einer von ihnen kniete nieder und machte sich an meinen Füßen zu schaffen. Ich verstand erst nicht, was er wollte, bis ich merkte, daß er versuchte, mir einen Schuh auszuziehen. Als das nicht gleich funktionierte, dachte er vermutlich, der Schuh sei angewachsen, denn nach wenigen Versuchen gab er auf.

Zur selben Zeit riß ein anderer Indianer an meiner linken Hand. Mir fiel ein, daß ich meinen Ehering leider nicht zu Hause gelassen hatte. Der Indianer war durch das Glitzern des Goldbandes aufmerksam geworden. Ich gab vor, ihm helfen zu wollen, denn ich wußte, daß in diesem äußerst brüchigen Stadium unserer Bekanntschaft das geringste Zeichen von Widerstand eine ernste Krise heraufbeschwören konnte. Meinen Ehering wollte ich jedoch auch nicht verlieren. So bog ich unmerklich den Finger, weiterhin vorgebend, ihm zu helfen, und der Indianer konnte den Ring nicht über den Fingerknöchel ziehen. Schließlich gab er auf.

Ich hatte diese kniffelige Situation kaum hinter mir, als sich schon die nächste ankündigte. Ein kräftiger Indianer baute sich genau vor mir auf, lächelte, schob den Zeigefinger in meinen Mund und begann darin herumzutasten. Dies beunruhigte mich allerdings, denn ich hatte falsche Zähne. Mir schoß der Gedanke durch den Kopf, daß, wenn er herausfände, daß die Zähne lose und herauszunehmen waren, er vermutlich so entzückt über diese Entdeckung sein würde, daß meine Zähne auf Nimmerwiedersehen verschwinden würden. Ich brauchte meine Zähne aber unbedingt, um das zähe Fleisch zu kauen, das einen Hauptbestandteil unserer Kost darstellte.

Er probierte immer noch. Er konnte seine unerfreuliche Entdeckung jeden Augenblick machen. Da blieb nur eines zu tun. Ich faßte mir ein Herz und biß so fest ich konnte in seinen Finger. Das Lächeln erstarb, und Schmerz, vermischt mit ärgerlicher Überraschung, bestimmten seine Miene. Sofort krümmte ich mich vor Lachen und hielt mir den Bauch, um verständlich zu machen, daß dies meine Vorstellung von einem guten Witz war. Dies Verhalten schien ihn völlig zu verwirren. Er wandte sich ab und untersuchte Tom.

Einen Augenblick blieb ich allein. Mein Blick wanderte von den verspielten, plappernden Indianern hinüber zu der undurchdringlichen Wand aus Dschungel hinter der Sandbank. Ein Schaudern lief mir den Rücken hinab. Die breiten Blätter zitterten, aber nicht durch den Wind. Ich war überzeugt, daß ich glänzende, schwarze Augenpaare auf uns gerichtet sah. Ich hatte das Gefühl, während die acht Indianer herausgekommen waren, um uns zu treffen, warteten dort im Dickicht etliche andere, bewehrt mit Pfeil und Bogen, auf die geringste Bewegung, die ihnen feindselig erschien. Diesmal hatten wir keine Pistolen dabei. Wir hatten sie bewußt zurückgelassen, um nicht den geringsten Anlaß zur Unruhe zu geben. Wir waren ihnen vollständig ausgeliefert. Dies ließ uns alles geduldig ertragen.

Noch etwas störte mich. Keiner gab irgendwelche Befehle. Keiner hatte ein eindeutiges Zeichen von Autorität in Aussehen oder Benehmen. Dies konnte nur bedeuten, daß unter denen, die herausgekommen waren, um uns zu treffen, keiner der Häuptling war. So konnten sie alle tun, was sie wollten, ohne jemandem verantwortlich zu sein.

Plötzlich wurde mein Kopf mit einem gewaltigen Ruck nach hinten gezogen. Ich fiel fast um und fühlte einen scheußlichen Schmerz. Als ich mich umdrehte, sah ich einen gedrungenen Wilden, der mich triumphierend angrinste. In der Hand hielt er ein ziemlich dickes Büschel meines blonden Haares. Mein gestelltes Lächeln war wohl in eine eher überraschte und schmerzvolle Miene übergegangen. Als ich jedoch merkte, wie angestrengt und genau der Indianer meine Reaktion und Miene studierte, zwang ich meine müden Gesichtsmuskeln schnell wieder in ein Lächeln. Das muß wohl die gewünschte Reaktion gewesen sein, denn - wie um zu zeigen, daß alles nur Spaß war - ging der Indianer hinüber zu einem seiner Kameraden und versuchte ein ähnlich dickes Büschel schwarzes Haar herauszuziehen. Seine Haare hatten aber wohl festere Wurzeln als meine, denn es wollte nicht gelingen. So leicht wollte er jedoch nicht aufgeben. Der Scherzbold zog den Kopf des Unglücklichen nahe zu seinem Mund und begann das Haar abzubeißen - Haar für Haar, wie eine Frau einen Faden abbeißt.

Wir überlegten, wie lange diese Spielchen noch dauern würden. Schließlich zogen sich zwei von ihnen etwas zurück, steckten die Köpfe zusammen, flüsterten und spähten verstohlen in unsere Richtung. Diese Wendung der Ereignisse gefiel uns gar nicht. Wir erklärten in Zeichensprache, daß wir gehen müßten und um vier Uhr zurückkommen würden. Dann ruderten wir den Fluß hinauf, bemüht, keine Hast zu zeigen.

Zur angesagten Stunde kehrten wir zurück. Wir hatten keinerlei Vorstellung, was uns erwarten würde. Eine größere Gruppe stand dort und hielt nach uns Ausschau; wir sahen etliche Gesichter, die wir noch nicht kannten. Diesmal untersuchten sie uns nicht. Die Neugier der Neulinge war wahrscheinlich durch die Erzählungen der anderen befriedigt worden.

Wir beeilten uns, unsere Geschenke zu überreichen, ehe weitere Dummheiten geschehen konnten. Wir trafen sie in der Mitte des Strandes. Wir hatten einige Tüten Zucker dabei und „*farina*", das sind grobe Getreideflocken aus Yucca. Sie starrten mißtrauisch darauf. Wir verstanden und aßen selbst jeder einige davon, um zu zeigen, daß wir nicht vorhatten, sie zu vergiften. Danach stürzten sie sich gierig darauf.

In dieser entspannten und freundlichen Atmosphäre zog Dave Block und Bleistift hervor und machte sich bereit, die Laute ihrer Sprache aufzuschreiben.

Über unseren Köpfen kreisten einige grau-braune Flußvögel, die Möwen ähnelten, aber kleiner waren und einen geraden Schnabel hatten. Ich zeigte auf einen Vogel und sah den nächststehenden Indianer fragend an. Er machte ein Geräusch in seiner Sprache, und ich schrieb es in Lautschrift auf. Dann sah ich auf das Geschriebene und versuchte, das gleiche Geräusch wie er zu machen. Das verwirrte ihn vollständig: Er dachte, die Zeichen auf dem Blatt machten die Geräusche. Andere bestanden darauf, selbst auf das Papier zu malen. Dann traten sie zurück und warteten darauf, daß die Zeichen sprechen würden. Als nichts geschah, waren sie enttäuscht.

Unsere ersten Bemühungen zeigten uns, daß es stimmt, was Don Juan uns gesagt hatte: Wir hatten es mit einer der kompliziertesten Sprachen der Welt zu tun, die vermutlich seit Tausenden von Jahren existierte und noch nie aufgeschrieben worden war. Das war nur eine der Arbeiten, die wir erledigen mußten, ehe wir damit beginnen konnten, ihnen vom Evangelium zu erzählen. Viele der Laute, die sie hervorbrachten, hatten im Englischen oder Spanischen kein Gegenstück. Sie entstanden durch den Gebrauch von Rachenraum und Lippen auf völlig unterschiedliche Art.

Auf der anderen Seite brauchten wir einen englischen Satz nur ein einziges Mal zu sagen, und sie konnten ihn sofort völlig fehlerfrei wiederholen. Wir kamen uns ziemlich dumm vor. Abgesehen von ihren Eingeborenenkostümen waren sie offensichtlich hochintelligente Menschen. Ihr Verstand mußte durch den Jahrhunderte dauernden Überlebenskampf gegen die Natur, gegen andere Stämme und gegen den plündernden weißen Mann zu bemerkenswerter Schärfe ausgebildet worden sein. Sie würden sich sicherlich überall in der Welt behaupten, gäbe man ihnen die Möglichkeit von Bildung und Erziehung. Diese Entdeckung stachelte unseren Eifer noch an, uns mit ihnen anzufreunden und sie zu bekehren. Uns gegenüber schienen sie wirklich freundlich gestimmt zu sein - gelassen und ohne Mißtrauen.

Nun aber begannen uns die Unannehmlichkeiten der

Natur zu plagen. Zwei Stunden waren vergangen. Nie zuvor waren wir so lange mit ihnen zusammen gewesen. Auf der Sandbank war es heiß, aber wir wagten noch nicht, mit unseren Gastgebern in den Dschungel auszuweichen, um der brennenden Sonne zu entgehen. Da wir schwitzten, kamen Tausende von Mücken, ließen sich auf uns nieder und hinterließen ärgerliche kleine, rote Spuren, wo immer sie zubissen.

Wieder brachen wir auf und bedeuteten in Zeichensprache, daß wir morgen wiederkommen würden. Unsere Freunde schienen aufrichtig betrübt zu sein, daß wir sie schon verlassen wollten. Unsere Herzen wurden leicht. Seit wir begonnen hatten, den Kontakt zu den Nhambiguaras zu suchen, waren wir noch nie so frei von Angst und so hoffnungsfroh gewesen, daß wir eines Tages unser Ziel erreichen würden.

Als wir auf eine Kurve zuruderten, drehten wir uns noch einmal um. Die Indianer hoben ihre Beine und schlugen darauf; zunächst hielten wir das für einen rituellen Tanz.

Dann erkannten wir die Wahrheit. Sie führten lediglich den Kampf weiter, dem wir aus dem Weg gegangen waren - den aussichtslosen Kampf mit den Mücken.

An diesem Abend waren wir randvoll mit Plänen für unser nächstes Treffen. Aber über Nacht drehte der Wind und brachte kaltes, regnerisches und stürmisches Wetter aus dem Süden mit. Während der nächsten zwanzig Tage fanden nur vier Begegnungen statt, die sporadisch und unbefriedigend waren. Offensichtlich verließen die Nhambiguaras, da sie ungeschützt gegen die Elemente waren, ihre Hütten bei naßkaltem Wetter nur ungern.

Ein wirklich beunruhigender Zwischenfall ereignete sich während dieses Zeitraums. Dave und Tom waren mit dem Kanu für zwei Tage flußaufwärts gefahren, um zu jagen. Tom hörte ein Rascheln und dachte, es seien Wildschweine in der Nähe. Die Pistole in der Hand, hastete er die Uferböschung hinauf. Gerade hatte er die Böschung erklommen, als er ein dumpfes Geräusch an einem Ast neben sich hörte. Er wandte sich um und sah einen noch zitternden Pfeil, der keine zehn Zentimeter neben seinem Kopf steckte. In etwa zwei Sätzen war er wieder am Fuß der Böschung.

Als Tom und Dave dann auf dem Weg zurück waren, kamen etwa ein Dutzend oder mehr Indianer, mit Pfeil und Bogen bewaffnet, ans Ufer und begannen wütend zu schimpfen. Diese beiden kannten sie noch nicht. Ein anderer Indianer kam hinzu und sprach in ruhiger und gedämpfter

Stimme mit ihnen. Sofort beruhigten sie sich; Tom und Dave holten ihre Geschenke hervor, und es kehrte wieder Ruhe ein.

Mehrere Nächte lang war dies nun Thema Nummer eins am abendlichen Lagerfeuer. Hatten die Indianer ihn mit der Pistole die Böschung erklimmen sehen und gedacht, er sei gekommen, um sie anzugreifen?

In unserem Lager am Paredon wurden wir mehrere Nächte vom wütenden Bellen unserer Hunde wach gehalten. Am nächsten Morgen untersuchten wir als erstes das umliegende Gebiet. Überall waren merkwürdige Fußabdrücke. Dann erinnerten wir uns an eine Sache, die die Gummiarbeiter uns erzählt hatten: Wenn die Indianer nachts zu einem Lager kommen, kommen sie entweder um zu stehlen oder um zu töten.

An einem anderen Morgen, der einer schlaflosen Nacht folgte, hörten wir die Hunde bellen und gingen hinaus, um nach dem Rechten zu sehen. Fünfzig Meter vom Haus entfernt stolperten wir über sechs Indianer, die lautlos durchs Unterholz glitten. Einer von ihnen gab ein Signal. Sofort war die ganze Gegend erfüllt von Antwortschreien. Da wußten wir, daß viel, viel mehr von ihnen anwesend waren, als wir mit unseren Augen ausmachen konnten.

Wir lächelten und gestikulierten freundlich denen zu, die wir sehen konnten. Schließlich bedeuteten wir ihnen, uns doch zurück zum Haus zu folgen. Etwa ein Dutzend von ihnen folgte uns, und sie setzten sich alle in einer Reihe auf einen Baumstamm. Wir hatten sie noch nie in unserem eigenen Lager zu Gast gehabt, und wir waren neugierig, wie sie auf unsere Lebensgewohnheiten reagieren würden. Ich beobachtete sie ganz genau, während ich ein bißchen Kerosin auf Holz goß. Für sie war das Kerosin Wasser; sie müssen sich gefragt haben, warum ich das tat. Dann, als ich ein Streichholz daran hielt und das 'Wasser' Feuer fing, fielen ihnen fast die Augen aus dem Kopf. Sie schnatterten wie die Vögel wild durcheinander, ungläubig die Köpfe zusammengesteckt, und bestanden darauf, unsere Streichhölzer zu untersuchen, diese magischen Hölzchen, die solch einen Zauber hervorgebracht hatten. Sie gaben sie untereinander weiter. Aber sie schienen immer noch nicht zu verstehen, was sich abgespielt hatte.

Die Streichhölzer hielten sie in Bann, bis das Abendessen fertig war.

Wir gaben ihnen etwas Fisch, den wir am Abend zuvor gefangen hatten, um ihn im Feuer zu braten. Bald darauf hatten wir noch einen Kessel voll mit Reis und kleingeschnittenem Cornedbeef, der vor sich hin kochte. Ein paar Indianer waren ungeduldig und holten einen Fisch heraus. Er war noch zu roh, um zerteilt zu werden. Das störte sie aber nicht. Einer von ihnen legte den Fisch auf den Boden, stellte einen Fuß darauf und riß ihn mit beiden Händen auseinander. Er warf mir ein Stück zu, das aber kurz vor mir auf den Boden fiel. Als ich es aufhob, versuchte ich, soviel Schmutz wie möglich zu entfernen. Wieder bat ich den Herrn um Beistand und begann es zu essen.

Geröstete Bananen waren besser zu essen. Wir entfernten die dicke verbrannte Schale und freuten uns an dem weichen, süßen Inneren.

Als der Reis zur Seite gestellt wurde, um ihn abzukühlen, wurden die Indianer wieder ungeduldig. Sie steckten ihre Finger hinein, um etwas herauszuholen, und ließen dann mit einem Schrei wieder ab, denn es war kochend heiß. Schließlich aßen sie aber alles auf. Wir aßen auch mit den Fingern, um nicht unsere Löffel an sie zu verlieren.

Später am Abend schlüpften sie plötzlich in den Dschungel und waren verschwunden.

Kapitel 9

Missionarsfrauen

Z wei Wochen später ruderten wir gerade wieder zurück nach einem der seltenen Treffen in dieser Zwanzig-Tage-Zeit. Wir träumten unserem Abendessen entgegen, als wir den Lärm eines Dieselmotors hörten, der sich von flußabwärts näherte. Jim und ich wurden ganz aufgeregt, denn wir waren sicher, daß dies briefliche Nachricht von unseren Frauen bedeutete, die wir seit drei Monaten nicht gesehen hatten.

Nach dem Essen liefen wir hinunter zum Flußufer. Wir warteten dort, als die Glocke zur Landung läutete. Das Postboot drehte bei; die Besatzung legte die viel benutzte Planke herüber ans Ufer, und sie kamen an Land. Unsere Frauen hatten beide geschrieben. Wir rissen die Umschläge auf und fühlten uns wohl und getröstet während des Lesens. Sie warteten beide darauf, uns tatkräftig zu unterstützen, sobald es hier sicher genug war.

Plötzlich jedoch standen wir unerwartet vor einer ganz neuen Situation. Die Indianer, die weit entfernt auf unsere Rückkehr warteten, waren von einigen Besatzungsmitgliedern gesehen worden, die sich jetzt in heller Aufregung befanden. Seit Jahren hatten sie blutrünstige Geschichten über die Nhambiguaras gehört und weitererzählt. Viele der Männer hatten noch keinen Indianer von nahem gesehen, die für sie einfach sagenumwobene Phantome waren, die versteckt im Busch hausten.

Einige der Leute verlangten ganz unverblümt, daß wir sie zu unserem Treffen mitnehmen sollten. Andere, die vorsichtiger waren, fragten erst, wie gefährlich es unserer Meinung nach werden könnte. Wir antworteten ihnen nicht sofort, weil wir von Zweifeln gequält wurden.

Was wir schon über diese Männer erfahren hatten, ihr Vorleben und ihre Einstellung gegenüber den Indianern, bereitete uns Sorge. Sie arbeiteten für gewöhnlich nicht hauptberuflich auf dem Postboot, sondern nahmen den Job hin und wieder an, um ins Landesinnere oder wieder zurückzukommen. Sie waren ein ruheloser, vagabundierender Haufen, dem es in erster Linie um die Verwirklichung ihrer Träume vom plötzlichen Reichtum ging. Viele von ihnen stammten aus den größeren Städten in Ostbrasilien. Der Dschungel zog sie magnetisch an. Es rankten sich unglaubliche Geschichten um ihn, von vergrabenen Schätzen, versteckten Goldladungen, Rohdiamanten so groß wie eine Fingerkuppe, von Indianern, die mit altem Goldschmuck angetan herumliefen, der von den Inkas stammte. Nichts war jemals gefunden worden, das diese Erzählungen erhärtet hätte; aber sie wurden mit viel Ernst und Überzeugungskraft regelmäßig wiederholt, um die Abenteurer für immer auf der Suche zu halten.

Daher kam also ihr übermächtiger Wunsch, zu den Indianern Kontakt aufzunehmen. Die Motive, wenn auch ganz anders als unsere eigenen, waren nicht weniger zwingend. Jetzt, da sie die Wilden mit eigenen Augen gesehen hatten, waren die Männer auf den Geschmack gekommen.

Wir Missionare kannten die lange Geschichte des Tötens und Blutvergießens auf beiden Seiten nur zu gut. Wenn nur das Geringste geschah, würde all unsere bisherige geduldige Arbeit vergeblich gewesen sein. Außerdem würden wir in solch einem Fall zusammen mit den Einheimischen gute Chancen haben, getötet zu werden. Trotzdem waren wir nicht in der Lage, ihren Wunsch einfach abzuschlagen. Wir waren Gäste in ihrem Land. Wir hatten keine Verfügungsgewalt über sie. Sie oder andere gleich ihnen hatten uns viel Freundlichkeit und Hilfsbereitschaft erwiesen. Außerdem sagten sie uns, sie wollten lediglich einige Geschenke zu den Indianern bringen.

Also nahmen wir ganz gegen besseres Wissen und mit vielen Ermahnungen, sie möchten ihr bestes Benehmen zeigen, drei von ihnen mit im Kanu auf die andere Seite.

Die Nhambiguaras, die unter Bäumen auf einer Lichtung warteten, beobachteten uns argwöhnisch, als wir mit Fremden erschienen. So als wären sie jederzeit zur Flucht bereit, hatten sie sich aufgestellt. Aber Dave winkte ihnen und rief mit freundlicher Stimme. Das schien sie zu beruhigen, denn sie blieben stehen, während wir unser Kanu ans Ufer zogen.

Zunächst lief alles glatt. Die Bootsleute, überwältigt vom Anblick dieser wilden Dschungelbewohner, zeigten sich von ihrer besten Seite. Sie hielten sich zurück und überließen es uns, an die Indianer heranzutreten.

Allmählich gewannen die Männer jedoch an Sicherheit. Sie holten Geschenke aus dem Einbaum, neben denen unsere eigenen bescheidenen Gaben armselig wirkten, beispielsweise große Mengen an Reis und Zucker, Kleidung, Messern und Macheten. Die Indianer, die jedes Geschenk aufs neue bewunderten, waren aufgeregt wie Kinder. Bestürzt bemerkten wir, daß die Bootsleute die Führung übernommen hatten. Sie ahmten uns nach und versuchten, sich mit Zeichensprache und gutturalen Lauten verständlich zu machen. Die Stimmung war zumindest an der Oberfläche noch immer entspannt und freundlich. Dann signalisierten sie den Indianern, doch ihre Frauen und Kinder hervorkommen zu lassen, die während unserer Treffen immer halbversteckt etwa hundert Fuß weit im Dschungel zurückblieben. Wir hatten oft festgestellt, daß die Indianer uns immer noch nicht ganz trauten, weil sie ihren Frauen und Kindern nicht erlaubten, mit zu uns zu kommen. Das Ansinnen der Einheimischen gab den Indianern nun Grund für neues Mißtrauen. Und als die Bootsleute den Indianerfrauen, die durch die Büsche spähten, Zeichen gaben, sie sollten doch herüberkommen und sich das Postboot ansehen, änderte sich die Stimmung schlagartig. Einige der Indianer sammelten sich zu einer Gruppe und flüsterten miteinander. Mit zornigen Gesichtern blickten sie in unsere Richtung.

Ich konnte ihr Mißtrauen gut verstehen. Hatten sie nicht Erinnerungen an Zeiten, als indianische Frauen von Gummiarbeitern verschleppt wurden und sie diese niemals wiedersahen? So war es ganz natürlich, daß sie fürchteten, ihnen könnte dasselbe geschehen.

Einer der Indianer ging zu den Frauen und Kindern hinüber. Ich sah, wie er bei ihnen ankam und ihnen ein Zeichen gab, ihm zu folgen.

„Wir müssen diese Kerle hier wegbekommen, ehe es Ärger gibt", sagte ich.

David stieß eine scharfe Warnung aus. Ich wäre nicht überrascht gewesen, wenn aus dem Dschungel Pfeile in unsere Richtung geflogen wären. Wir eilten mit unseren Gästen zum Kanu.

Auf dem Rückweg machten wir den Männern wegen ihres Verhaltens Vorwürfe. Wir hätten uns die Spucke sparen können, denn sie lachten nur über uns. Sie stuften ihr erstes Treffen als Erfolg ein. Nichts Schlimmes war passiert. Ihr bleibender Eindruck war die Freude der Indianer angesichts ihrer Geschenke. Sie sprachen aufgekratzt über ein weiteres Treffen in fünf Tagen, wenn sie auf dem Rückweg von Matto Grosso wieder hier vorbeikommen würden. Sie begannen den Traum der Menschen am Fluß zu träumen, ein Indianerdorf voll mit Goldschmuck und vergrabenen Schätzen zu finden.

„Ich war in einem ihrer Dörfer", sagte ich zu ihnen. „Glauben Sie mir, dort ist nichts. Sie leben ganz armselig."

Sie lächelten mich skeptisch an, als ob sie überzeugt wären, daß ich sie an meinen Geheimnissen nur nicht teilhaben lassen wollte.

Kurz nachdem wir zurück waren, stiegen sie wieder auf das Postboot. Zum ersten Mal waren wir froh, als wir es den Fluß hinauf davonfahren sahen.

Wir sahen Ärger auf uns zukommen. Noch Stunden später sprachen Jim, Dave und ich von nichts anderem. Tom war die ganze Zeit still, mit ernstem, in sich gekehrten Gesicht.

Als die Nacht hereinbrach, dauerte die Unterhaltung immer noch an. Wir entzündeten ein Feuer. Wir waren einfach in Sorge. Wann immer einer das Thema beendete, begann sofort ein anderer erneut davon zu sprechen.

„Hört mal zu, Freunde", sagte Tom schließlich. „Es gibt nur eines, was wir tun können. Ich fahre mit dem nächsten Boot nach Matto Grosso."

„Und was willst du da tun?" wollte Jim wissen.

„Ich werde zum Gebietsgouverneur gehen und dort einen Erlaß erwirken, der diesen Typen untersagt, in den Gebieten, in denen wir arbeiten, weitere Kontakte zu den Indianern aufzunehmen."

Wir alle schwiegen. Diese Idee war uns noch nicht gekommen.

„Du meinst, so eine Art gerichtliche Verfügung?" fragte Jim nach.

Tom nickte. „Genau. Eine gerichtliche Verfügung."

„Wie kommst du auf die Idee, daß du so etwas erhältst?" verlangte Dave zu wissen.

Tom hatte die Antwort parat. „Du weißt genausogut wie ich, daß ein Vorfall wie der heutige sich nicht wiederholen darf, sonst endet es in Blutvergießen. Dann müssen die Männer, die durch dieses Gebiet reisen, damit fortfahren, die Indianer zu bekämpfen - für Jahre. Auf der anderen Seite könnten wir mit der Erlaubnis, dort zu arbeiten, versuchen, ihre Freundschaft zu gewinnen und einen Frieden herzustellen, der lange anhält. Wir haben schon zu viel erreicht, um jetzt alles aufs Spiel zu setzen. Ich wette, ich kann den Gouverneur von unserer Sicht der Dinge überzeugen."

Wir alle stimmten seinem wohlüberlegten Plan zu.

„Ich habe noch eine andere Idee, die die Lage entspannen könnte", sagte ich.

„Moment bitte, Bruce. Ehe du loslegst, möchte ich schnell den Kaffeetopf aufsetzen," sagte Dave. Wir lachten: Daves Vorliebe für Kaffee war schon fast sprichwörtlich. Er grub einige heiße Kohlen aus und stellte seinen Kaffeetopf darauf. „Was würdet ihr davon halten, wenn wir Helen, Edith und die Kinder herkommen ließen?" fragte ich.

„Mann, bist du verrückt?" fragte Dave. „Ihr könnt nie wissen, ob diese Indianer nicht vielleicht mit *euren* Frauen und Kindern verschwinden wollen."

„Schon möglich", antwortete ich. Seine Überlegung beunruhigte mich, aber ich fuhr fort: „Wenn die Indianer sehen, daß Jim und ich auch Familien haben, werden sie wissen, daß wir keinen Grund sehen, ihnen *ihre* Frauen und Kinder zu rauben. Ihr merkt doch, wie sie uns immer noch mißtrauen. Vergeßt auch nicht: Bei allen unseren Treffen haben sie nie erlaubt, daß ihre Frauen und Kinder aus den Büschen hervorkamen. Wenn ihr Mißtrauen noch größer wird, könnte es gut sein, daß wir alle in ihrem Suppentopf enden."

Wieder saßen wir schweigend da. Die quakenden Frösche flußabwärts führten laut ihre eigene Unterhaltung. Unsere zwei Hunde schliefen friedlich.

„Da könntest du recht haben, Bruce", sagte Dave schließlich. „Soweit ich das beurteilen kann - von dem Zwischenfall heute Nachmittag einmal abgesehen -, sind unsere Beziehungen zu den Indianern gut und werden immer besser. Ich sehe keine Gefahr, wenn wir unsere Familien hierherbringen. Im Gegenteil, ihre Anwesenheit könnte eine große Hilfe für uns sein. Was meinst du dazu, Jim?"

„Ich hatte gerade denselben Gedanken", sagte Jim. „Wenn das Boot in ein paar Tagen zurückkommt, muß einer von uns zurück nach Cafetal fahren, um neue Vorräte zu besorgen. Das könnte der richtige Zeitpunkt sein, um unsere Frauen und Kinder hierzuholen - vorausgesetzt, wir sind überzeugt, daß es für sie sicher ist. Tom könnte mit demselben Boot hinauf nach Matto Grosso fahren."

Ich wurde bestimmt, nach Cafetal zu reisen. Nach Beendigung des Essens hielten wir noch unsere Abendandacht und gingen dann zu Bett.

Ich konnte lange Zeit nicht einschlafen. Daves Worte, daß unsere Frauen und Kinder entführt werden könnten, hatten ein beklemmendes Angstgefühl in meinem Herzen hinterlassen. Ich stellte mir vor, wie Edith und Connie gefangengenommen wurden (Brian war in Cochabamba auf der Missionsschule) und wie ich Wochen und Monate auf jede nur denkbare Weise verzweifelt versuchen würde, sie zurückzubekommen. Ich dachte: „Bin ich vermessen, wenn ich sage, ich vertraue dem Herrn, und er wird sie bewahren? Oder soll ich meinen gesunden Menschenverstand, den Gott mir gab, gebrauchen und sie gar nicht herbringen?" Aber der gesunde Menschenverstand sagte mir auch, daß es das beste war, sie hierherzubringen. Ein Dilemma! Ich warf mich auf der Matratze hin und her. „Herr", betete ich, „nimm bitte diese Angst aus meinem Herzen."

Es war wunderschön, nach Cafetal zurückzukommen und Edith und Connie wiederzusehen. Ich konnte wieder den Luxus genießen, in einem richtigen Bett zu schlafen. Als ich erfuhr, daß wir noch einige Tage auf die Rückkehr des Postbootes aus Guajara Mirim warten mußten, störte mich das nicht im mindesten. Aber Edith, Helen und sogar die kleine Connie, die jetzt drei Jahre alt war, brannten darauf, endlich auf Reisen zu gehen. Sie stellten sich das Leben im Dschungel als großes Abenteuer vor. Immerhin hatten sie das tägliche Einerlei des Aufenthalts in diesem bolivianischen Dorf ertragen, während wir doch von der Faszination unserer immer besser werdenden Beziehungen zu den Nhambiguaras in Atem gehalten worden waren.

Schließlich sagte uns ein weit entferntes *Stampf-Stampf-Stampf*, daß das Postboot bald hier einlaufen würde. Wir waren fertig und warteten am Landungssteg. Neben uns standen Stapel von Kisten mit getrockneten Lebensmittelvorräten, große Mengen an Milchpulver für die Kinder, Geschenke für die Indianer und Benzinkanister. Unser Einbaum, den das Postboot im Schlepptau mit nach Cafetal gebracht hatte, würde auf die gleiche Weise auch wieder zurückbefördert werden, diesmal mit Ladung. Das war ein gängiger Transportweg; vier oder fünf kleine Boote schipperten auf jeder Fahrt vertäut mit dem Hauptboot hinterher.

Helen und Edith waren ganz aufgeregt bei dem Gedanken, endlich neue Gesichter zu sehen und neue Orte kennenzulernen. Man sagte uns, daß die Fahrt nach Paredon wegen der Navigationsschwierigkeiten während der Trockenzeit statt der üblichen drei Tage vier Tage dauern würde. Niemandem machte das viel aus. Helen und Edith schienen die Unbequemlichkeiten auf der Reise nach Cafetal schon ganz vergessen zu haben.

Nachdem das Boot angelegt hatte und wir an Bord waren, hängte ich gleich die Hängematten auf. Da wir auf dem Boot ein wenig beengt waren, entschied Helen, daß ihr Baby mit in ihrer Hängematte schlafen sollte. Die Nächte auf dem Wasser sind feucht und recht kühl.

Wir kamen nur langsam vorwärts, weil der Lotse vorsichtig an Baumstämmen, Felsbrocken und Sandbänken vorbeifahren mußte. Aber die Zeit verflog schnell. Unsere Reise wurde eine Art Bildungsausflug. Wir freundeten uns mit den anderen Passagieren an, zumeist Gummiarbeiter aus Bolivien, die zurück in den Dschungel unterwegs waren. Wo immer am Ufer eine Menschentraube stand, legte das Boot an - um entweder Ladung oder Passagiere aufzunehmen oder zu entlassen -, manchmal auch nur, um im Tauschhandel Wildfleisch oder Schildkröteneier zu erstehen. Den Gestank der Tierhäute registrierte ich kaum noch, ebensowenig das Stampfen des Dieselmotors, der uns auf der Hinreise den Schlaf geraubt hatte.

Der letzte Abend unserer Reise war angebrochen. Nach unseren Berechnungen würden wir unser Lager in Paredon ungefähr um Mitternacht erreicht haben. Wir erwarteten, die Gefährten mit Taschenlampen ausgerüstet am Landungssteg stehen zu sehen. Kurz nach Einbruch der Dunkelheit brachten Helen und Edith die Kleinen in ihren Hängematten zu Bett. Dann saßen wir eine Weile auf unseren Säcken und unterhielten uns.

Um neun Uhr wurde es langsam kühler. Die Frauen legten sich in ihre Hängematten, um warm zu werden und sich auszuruhen, auch wenn sie nicht schlafen konnten. Helen zeigte uns, wie praktisch sie die Decke um sich und das Baby wickeln konnte, damit sie beide warm blieben.

Ich streckte mich gleich an Ort und Stelle auf einigen Reissäcken aus. Ich schloß nicht die Augen. All meine Gedanken waren bei Jim, Dave und Tom in Paredon. Ich überlegte, was sie wohl während der zwei Wochen meiner Abwesenheit unternommen hatten und ob sich wohl neue Treffen ergeben hatten. Dann schweiften meine Gedanken ab, und ehe ich mich versah, war ich eingeschlafen.

Ich habe nicht die geringste Ahnung, wieviel später es war, als ich plötzlich von einem fürchterlichen Stoß aus dem Schlaf gerissen wurde, dem ein gedämpftes Krachen folgte. Immer noch halb schlafend, sprang ich auf. Wasser rauschte um meine Beine. Das Boot legte sich auf die Seite. Wir sanken.

Meine schlaftrunkenen Sinne versuchten die Tatsache zu fassen. Dann hörte ich Helens Stimme dicht neben mir in Panik rufen.

„Hilfe! Hilfe! Ich komme nicht aus der Hängematte raus."

Es war fast stockdunkel. Nur ein schwaches Leuchten, das hin und wieder vom Beiboot mit dem Dieselmotor herüberschien, blinkte ab und an durch das palmgedeckte Dach unseres Bootes.

Ich kämpfte mich in Richtung Helens Stimme weiter. „Ist schon in Ordnung!" rief ich mit mutmachender Zuversicht, die ich gar nicht verspürte. „Ich bin gleich bei dir."

Ich erreichte die Hängematte. Das Wasser stieg sehr schnell. Fast hatte es schon Helen mit dem Baby erreicht. Ich tastete mit den Füßen nach etwas Festem unter mir, auf dem ich stehen konnte. Das Boot hatte mittlerweile solche Schlagseite, daß ich hin und her rutschte und mich kaum aufrecht halten konnte.

Ich fühlte, wie Helen wühlte und zerrte, um sich und das Baby zu befreien. Ich griff nach den Decken. Auch ich konnte sie nicht losbekommen. Sie hatte sie zu gut verstaut. Das einzige, was ich tun konnte, war, mit aller Kraft beide Arme nach oben zu pressen und so Helen und das Baby mit ausgestreckten Armen einige Zentimeter oberhalb des steigenden Wassers zu halten.

Irgend etwas schlug mich hart, und ich versank. Helen schrie. Ich kam gerade rechtzeitig wieder auf die Füße, um einen großen Benzintank vorbeischwimmen zu sehen. Noch einmal griff ich nach der Hängematte. Ich wußte nicht, wann ich wieder umgeworfen werden würde, um dann vielleicht nicht mehr in der Lage zu sein, nochmals auf die Füße zu kommen.

Wieder schwamm etwas vorbei: eine große Kiste, Laken für unser Lager flußaufwärts!

Ich weiß nicht, wie lange ich dort mit schmerzenden Armen stand, die Hängematte umkrampft und gleichzeitig bemüht, einen festen Halt unter den Füßen zu behalten. Dann schöpfte ich Mut: Helen war es gelungen, ihre Arme frei zu bekommen. Aber meine Kraft erlahmte zusehends.

Wenige Meter weiter war das Diesel-Beiboot an der Längsseite vertäut. Ein sicherer Hafen - wenn wir ihn nur erreichen konnten. Die Palmblätter des Daches teilten sich, ließen ein wenig Licht durch. Ich sah einen Kopf und Schultern. Eine rauhe Stimme sagte auf portugiesisch: „Hallo - geben Sie mir das Baby."

Ich nahm das Kind aus Helens Armen und reichte es weiter. Kopf und Schultern des Mannes erschienen erneut. Mit seiner Hilfe gelang es, Helen zu befreien und auch weiterzuleiten.

Schließlich stieg auch ich hinüber in das Motorboot. Dort

standen im schwachen Laternenlicht Edith und Connie. Sie zitterten, doch sie waren in Sicherheit. Ich schluchzte vor Freude und Dank gegenüber meinem Herrn. Edith trat vor und umarmte mich. „Gott sei Dank, dir ist nichts passiert", weinte sie. „Ich wußte nicht, was aus dir geworden war. Ich konnte dich nirgends entdecken."

Ein Passagier nach dem anderen wurde aufgerufen und meldete sich. Der Dieselmotor begann zu stampfen. Langsam wurde das gesunkene Postboot in seichtere Gewässer am Uferrand gezogen.

Wir sammelten uns am Ufer. Ungefähr zehn Uhr nachts war es jetzt. Was für ein trostloses, elendes Los! Wir hatten keine Möglichkeit, herauszufinden, wieviele unserer Vorräte davongespült worden waren. Aber in diesem Augenblick war uns das egal. Wir waren dankbar, daß unser Leben verschont geblieben war. Einige Zeilen aus Jesaja (43,2) schossen mir durch den Kopf: „Wenn du durchs Wasser gehst, ich bin bei dir, und durch Ströme, sie werden dich nicht überfluten ..."

Etwa um zwei Uhr morgens kam der Kapitän herüber zu der Stelle, an der wir immer noch standen, und erklärte, daß das Boot nur gegen eine im Wasser verborgene Sandbank gestoßen war. Die Beschädigungen hielten sich in Grenzen. Sobald es Morgen war, würde die Besatzung versuchen, das Boot so weit wie möglich wieder flottzumachen und die verlorengegangene Ladung zu bergen. In der Zwischenzeit könne man nichts tun. Keiner von uns war begeistert von der Aussicht, den Rest der Nacht fröstelnd dort am Ufer zu verbringen.

Ich begann eine Unterhaltung mit einem jungen Mann, der nahe bei mir stand, ein junger, tatkräftiger bolivianischer Gummiarbeiter, der von dem Unglück weniger beeindruckt schien als die meisten anderen. Ich erzählte ihm von unserer Sorge, daß die Kinder sich erkälten könnten. Und ich erklärte, wie enttäuschend das alles für uns war, nur drei oder vier Stunden von unserem Bestimmungsort entfernt. Ich zeigte ihm unser Kanu, das immer noch mit dem gesunkenen Boot vertäut und jetzt ans Ufer gezogen worden war. Er nickte voll Mitgefühl und wies auf sein kleineres Kanu. Einen Augenblick lang schwieg er.

Als er wieder zu sprechen begann, klang seine Stimme ganz aufgeregt. „Ich habe immer noch meinen Außenbordmotor", sagte er. „Sie haben das große Kanu. Warum bringen wir nicht meinen Außenborder an Ihrem Kanu an und fahren zusammen weiter zu Ihrem Camp? Wenn das Postboot vorbeikommt, kann ich wieder einsteigen und meine Reise fortsetzen."

Die Idee gefiel mir. Aber ich mußte die Gefahren bedenken, wenn er in der Nacht vesuchen würde, durch diesen tückischen Fluß zu steuern. Ich sprach die Sache mit Helen und Edith durch. Wir kamen zu dem Schluß, daß es besser wäre weiterzufahren, als den Rest der Nacht kalt, naß und unglücklich herumzustehen.

Wir wickelten uns fest in unsere nassen Decken, die ein klein wenig Schutz gegen die kalte Nacht boten, und fuhren los. Wir waren zu sechst. Edith und ich saßen auf irgendwelchen Kisten in der Mitte des Bootes; der Bolivianer hockte am Heck und hielt das Ruder, die Augen angestrengt nach vorn gerichtet, um die Dunkelheit zu durchdringen. Das Boot lag nicht mehr als ein paar Zentimeter über der Wasseroberfläche. Jedesmal, wenn wir uns bewegten, schwappte Wasser ins Boot. Edith und ich schöpften fast ununterbrochen.

Ich wünschte, wir hätten singen können, um unsere Zuversicht zu behalten. Aber es war unmöglich, den Lärm des Außenborders zu übertönen; außerdem klapperten unsere Zähne derart, daß wir den Text gar nicht sauber herausgebracht hätten. So sang ich in Gedanken eines meiner Lieblingslieder ... von meinem wunderbaren Herrn und seiner beständigen Nähe.

Die Nacht war kalt, aber klar. Fahl scheinende Sterne gaben gerade genug Licht, um die düsteren Schatten im Fluß erkennen zu können, aber fast zu wenig, um sie rechtzeitig zu umfahren. Wir bestimmten unseren Kurs vornehmlich nach der Silhouette der Baumkronen gegen den Himmel.

Die Sonne ging schon fast auf, als wir den schon so vertrauten hohen roten Felsen von Paredon ausmachen konnten. Jim, Tom und Dave waren unten am Landungssteg, um uns in Empfang zu nehmen und uns zu erzählen, wie besorgt sie gewesen waren. Sie hatten schon das tuckernde Motorengeräusch des Postschiffes gehört, das im Dschungel etwa dreißig Kilometer weit zu hören ist, und konnten sich keine Vorstellung machen, was wohl geschehen war, als es plötzlich abriß.

Auf dem Weg den Hügel hinauf zum Haus erzählten wir die ganze Geschichte. Dave zündete ein Feuer an und kochte Kaffee. Jim legte trockene Kleidung für Helen und Edith zurecht und eine trockene Decke für die Kinder. Dann gingen sie los, um einige Vorräte vom Boot zu holen. Die Frauen hängten ihre Kleider draußen zum Trocknen auf die

Leine. Aber die Zeit zum Ausruhen war denkbar knapp. Etwa eine halbe Stunde nach unserer Ankunft kam Jim mit der Nachricht angerannt, daß sich am Flußufer eine Gruppe Nhambiguaras aufgestellt hätte. Sie gaben Zeichen, daß wir herüberkommen sollten. Ich erfuhr, daß dies seit meiner Abreise das erste wichtige Treffen war, und wir wollten die Gelegenheit auf keinen Fall verstreichen lassen. Wir gingen nach draußen.

Auch Helen und Edith, ganz aufgeregt über ihr erstes Zusammentreffen mit diesen Steinzeit-Menschen, kamen herausgerannt, um uns zu begleiten. Sie hatten ganz vergessen, in welcher Kleidung sie steckten - trockene Hemden und Hosen von Jim und Tom. Ich zögerte einen Moment. Was würden die Indianer davon halten, wenn sie unsere Frauen genauso gekleidet sehen würden wie uns? Würden sie versuchen, sie zu belästigen? Nein, dachte ich. Ich muß ihr Leben dem Herrn anbefehlen und darauf vertrauen, daß die Anwesenheit der Frauen die Barrieren von Angst und Mißtrauen niederreißen würde.

Und so würden die Indianer unsere Frauen bei der ersten Begegnung, auf die wir so große Hoffnungen setzten, in Männerkleidern sehen! Wir stiegen in den Einbaum und paddelten über den Fluß. Wir nahmen auch Connie mit. Tom, der für seine Reise nach Matto Grosso noch einige letzte Dinge zu packen hatte, blieb zurück und kümmerte sich um Helens und Jims Baby. Die Indianermänner - etwa fünfzehn - winkten uns vom anderen Ufer. Wieder konnte ich die Frauen und Kinder halb versteckt im Unterholz sehen. Diesmal reckten sie die Hälse, um einen Blick auf Helen, Edith und Connie zu erhaschen.

Wir legten an und waren schon mittendrin in den so wichtigen ersten Augenblicken eines Treffens. Mir fiel auf, daß der Häuptling immer noch nicht mitgekommen war. Welche Bedeutung mochte das haben?

Ich hatte Gelegenheit, einen Blick in Richtung der Indianerfrauen zu werfen. Mein Herz sank. Dort war Connie etwa auf halbem Wege zwischen uns und den Indianerfrauen und Kindern, die etwa fünfzig Meter entfernt standen, und sie marschierte schnurstracks auf sie zu. Es war zu spät, sie aufzuhalten. Ich wollte keine Angst zeigen oder die Indianer in Aufregung versetzen, indem ich hinter ihr herlief - das hätte ja bedeutet, auf ihre Frauen zuzulaufen. Connie verschwand im Unterholz und tauchte einen Augenblick später wieder auf, zwei kleine Indianerkinder an der Hand. Dann erschienen einige Indianerfrauen, alle nackt, wie Gott sie geschaffen hatte, und folgten ihren Kindern. Edith und Helen kümmerten sich sofort liebevoll um die Indianerkinder, und deren Mütter mußten lächeln. Dann versuchten unsere Frauen, sich durch eine Mischung aus Zeichensprache und Verballauten mit den Frauen zu verständigen, genauso wie wir mit den Männern. Dank Connie bekam das ganze Zusammentreffen die friedliche Atmosphäre eines Familientreffens.

Jetzt, da die Nhambiguaras wußten, daß wir selbst Frauen und Kinder hatten, verloren sie ganz offensichtlich die Angst, daß wir ihnen ihre rauben könnten. Dies war ein großer Schritt in unserer Beziehung zu ihnen.

Später am Morgen würde allerdings das Boot hier vorbeikommen. Die Besatzung würde die Indianerfrauen sehen, und das bedeutete fast sicheren Ärger. In Zeichensprache erklärten wir den Indianern, daß sie ihre Frauen und Kinder zurück in den Dschungel schicken sollten, sobald sie das Boot hörten. Die Indianer zeigten ihr Einverständnis, indem sie die Gesten nickend wiederholten.

Das erste Treffen mit den Indianerfrauen verlief sehr gut. Die Frauen brauchten eine ganze Weile, um in Zeichensprache über ihre Kinder zu berichten: zu erklären, wo diese oder jene Narbe herkam, und den Unterschied zwischen sich und unseren Frauen herauszustellen.

Einige Stunden später hörten wir das Boot in der Ferne. Wieder warnten wir die Eingeborenen, daß sie ihre Frauen besser fortschicken sollten. Sie taten es. Als das Boot an unserem Landungssteg anlegte, freuten wir uns, daß einige von unseren Kisten doch wieder aufgetaucht waren. Wie schon zuvor wollte die Besatzung die Indianer treffen. Tom versuchte, sie davon abzuhalten. Sie bestanden aber auf ihrem Vorhaben und fuhren im Postboot ans gegenüberliegende Ufer.

Als die Crew anfing, den Männern Geschenke zu überreichen, huschten auch sechs von den Frauen heraus, um ebenso welche zu bekommen. Die Spannung wuchs ins Unermeßliche, und so warnten wir die Flußleute, daß sie besser ans andere Ufer zurückkehren sollten, wenn ihnen ihr Leben lieb wäre. Widerwillig kehrten sie zu unserem Landungssteg zurück.

Wir folgten ihnen. „Jetzt weiß ich, daß ich nach Matto Grosso fahren muß", sagte Tom, als er mit seinem alten Koffer auf das Postboot kletterte. „Die Dinge werden sich immer weiter verschlimmern, wenn wir nicht schnell etwas unternehmen."

„Der Herr möge dir helfen, diese gerichtliche Verfügung zu bekommen", sagte ich.

Während Toms Abwesenheit hatten wir einige sehr entspannte Treffen mit den Nhambiguaras, Frauen und Kinder eingeschlossen. Sie vertrauten uns immer mehr. An einem Sonntag, als wir uns der Gruppe im Boot näherten, entdeckten wir, daß die Frauen, obwohl nackt wie immer, jetzt doch lange, schwere Halsketten trugen.

„Ist das nicht typisch Frau", kicherte ich, „sich so richtig in Sonntagsstaat zu werfen?"

Aus der Ferne leuchteten manche ihrer Schmuckstücke gelb auf. Vielleicht war es so etwas, so überlegte ich, was die Gerüchte über unermeßliche Goldschätze der Indianer bei den Gummiarbeitern und Abenteurern aufgebracht hatte.

Helen und Edith wollten sich die Schmuckstücke gern näher anschauen. Die Indianerfrauen schienen sehr geschmeichelt zu sein und zeigten sie voller Stolz. Plötzlich rief Edith mich hinüber. „Komm doch bitte einmal her, Schatz. Ich möchte, daß du dir das ansiehst."

Als ich die Ketten genau betrachtete, sah ich, daß sie vollständig aus Knöpfen gemacht waren. Sie waren alle auf eine unter Indianern gebräuchliche Schnur aufgezogen - sie wird aus Kapokfasern geflochten, der wild im Dschungel wächst. Manche der Knöpfe waren ganz einfache Hemdenknöpfe, und diejenigen, die wie Gold glänzten, waren aus Messing. Ich sah mir einen Knopf genauer an. Er war schon alt und vom Tragen fast ganz glatt geworden. Aber immer noch konnte man die Umrisse von Buchstaben erkennen - Umrisse, die früher einmal *Oshkosh* oder *Sheboygan* geheißen haben konnten.

Mir stockte das Blut in den Adern. Dies war die Art Knopf, die überwiegend an Overalls verwendet wurde. Ein grausiger Gedanke schoß mir durch den Kopf: Konnten diese Knöpfe von den Overalls stammen, die den drei Missionaren gehört hatten, die 1925 hier umgekommen waren?

Dann blieb mein Blick an einigen größeren Knöpfen hängen, auch alt und abgetragen, aber von ganz anderem Muster. Dies waren zweifellos Uniformknöpfe, wie sie während des Ersten Weltkriegs verwendet worden waren. Ich dachte an den englischen Forscher Colonel Fawcett. Die Photos, die ich von ihm und seiner Mannschaft kannte, zeigten die Männer in solchen Uniformen. Konnte dies der Schlüssel zu dem Rätsel um sein Ende sein? Er war in diesem Gebiet verschwunden, während er die Grenze zwischen Bolivien und Brasilien markierte. Den Rio Verde weit hinauf hatte ich einmal einen Zementstein gesehen, von dem ich annahm, daß er ihn aufgestellt hatte.

Ich sah um mich her in lächelnde, plappernde Gesichter. War dieses harmlos aussehende Flitterzeug der Beweis für den durch Gerüchte geisternden Kannibalismus? Ich wagte nicht, diese Gedanken weiter zu verfolgen, und zog statt dessen Bleistift und Papier hervor, um mich durch das Festhalten einiger Sprachlaute abzulenken.

An einem anderen Tag machten wir eine Erfahrung, die unser Ziel als Missionare auf den Prüfstand stellte. Wir ließen Helen und Edith mit den Kindern im Lager zurück und gingen, um auf einer Lichtung die Indianer zu treffen. Die Indianer, die von Mal zu Mal freundlicher wurden, überboten sich immer wieder in der Außergewöhnlichkeit der mitgebrachten Geschenke. Lange bevor sie uns erreichten, konnten wir an ihren aufgeregten und zufriedenen Gesichtern ablesen, daß sie diesmal eine besondere Überraschung vorbereitet hatten.

Ein gedrungener, muskulöser Mann lief vor den anderen her und grinste breit. Dann hielt er uns einladend einen Korb hin. Da sahen wir den Inhalt: ungefähr einhundert dicke, fette, weiße Würmer.

„Sie sehen aus wie Maden", murmelte ich und merkte, wie ich grün im Gesicht wurde.

„Glaub ich nicht", gab Jim leise zurück. „Sie sehen eher wie die Larven der großen, schwarzen Hornissen aus."

Der Indianer drängte uns zu probieren.

„Wenn es solche Larven sind", fügte Jim leise hinzu, „dann war es ein ziemliches Stück Arbeit für sie, daran zu kommen. Man läuft Gefahr, sehr schmerzhaft gestochen zu werden. Frederico hat mir erzählt, daß ein Indianer sich einem Hornissennest sehr vorsichtig nähert und solange daran kratzt, bis alle Tiere draußen sind und um ihn herumfliegen. Dann wird er langsam den Ast mit dem Nest abbrechen und davongehen. Wenn er sich richtig verhält, bleibt er unversehrt. Auch wenn die Hornissen auf ihm landen, wird er nicht gestochen, außer wenn er eine plötzliche Bewegung macht. Dann geben sie ihm aber Saures."

Diese Erklärung ließ mich die Larven mit neuen Augen betrachten. Allerdings wußte ich immer noch nicht, ob ich es schaffen würde, eine davon herunterzuschlucken. Der Indianer, der mein Zögern bemerkte, schob sich selbst eine in den Mund. Dann versuchte er, mich durch den Ausdruck höchsten Genusses im Gesicht von dieser Delikatesse zu überzeugen. Mittlerweile scharten sich eine ganze Reihe Indianer um uns und wollten zusehen. Jetzt war es an uns, den nächsten Zug zu machen.

„Was sollen wir tun?" fragte ich hilflos.

Dave hatte eine Eingebung. „Wißt ihr was?" sagte er in seiner tiefen Tonlage. „Wir werden jeder eine davon essen. Dann werden wir großzügig den Rest an sie zurückgeben. Wenn sie all diese Mühen auf sich genommen haben, um die Larven zu bekommen, werden sie es sehr schätzen, wenn sie sie essen dürfen."

Ein Dutzend Augenpaare - alle so schwarz, daß man die Pupille nicht von der Iris unterscheiden konnte - waren auf uns geheftet. Die Intensität der Blicke strafte das Lächeln der Lippen Lügen. Wir streckten unsere Hände aus und nahmen jeder einen Wurm. Ich ließ meinen in den Mund fallen und schluckte ihn in einem Rutsch hinunter. Aus dem Augenwinkel beobachtete ich voll Bewunderung Dave und Jim, die ihre richtig aßen.

Jetzt boten wir den Korb schnell den Nhambiguaras an. Zu unserer großen Erleichterung freuten sie sich offensichtlich sehr, ihn zurückzubekommen. Wir waren sehr bemüht, unsere Freude über ihre Reaktion zu verbergen. Ich hatte Mühe, meinen Mageninhalt bei mir zu behalten. Genau in diesem Moment entdeckte ich auf einem Blatt in der Nähe einige große behaarte Schmetterlingsraupen. Da ihre gastronomischen Vorlieben jetzt allzu klar waren, hatte ich Angst, daß die Indianer, falls sie die Raupen entdeckten, uns auch diese anbieten würden. Ich würde ablehnen müssen - ungeachtet der Konsequenzen.

Ich griff nach einer Raupe und hielt sie dem nächsten Indianer hin. Er verschluckte sie mit allem Drum und Dran und lächelte anerkennend. Dann, ehe er eine für mich finden und mir bringen konnte, sammelte ich eifrig jede Raupe, die in Sichtweite war, ein und bediente einen Indianer nach dem anderen. Hoch erfreut wurden sie dadurch auch von dem Gedanken abgelenkt, uns noch weitere Larven anzubieten.

Da die Nhambiguaras mehr und mehr ihre Vorbehalte aufgaben, wurden unsere Treffen immer zufriedenstellender. Einmal sangen sie uns etwas vor. Im Halbkreis auf der Sandbank sitzend, stürzten sie sich auf eine Stammeshymne. Sie sangen ausschließlich in Moll mit einer seltsam anmutenden Monotonie, die fast orientalisch wirkte. Stille lag plötzlich über dem Fluß. Sogar die Vögel schienen innezuhalten, um zuzuhören. Nach einigen Zeilen legten die Indianer eine Pause ein, ließen ihre Atemluft zischend entweichen und vollführten mit den Händen wischende Bewegungen, als ob sie alle bösen Einflüsse abwehren wollten. Dann nahmen sie ihren monotonen Gesang wieder auf. Auf uns wirkte das Ganze seltsam unheimlich und niederdrückend. Die bösen Einflüsse schienen viel zu nahe.

In unseren Sprachstudien machten wir gute Fortschritte. Zunächst konzentrierten wir uns auf die Hauptwörter. Wir zeigten auf Vögel, Bäume, Teile des Körpers und schrieben dann die Laute auf, die sie uns nannten. Die Worte für „runde, flache, farbige" Steine bedeuteten den Beginn des Adjektiv-Lernens. Um Tätigkeitsworte zu bezeichnen, taten wir alle möglichen verrückten Dinge, zum Beispiel einander schlagen, hüpfen, rennen und werfen. Für die Sätze „Ich schlug ihn" oder „Er schlug mich" mußten wir wieder aktiv werden, um Fürwörter und die Stellung von Subjekt und Objekt zum Verb zu lernen. Wir wußten, daß wir ganz am Anfang standen, denn es dauert viele Monate, manchmal Jahre, um das notwendige Vokabular zusammenzustellen, das für die zeitweilige Verkündigung des Evangeliums notwendig ist.

Eines Abends saß ich zusammen mit Ostewigs und Dave am Lagerfeuer. Glühende Funken stoben von dem Zedernast in die Luft und wirkten wie eine Aufführung zum Unabhängigkeitstag am 4. Juli. Edith kam aus dem Haus, wo sie noch versucht hatte, unser Bett aufzumöbeln. „Wir sind fast auf den Bettsparren angelangt", sagte sie lachend. „Noch ein oder zwei Nächte und wir haben's geschafft." Vor einiger Zeit waren Edith und ich auf die Idee gekommen, unsere Vorratssäcke an getrocknetem Mais und Bohnen als Matratze zu benutzen. Ihre Bemerkung bedeutete, daß wir wieder vor der schon vertrauten Situation standen: Unsere Nahrungsvorräte tendierten gegen Null. Wir erwarteten bald Brian aus der Missionsschule. „Vielleicht", schlug Edith vor, „sollten wir einige Tage Urlaub machen und nach Cafetal zurückfahren." Jim und ich dachten genauso.

„Außerdem", sagte Jim, „sollten wir mit dem nächsten Boot aus Matto Grosso einen Brief von Tom erhalten, der uns über seine Fortschritte berichtet. Wenn er erst wieder hier ist und wir dieses Papier in Händen halten, das den Flußleuten verbietet, die Indianer zu belästigen, werde ich sehr erleichtert sein."

Nur Dave sah unglücklich drein. Sein sonst immer lächelndes Gesicht war ernst. „Leute, ich hasse es, die Treffen auch nur für ein oder zwei Wochen zu unterbrechen, jetzt, wo alles so gut läuft."

„Aber läuft denn wirklich alles so gut, wie wir denken?"
fragte ich. Das war eine gute Frage. Wir konnten verweisen
auf die wachsende Anzahl freundschaftlicher Treffen, den
ungezwungenen Umgang zwischen ihren und unseren Frau-
en und Kindern, ihre Bereitschaft, unsere Geschenke anzunehmen, die Geschenke, die sie uns entgegenbrachten, die
Fortschritte, die wir beim Studium ihrer Sprache machten,
und von daher die Verbesserungen im Miteinander mit ihnen.

„Aber es gibt immer noch viele Dinge, die mir nicht gefallen", sagte ich und schüttelte den Kopf. „Zum einen hat sich
der Häuptling, seit wir hier sind, noch nie gezeigt. Und dann
erinnert euch, daß, seit die Bootsleute hier waren, die Indianer sich angewöhnt haben, öfter untereinander zu tuscheln.
Und was ist mit den Nächten, als wir dachten, sie würden um
unser Lager schleichen?"

Ich hielt inne und fuhr dann fort: „Manchmal frage ich
mich, ob wir ihrer oberflächlichen Freundlichkeit nicht zuviel
Bedeutung beimessen und zu wenig auf das achten, was in
ihren Köpfen vorgeht." Ich erinnerte meine Freunde an das,
was Don Juan und andere Bolivianer uns von der Fähigkeit
der Indianer zur genialen Täuschung erzählt hatten. Dann
fiel mir noch etwas ein. „Und wie war das damals, als sie unsere Arme und Beine abtasteten?"

„Sie würden herzlich gern ein wenig Fleisch von deinen
mageren Knochen ernten", sagte Dave. Er grinste, wir alle
glucksten, und das verscheuchte die düstere Stimmung. Dave stand auf und streckte sich. „Ich sag euch was", meinte
er. „Ihr fahrt alle wie geplant nach Cafetal und schafft neue
Vorräte an. Ich bleibe allein hier und halte den Kontakt aufrecht."

Wir protestierten lautstark, aber Dave wollte nicht hören.
„Es würde mir nichts ausmachen", sagte er. „Ich war oft allein in den Wäldern von Washington und Oregon. Außerdem
werden die Hunde mir Gesellschaft leisten, und der Herr
wird auf mich achten."

Mir war nicht wohl bei dieser Vereinbarung. Wenn die
Nhambiguaras bösartig werden sollten, wäre Dave auch mit
den Hunden und seinem Revolver, um sie abzuschrecken (er
war ein guter Jäger und ausgezeichneter Schütze), kein
gleichwertiger Gegner für sie. Vielleicht würden sie versucht
sein, einen einzelnen Mann anzugreifen, wo die Gruppe sie
abgeschreckt hatte. Wir überlegten einige Tage hin und her.
Aber Daves Absichten waren durch nichts zu erschüttern.

Und so beluden wir an einem schönen Novembermorgen

- es war immer noch 1951 - unseren Einbaum; als das Postboot zurückkam, hängten wir uns an und sagten Jim auf Wiedersehen. Helen und Edith waren den Tränen nahe. „Dies war eine der schönsten Zeiten in meinem ganzen Leben", sagte Edith. „Obwohl das Leben hart war, sind wir doch alle durch die Gemeinschaft gesegnet worden. Und zum ersten Mal in meinem Leben fühle ich mich ganz praktisch ausgefüllt von der Aufgabe, der wir uns verschrieben haben."

Als der Felsen von Paredon aus unserem Blickfeld verschwand, waren wir erfüllt von Freude über die gemachten Fortschritte und unserem Anteil an dieser Aufgabe. Unsere Bedenken, Dave allein zurückzulassen, waren für den Augenblick vergessen. Wir hatten keine Ahnung von den dunklen Tagen, die vor uns lagen.

Kapitel 10

Eine schmerzliche Niederlage

„Ich frage mich, was er jetzt gerade macht", sagte Edith. „Ich hoffe doch sehr, daß die Indianer, während wir fort sind, nicht den Fluß überqueren und zu unserem Lager kommen."

Wir vier betrachteten den vorbeiziehenden Dschungel, die Frauen mit den Kindern in ihren Hängematten, wir Männer auf der Ladung sitzend. Unsere Gedanken waren wieder bei Dave.

„Vergiß nicht, sie haben keine Kanus", sagte ich leichthin und versuchte, sie zu beruhigen. Aber der Gedanke an dieses seichte Stück weiter flußaufwärts, wo sie den Fluß durchwaten konnten, beunruhigte mich.

„Ich kann mir nicht helfen. Ich denke immerzu, ich hätte bei ihm bleiben sollen", sagte Jim. Er sah sehr ernst aus.

Aber von dem Augenblick an, in dem unser Postboot am Spätnachmittag in Cafetal einfuhr und anlegte, hatten wir keine Zeit mehr, uns Sorgen zu machen. Einige Nachbarn, die uns seit Monaten nicht gesehen hatten, warteten am Ufer. Sie konnte gar nicht erwarten, von unseren Abenteuern zu hören. Sie bombardierten uns mit Fragen: Hatten wir die Nhambiguaras wirklich ganz von nahem gesehen? Hatten sie Pfeile auf uns geschossen? Waren sie tatsächlich Kannibalen? Wir beantworteten alle Fragen, so gut wir konnten, und sie begleiteten uns hinauf zum Haus.

Als wir das Haus erreichten, sahen wir, daß wir alle Hände voll zu tun haben würden. Ehe wir überhaupt eintreten konnten, mußte ich den dicken Lehmklumpen entfernen, den die Hornissen um das Vorhängeschloß herum gebaut hatten. Drinnen war das Haus stickig und muffig. Ganz Hausfrau, machte sich Edith gleich daran, die Fenster alle weit zu öffnen und verschiedene Dinge wieder an ihren Platz zu stellen.

Das einströmende Licht offenbarte das ganze Ausmaß der Verwüstung. Der Fußboden war bedeckt mit Resten vom Dach gefallener Palmblätter. Jede Ecke war voll von dicken Spinnweben. Und der Schimmel! - Schimmel auf unseren

114

Schuhen, Schimmel auf unserer Kleidung, Schimmel auf unseren Büchern (deren Ecken auch noch von hungrigen Küchenschaben angeknabbert worden waren). Dies geschah, ehe wir gelernt hatten, unsere Bücher zu schützen, indem wir den Einband mit Plastikspray einsprühten.

Kurze Zeit später kehrte aber wieder eine heimelige Atmosphäre ein. Edith sprengte den Fußboden vor dem Fegen mit Wasser ein, um den Staub zu verhindern. Connie hatte ihre „Kramkiste" gefunden und holte ihre Spielsachen heraus. Ich spaltete einige Holzscheite und entfachte ein Feuer im Lehmziegelofen. Da wir alle Kräfte darauf verwendeten, das Haus so schnell wie möglich wieder in Ordnung zu bringen, servierte uns Edith ein denkbar einfaches Abendessen - einfache Pfannkuchen. Aber wie gut sie schmeckten!

Ein heißer Wind, der aus dem Norden blies, warnte uns vor einem schweren Sturm, der in den nächsten Stunden bei uns eintreffen würde. Am Abend war unser Haus angefüllt mit Gästen. Unsere Geschichten von den Nhambiguaras mußten wieder und wieder erzählt werden, weil immer neue Besucher hereinkamen; aber dann schickte das Donnergrollen unsere Gäste eilends nach Hause.

Erst als ich schon einige Zeit im Bett lag, wanderten meine Gedanken zurück zu Dave Yarwood. Ich sah ihn vor mir, wie er auf seiner Pritsche lag, die Laterne auf den Kisten neben sich, und in seiner Bibel las. Sein Hund „Sacky" würde auf dem Boden eingerollt dösen und ab und zu bei jedem ungewöhnlichen Geräusch den Kopf heben.

Alle möglichen Gedanken gingen mir durch den Kopf: Dave Yarwood allein ... verschlagene Indianer, freundliche Indianer ... kein Häuptling ... aufdringliche Bootsmänner ... Mächte der Finsternis ... die Macht Gottes ... die Bedeutung menschlicher Entscheidungen ... Sogar das rhythmische Geräusch des Regens konnte mich nicht in den Schlaf trommeln.

Um mich selbst zu beruhigen, versuchte ich, mich optimistisch auf das schöne Stück Arbeit zu konzentrieren, das vor uns lag, wenn alles gutging. Ich konnte freundlichere Kontakte mit den Indianern vor mir sehen, Fortschritte die Sprache betreffend, gelegentlichen Unterricht für die Indianer in Lesen und Schreiben und schließlich die Möglichkeit, sie mit dem Evangelium zu erreichen und ihnen Teile der Schrift in ihrer Muttersprache übermitteln zu können. Und irgendwann einmal - das erreichte Endziel - eine gesunde, wachsende Gemeinde von Gläubigen. Es war anderswo schon geschehen: Warum nicht hier?

Dann überschatteten wieder sorgenvolle Gedanken diesen strahlenden Traum. Was dachten die Indianer wirklich unter ihrer freundlichen Maske? Kein Häuptling ... das Problem mit den Einheimischen immer noch ungelöst ... diese unerklärliche, brütende Atmosphäre von Schwermut, die wir in ihrer Gesellschaft so oft verspürten ... und Dave Yarwood dem Ganzen dort allein gegenüber.

Der Nachtwind bewegte das große Moskitonetz über unserem Bett. Der Sturm war vorüber, aber die Luft war immer noch schwül. Neben mir bewegte sich Edith im Schlaf. Ich hörte die Fische im Fluß platschen, als ob sie im Zimmer wären.

Ich konnte meine Gedanken nicht von Dave lösen. Viele der Gefährten standen mir nahe, aber Dave stand mir am nächsten. Ich erinnerte mich an einige der Dinge, die er für mich getan hatte: zum Beispiel, als wir auf Tour waren und mein Knie auf einmal schlimm wurde. „Komm her, Junge, gib mir das", sagte er und lud sich mein Bündel noch zu seinem eigenen Rucksack auf. „Ich würde diesen Job hier niemals machen - für alles Geld der Welt nicht", pflegte er zu mir zu sagen. „Ich tue es nur, um dem Herrn meine Dankbarkeit zu zeigen, weil er so unendlich viel für mich getan hat."

Ich erinnerte mich daran, wie Dave einmal seinen Arm um einen nackten Nhambiguara gelegt hatte und ihm in englischer Sprache von Gottes Liebe zu den Indianern erzählte: Wie er seinen Sohn gesandt hatte und dieser sein Blut für ihre Sünden vergoß. Der Indianer legte nach ein oder zwei Sätzen immer wieder die Lippen an Daves Ohr und wiederholte flüsternd in fast perfektem Englisch alles, was Dave ihm gesagt hatte. Die Nhambiguaras sind großartige Schauspieler. Die Augen des Indianers funkelten verschmitzt. Er dachte, das alles wäre ein großartiger Scherz. Natürlich verstand er kein Wort von dem, was Dave ihm erzählte, und natürlich wußte Dave das. Aber das machte ihm nichts aus - er mußte nur sein Herz erleichtern. Und vielleicht nährte dies seine Hoffnungen auf die Zeit, wenn er in der Lage sein würde, den Nhambiguaras dieselbe Geschichte in ihrer eigener Sprache zu erzählen, und die Indianer würden zuhören - und würden anfangen zu verstehen.

Gegen Morgen fiel ich in unruhigen Schlaf.

Die Tage vergingen, und wir warteten gespannt. Das Postboot, das Brian bringen sollte, war noch nicht angekommen; und es gab keine Nachricht von Tom, ob er bei den Behörden in Matto Grosso irgend etwas erreicht hatte.

„Wann kommt Brian, Mama?" fragte Connie alle paar Minuten. „Das kann jeden Tag sein", antwortete Edith jedesmal mit bewundernswerter Geduld. Dann ging Connie zu ihrer Puppe und erklärte nun ihr den Sachverhalt. Die Puppe schien die einzige zu sein, die genug Zeit hatte, sich Connies fortwährendes Geplapper anzuhören.

Da Brian immer gern dasselbe tat wie ich, beschäftigte ich mich damit, eine Schubkarre für ihn zu bauen, die auf ihn warten würde, wenn er eintraf. Dann konnte er Feuerholz darin transportieren, so wie ich es in meiner tat.

Es war ein schöner Tag, als Bob Williams endlich mit dem Postboot ankam und Brian in die Ferien nach Hause brachte. (Der Wasserstand war niedrig, und das Boot hatte einige Probleme mit Sandbänken gehabt.) Das Abendessen war die Zeit zum Erzählen von der Schule, den Lehrern, Ausflügen und Festen. Als die Kinder im Bett lagen, gingen wir hinüber zu den Ostewigs für einen abendlichen Snack und um Bob das Neueste zu berichten. Er war erfreut und erstaunt zu hören, daß es uns gelungen war, freundschaftliche Beziehungen zu den Nhambiguaras aufzubauen, obwohl wir nach dem Überraschungsbesuch in ihrem Dorf doch eher schnell den Rückzug hatten antreten müssen.

„Und was ist mit denen, die da waren, als du und Jim auf die Lichtung gegangen wart?" wollte Bob wissen. „Haben sie euch wiedererkannt?"

„Soweit ich das nach ihrer Zeichensprache ergründen konnte, haben zwei oder drei uns erkannt", antwortete ich. „Aber wenn dem so war, schienen sie jedenfalls keine bösen Gefühle zu hegen."

Das Boot, mit dem Bob und Brian gekommen waren, fuhr diesmal nur bis Rio Cabixi. Es würde in etwa vier oder fünf Tagen wieder in Cafetal anlegen. Da Rio Cabixi recht nahe an Paredon lag und die nächste Siedlung neben unserem Lager war, dachten wir, daß das Boot vielleicht Nachricht von Dave mitbringen würde. Wir hofften auch, daß das Ausbleiben von Tom hier in Cafetal bedeutete, daß er schon wieder ins Lager zurückgekehrt und mit Dave zusammen war. Wir warteten angespannt auf die Rückkehr des Bootes.

Die Dämmerung brach schon an. Der Kapitän trat gerade von der Gangway zurück, als Jim, Bob und ich angerannt kamen, um das Boot aus Rio Cabixi in Empfang zu nehmen. Er war ein guter Freund geworden. Ein schmaler, gepflegter Mann, voll lateinamerikanischen Charmes, immer bereit zu einem gewinnenden Lächeln, das seine blitzenden Zähne zeigte, immer eine scherzhafte Bemerkung oder einen Witz auf den Lippen.

Diesmal lächelte das Gesicht nicht. Sein Benehmen war steif, fast förmlich. Er grüßte uns mit knappstem Nicken. „Kommen Sie mit", sagte er. „Ich habe Ihnen etwas mitzuteilen."

Ich sah, daß er keinen Brief in der Hand hielt. Sofort beschlich mich die Vorahnung schlechter Nachrichten. Wir folgten ihm die Lehmstufen hinauf.

Oben angekommen, blieb er stehen und sah uns ins Gesicht. Die Moskitos aus dem Dschungel summten über unseren Köpfen. Im schwindenden Licht sah sein Gesicht abgespannt aus. Seine dunklen Augen starrten direkt in meine.

„Dave ... Ihr Freund ..." Seine Stimme zitterte.

„Ja?"

„Er ist tot."

„Oh, nein!"

Er nickte.

Ich hatte das Gefühl, eben einen Faustschlag in die Magengrube bekommen zu haben. Jim schnappte nach Luft. Einige Sekunden lang konnte keiner von uns etwas sagen.

Dann sagte Jim: „Sind Sie sicher? Ist es nicht bloß ein Gerücht?"

Der Kapitän schüttelte den Kopf. „Ich bin sicher. Es ist kein Gerücht."

„Wie ist es passiert?" fragte Bob.

„Ich weiß nicht viel", sagte der Kapitän. „Aber was ich weiß, das weiß ich sicher." Er hielt inne und sah übers Wasser, als wollte er Kraft schöpfen für das, was er uns zu sagen hatte.

„Wir machten uns in Rio Cabixi gerade fertig zum Aufbruch, um hierher zu kommen, als drei Männer von flußaufwärts ankamen, die in höchstem Maß aufgeregt waren. Sie waren Steuereintreiber. Sie hatten vorgehabt, in Ihrem Lager in Paredon zu übernachten, denn wie Sie sich denken können, sind Steuereintreiber nicht gerade gern gesehen in den Siedlungen der Gummiarbeiter. Aber als sie dort ankamen, war niemand da. Das Lager war völlig verlassen.

Am Morgen sahen sie Geier über einer Stelle am Flußufer kreisen. Die Männer sprangen in ihren Einbaum und fuhren los, um nachzusehen. Im Sand am Steilufer sahen sie den Körper eines Mannes - ein großer Mann - ein Fremder."

„Das ist Dave, jawohl", sagte Jim mit tonloser Stimme.

„Haben sie - haben sie angehalten, um ihn zu begraben?" fragte Bob.

„Nein", antwortete der Kapitän schnell. Sie hatten zuviel Angst, daß ihnen dasselbe zustoßen könnte. Sie fuhren so schnell sie konnten davon und kamen sofort herunter nach Rio Cabixi, wo ich sie dann traf."

Die Nacht war hereingebrochen. Mit unseren Taschenlampen, die breite Lichtkegel vor uns herwarfen, gingen wir hinauf zu unseren Häusern. Wir standen vor der schweren Aufgabe, unseren Frauen die Nachricht mitzuteilen. Der Kapitän entschuldigte sich, er müsse gehen. Wir dankten ihm für seine Freundlichkeit.

„Es tut mir leid, sehr, sehr leid", sagte er. Dann schüttelte er unsere Hände und ging davon. Bob verabschiedete sich von uns und folgte ihm. Er fuhr mit demselben Boot nach Guajara Mirim.

Ein Kloß machte sich in meinem Hals breit, daß es schmerzte. Das Gefühl von Verlust und Trostlosigkeit hüllte mich ein. Jim und ich gingen ins Haus und sagten es Helen und Edith. Sie weinten bitterlich. Es dauerte lange, ehe wir Trost fanden in dem Gedanken, daß Dave in die Gegenwart des Herrn gerufen worden war, wo er seine Belohnung in ewigem Frieden und Freude finden würde.

Nachdem wir unsere Köpfe im Gebet geneigt hatten, sagte Jim: „Wir müssen dort hinfahren und ihn beerdigen. Wir packen am besten heute abend schon unsere Sachen, damit wir gleich morgen früh aufbrechen können." Die Gesichter unserer Frauen zeigten ihre Besorgnis, aber sie standen mit hinter unserem Entschluß.

Jim ging los, um Benzin zu besorgen. Ich suchte die nötigen Werkzeuge zusammen. Keiner von uns schlief viel in dieser Nacht.

Nachdem wir früh aufgebrochen waren, reisten Jim, ein Nachbar und ich den ganzen Tag und fuhren auch nach Einbruch der Dunkelheit noch weiter. Der Mond gab uns ein wenig Licht. Die Luft war feucht und kalt. Ich rollte mich auf dem Sitzbrett zusammen und versuchte ein wenig Schlaf zu bekommen. Kurz nachdem ich eingenickt war, wurde ich von einem plötzlichen Stoß geweckt, der mich auf den Boden des Kanus warf. Ein stechender Schmerz durchbohrte meinen Rücken. Der Bolivianer war eingeschlafen, und der Einbaum hatte das Ufer gerammt.

Spätnachmittags am nächsten Tag lagen die wenigen palmgedeckten Häuser vor uns, die zu Rio Cabixi gehörten. Mein Herz war so voller Trauer, daß ich es kaum wahrnahm.

Die Gummiarbeiter luden uns zum Abendessen ein. Wir

wollten weiterfahren, aber sie wollten keine abschlägige Antwort akzeptieren.

Nach dem Essen saßen wir in einem der Häuser beisammen und unterhielten uns. Als wir ihnen sagten, was wir vorhatten, wollten sie uns zuerst davon abbringen. „So?" sagte einer von ihnen mit einem Achselzucken. „Ihr Freund ist tot. Sie können ihn nicht wieder lebendig machen. Sie werden auch getötet werden. Das ist alles, was Sie erreichen werden." Er gestikulierte mit seiner schmutzigen kupferfarbenen Hand, ein Markenzeichen derer, die über rauchendem, rohem Gummi arbeiten. Verschiedene andere brachen in lautes, wortreiches Portugiesisch aus.

Wir versuchten zu erklären, daß wir nicht ruhen konnten, bis Dave ein ordentliches christliches Begräbnis gehabt hätte und daß wir außerdem nach Paredon müßten, um seine persönlichen Besitztümer zu holen. Wir konnten jedoch sehen, daß das für sie keinen Sinn ergab. Sie dachten wahrscheinlich, wir wären verrückt.

„Haben Sie Pistolen?" fragte ein älterer Mann.

„Wir haben immer zwei oder drei zum Jagen dabei", sagte Jim.

Schweigen.

„Wenn sie angreifen, schießen Sie?" fragte ein anderer.

„Nein", sagte ich voller Überzeugung. „Würde ich nicht. Wir halten nichts vom Töten."

„In der Bibel steht 'Du sollst nicht töten'", sagte Jim.

„Aber sie haben Ihren Freund getötet", gab ein anderer zu bedenken. „Wollen Sie keine Rache dafür?" Er schlug aufgebracht seinen krempenlosen Hut übers Knie. (Hutkrempen bleiben in den Dschungeldornen hängen.)

„Als ich noch ein Junge war", sagte ich, „mußte nur jemand eine Bemerkung machen, und schon flogen meine Fäuste. Seit damals habe ich dazugelernt. Ich kann ehrlich sagen, daß ich keine Rachegelüste gegen diese Indianer im Herzen habe, auch wenn sie Dave getötet haben. Das hat nichts an meinem Wunsch geändert, ihnen das Evangelium zu bringen."

„Also", sagte ein großer Mann und beugte sich vor. „Sie meinen, die Indianer können Sie mit Pfeilen beschießen, und Sie stehen nur da und sind tot, Sie schießen nicht zurück?"

Sie tauschten vielsagende Blicke untereinander, als ob sie sagen wollten: „Diese Männer sind komplette Idioten, und wir verstehen sie nicht. Aber sie sind in Ordnung, sie sind auf unserer Seite, und so müssen wir tun, was wir können, um sie zu beschützen."

Der große Mann murmelte etwas auf portugiesisch und zog an seinen typisch halbhohen Stiefeln, über die sich die Hosenbeine bauschten. Die Gummiarbeiter standen auf und gingen hinaus. Nach ein paar Minuten waren sie mit ihren Pistolen zurück.

„Verstehen Sie mich recht", sagte Jim. „Wir freuen uns über Ihre Hilfsbereitschaft, aber wir möchten auch Sie nicht auf die Nhambiguaras schießen sehen."

Der große Mann entblößte in boshaftem Grinsen seine Zähne. „Keine Sorge - wir werden nicht schießen."

Wir glaubten nicht daran. Aber die Worte dieser arroganten Leute in Frage zu stellen konnte bedeuten, einen Streit vom Zaun zu brechen, und so ließen wir die Dinge laufen. Wir machten uns alle fertig, um unverzüglich zusammen aufzubrechen.

Die Gummiarbeiter holten eine flache Barke mit einem hölzernen Dach hervor und machten sie an der Seite unseres Kanus fest. Wir begannen unsere traurige Reise. Die Sonne war bereits im Westen untergegangen und hatte nur ein rotes Glühen am Himmel zurückgelassen. Um uns herum stieg Nebel auf. Wir legten uns auf die Planken und versuchten, es uns so gemütlich wie möglich zu machen. Die feuchte Kälte durchdrang alles. Mein Rücken schmerzte von dem Unfall immer noch und hielt mich wach. Ich lag da und lauschte dem Dröhnen des Außenbordmotors.

Als wir an der Sandbank vorbeikamen, auf die wir unsere ersten Geschenke gelegt hatten, war es fast Morgen, die Nacht wurde schon grau. Ein Stück weiter kamen wir zu dem Platz, an dem das erste richtige Treffen stattgefunden hatte. Jeder Ort am Flußufer barg bestimmte Erinnerungen. Zeitweise konnte ich das herzliche Lachen von Dave fast hören. Mein Herz tat weh.

Etwa eine Stunde nach Tagesanbruch landeten wir in Paredon. Über Nacht mußte es leicht geregnet haben, denn der Boden war weich. Wie trostlos wirkte die vertraute Szenerie: Wie oft waren wir hier bei der Landung von vertrauten Geräuschen empfangen worden, dem Hacken von Holz, jemand sang, ein Hund bellte, ein Kind lachte, die fröhlichen Laute der Zivilisation - der Brückenkopf unserer Gemeinschaft im düsteren, unfreundlichen Dschungel.

All das war jetzt vorbei.

Die Brasilianer mußten das auch empfunden haben, denn sie sprachen kein Wort und gingen leise. Aufbrechendes Sonnenlicht, das durch die Zweige schien, zeichnete seltsame Gebilde um uns her und gab dem ganzen Ort ein unwirkliches Aussehen. Traurig machte ich mich auf den Weg bergan zu unserem Lager, dann blieb ich stehen. Auf der Stufe vor mir lag ein frisch abgebrochenes Palmblatt. Mein Blick fiel auf einen frischen Fußabdruck - von einem nackten Fuß, nicht von einem Schuh. Daneben noch einer, dann ein anderer, viele andere.

„Sie waren hier!" rief der große Brasilianer.

„Das machen sie immer, nachdem sie jemanden getötet haben", sagte ein anderer. „Ich habe davon gehört. Sie kommen nachts, stehlen die Habseligkeiten des Toten und brennen sein Haus nieder."

„Wir müssen gerade rechtzeitig gekommen sein", sagte Jim. „Vielleicht haben sie den Schiffsmotor gehört und sind davongelaufen."

„Vielleicht verstecken sie sich jetzt im Unterholz", fügte der große Brasilianer hinzu.

Die Männer aus Rio Cabixi entsicherten ihre Pistolen und hielten sie im Anschlag. Vorsichtig behielten wir das Blattwerk auf beiden Seiten im Auge und kletterten weiter.

Noch schlimmer war die Stille, die über dem Blockhaus lastete, in dem wir, wie Edith sagte, einige der glücklichsten Tage unseres Lebens zugebracht hatten.

Meine Augen füllten sich mit Tränen, als ich herumging und die alltäglichen Besitztümer einsammelte, die eine so deutliche Sprache von Dave redeten: sein Rucksack mit dem gedrehten Band, den ich so gut kannte; seine zerlesene Bibel mit dem eingerissenen Einband; sein Tagebuch, geöffnet bei der Seite, auf der er seine letzte Eintragung gemacht hatte; seine Laterne, bei deren Licht er immer las. Als ich seine Jacke an einem Pflock hängen sah, fast als ob seine breiten Schultern drinsteckten, mußte ich mich abwenden.

Die Hühner gackerten kläglich im Garten. Ich ging hinaus, um nach ihnen zu sehen, und fand „Sacky", der auf der Lichtung am Boden lag. Er war so schwach, daß er nur noch mit mitleiderregenden Augen nach oben schauen konnte und seinen Schwanz zur Begrüßung ein wenig hob. Der andere Hund lag nicht weit entfernt und war in so schlechter Verfassung, daß ich ihn draußen im Wald erschießen mußte. Ich holte eine Dose Fleisch und einen Napf Wasser für Daves Hund. Er regte sich und stand mit zitternden Beinen auf. Die ganze Zeit über standen die

Gummiarbeiter in Alarmbereitschaft und achteten gespannt auf jede Bewegung in der Dschungelwand..

Wir nahmen Daves Sachen und alles, was Tom zurückgelassen hatte, und brachten es hinunter zum Kanu. Zurückzukommen, um die Sachen zu holen, wäre zu gefährlich gewesen. Dann fuhren wir hinüber ans andere Ufer. Wir brauchten nicht lange, um den Platz zu finden, den der Kapitän beschrieben hatte. Ich sah als erster die weißen und schwarzen Truthahnfedern ... dann die Schäfte von zwei Pfeilen ... dann alles, was von Dave übrig war - nicht weit vom Rand des Wassers entfernt, sah ich seinen Körper. Ich versuchte Kraft zu schöpfen aus dem Gedanken, daß dies nur die armselige Hütte war, in der die Seele unseres Bruders im Herrn gehaust hatte - die Seele, die jetzt in ewigem Frieden ruhte. Aber es war schwer, unsagbar schwer. Jim und ich holten Schaufeln aus dem Kanu und begannen auf der schattigen Lichtung so tief wir konnten zu graben.

Während wir den Sand schaufelten, stürzten sich die Mücken auf uns, angezogen von unserem Schweiß. Die Brasilianer schwärmten mit schußbereiten Pistolen aus, bereit, auf alles zu schießen, was sich bewegte. Jetzt waren sie wirklich nervös. Wir waren dankbar für ihren Schutz, der uns das Gefühl gab, ein wenig sicherer zu sein. Aber trotz allem waren wir auch beunruhigt. Es konnte ein Indianer auftauchen, den sie erschießen würden, nur um von den Indianern im Gegenzug mit Pfeilen erschossen zu werden. Unser Bemühen um unseren toten Kameraden würde dann nur der Auslöser einer weiteren Runde blutiger Auseinandersetzungen sein.

Jim und ich waren mit dem Graben fertig und betteten den armen Dave zur letzten Ruhe. Das Schlimmste war, die Pfeile herauszuziehen - die zwei in seinem Rücken, die ich gesehen hatte, zwei weitere in seiner Brust. Wir fertigten ein grobes Kreuz aus Ästen eines nahestehenden Baumes. Mit erstickter Stimme betete ich einige tief empfundene Worte. Sogar die rauhen Gummiarbeiter spürten den Ernst dieses Augenblicks. Sie nahmen ihre krempenlosen Hüte ab und standen mit gesenkten Köpfen da - obwohl ihre Augen auch dann noch wachsam blieben.

Als das Gebet beendet war, eilten wir zum Einbaum und starteten den Außenborder.

Bis zu diesem Augenblick war ich unfähig gewesen, an irgend etwas anderes zu denken als an die unmittelbar stattfindenden Ereignisse. Jetzt, als wir den friedvollen Fluß entlangknatterten und die Gefahr hinter uns ließen, stürmten plötzlich unheilvolle Gedanken und Gefühle auf mich ein wie ein drohender Sturm. War es falsch gewesen, Dave zurückzulassen? Würde sich diese entsetzliche Szene, die wir gerade durchlebt hatten, ereignet haben, wenn wir alle geblieben wären? Oder würden Jim und ich samt unseren Familien und auch Tom jetzt an Daves Seite liegen? Wie kann jemand im Moment einer Entscheidung wissen, ob es die richtige ist? Wie kann jemand den Willen des Herrn kennen? Ich würde eine Menge an Seelenschmerz und Traurigkeit vor mir haben, ehe wieder Frieden einkehren würde.

Ich kann die Ereignisse, die zu Daves Tod führten, nur rekonstruieren. Aber durch sein Tagebuch, mein Gespräch mit den Steuereintreibern und meine genaue Kenntnis seiner Lebens- und Denkweise kann ich das mit ziemlicher Sicherheit und Genauigkeit tun.

Ich werde mit einer Eintragung in seinem Tagebuch beginnen (Ich gebe dies aus dem Gedächtnis wieder.):

Heute ist der zweite Dezember, ein schöner Tag. Heute morgen arbeitete ich gerade im Haus, als ich jemanden auf portugiesisch vom Fluß heraufrufen hörte: „Ist da oben jemand?"

„Ja", rief ich zurück. „Kommen Sie ruhig herauf."

Drei Brasilianer kamen an. Alle drei bleich und zierlich. Sie sahen eher wie Büroleute aus als wie allzeit bereite Flußleute. Einer von ihnen sagte: „Wir sind aus Matto Grosso. Wir sind Steuereintreiber. Wir fahren den Fluß hinunter und versuchen von den Gummiarbeitern die Steuern einzuziehen."

Ich lachte.

„Ich nehme an, sie rollen in den Gummiarbeitersiedlungen nicht gerade den roten Teppich für euch aus."

Sie mußten auch lachen.

„Nein", sagte einer von ihnen. „Wir kündigen nicht an, daß wir kommen. Sonst würden sie so viel wie möglich von ihrem Gummi vor uns verstecken."

Ich kochte ihnen eine Tasse Kaffee. Ich bin froh, daß ich mittlerweile weiß, wie sie ihn gern trinken - schön stark und schwarz.

Wir saßen und tranken unseren Kaffee. Es war schön, zur Abwechslung mal wieder Gesellschaft zu haben. Dann hörte ich einen langgezogenen Pfiff vom anderen Flußufer. Ich stellte meine Tasse ab, ging nach draußen und pfiff zurück. Ich erhielt einen Antwortpfiff. Die Steuereintreiber waren gespannt wie die Flitzebogen. Sie wollten genau wissen, was vorging.

„Indianer", sagte ich. „Das ist ihr Signal. Sie möchten, daß ich ans andere Ufer komme und sie treffe."

Den Brasilianern fielen fast die Augen aus dem Kopf. Sie fuhren seit Jahren den Rio Guaporé hinauf und hinunter und hatten noch nie einen Indianer zu Gesicht bekommen. Sie baten mich, sie mitzunehmen. Ich redete ihnen ernst ins Gewissen, und sie versprachen, sich zu benehmen. Sie schienen mir ruhige und gesittete Männer zu sein, ich dachte, es würde gutgehen und ließ sie ins Kanu steigen.

Sieben Nhambiguaras standen auf der Sandbank und erwarteten uns. Fünf von ihnen kannte ich schon von früheren Treffen. Aber zwei Gesichter waren mir neu. Sie verhielten sich ziemlich mißtrauisch, aber ich dachte mir nichts dabei. Die Neuen benehmen sich oft so. Die Steuereintreiber waren ganz aufgeregt. Jetzt hatten sie was zu erzählen, wenn sie wieder nach Matto Grosso zurückkamen. Bald sagte einer der Brasilianer zu mir: „Der kräftige da drüben - ist das der Häuptling?"

Ich sagte ihm, daß ich das nicht wüßte, weil wir den Häuptling nie gesehen hätten. Dann paßte ich aber ein wenig mehr auf. Dieser eine gab wirklich Befehle, als ob er der Häuptling wäre. Das war eine große Sache - vielleicht zum ersten Mal sah ich wirklich die Nummer eins. Ich versuchte die anderen durch Zeichen zu fragen, ob er der Anführer wäre. Wenn sie verstanden, was ich wissen wollte, dann gingen sie nicht darauf ein.

Aber dieser Häuptling - wenn er denn einer war - wurde nicht freundlicher. Ich dachte, es wäre besser, wieder aufzubrechen, und das taten wir dann.

Kurz nach Erreichen des Lagers brachen die Brasilianer wieder auf. Sie sagten, sie würden in ein oder zwei Tagen wieder vorbeikommen. Nachmittags hörte ich wieder einen Pfiff. Diesmal wollte einer der beiden Neuen - nicht der Häuptling, der andere - seinen Pfeil und Bogen gegen eine Machete tauschen. Ich ruderte hinüber zum Lager und holte eine.

Ich bin wirklich froh, daß alles so gut läuft. Ich hoffe, die Ostewigs und die Porterfields kommen bald zurück. Wir haben nur noch ungefähr einen Monat zum Arbeiten, bevor die Regenzeit anfängt. Dann werden die Niederungen auf der brasilianischen Seite überflutet sein, und es wird schwer sein, sich zu treffen.

Ein weiterer Eintrag:

Vierter Dezember. Heute war ein wunderschöner Tag. Der Morgen schön kühl. Die Vögel sangen, und der alte

Specht versuchte, an einem Baum sein Hirn herauszuhämmern. Ich genoß es, meine Bibel zu lesen und mit dem Herrn zu sprechen. Er scheint so nahe.
Was für ein Leben! Es ist so friedlich und unkompliziert hier, fern ab von der Zivilisation. Kein Lärm, kein Gestank, kein Pfeifen, keine Glocken oder Wecker erinnern einen ständig daran, wie schnell die Zeit verfliegt. Keine Hetze, keine harten Worte. Keine Rechnungen, keine Miete zu zahlen. Keine Katastrophenmeldungen aus der übrigen Welt.
Neun Indianer waren heute dort. Ich machte gute Fortschritte. Konnte eine Menge neue Worte aufschnappen. Die zwei Neuen waren wieder dabei, einschließlich dem, der mit Autorität spricht. Ist er wirklich der Häuptling? Ich würde alles geben, um das zu wissen. Ich stellte in Zeichensprache Fragen. Aber ich bekam keine Antwort, die ich verstehen konnte. Außerdem waren noch zwei weitere Neue dabei. Die Neuen, der mögliche Häuptling eingeschlossen, blieben immer etwas abseits. Sie nahmen nicht am Treffen teil. Ich dachte, sie fragten vielleicht: Wo sind die Brasilianer? Aber ich konnte nicht sicher sein. Alles in allem war die Atmosphäre aber freundlich und entspannt. Wir werden sehen, was morgen passiert ...

Dies war der letzte Eintrag in Daves Tagebuch. Alles, was danach geschah, kann ich nur teilweise vermuten, weil es keine Zeugen gab, bis die Steuereintreiber auftauchten, die seine Leiche entdeckten. Im Blockhaus bei Paredon fanden wir eine halboffene Dose Frühstücksfleisch und eine Pfanne mit Reis auf dem Holzherd. Dave mußte wohl gerade dabei gewesen sein, sein Mittagessen vorzubereiten und zu essen, als er das Signal von der anderen Uferseite hörte.

Dort mußte er in einen Hinterhalt geraten sein. Ein Pfeil war schöner verziert als der andere, mehr Schnitzereien, mehr Federn; es könnten Pfeile des Häuptlings gewesen sein. Diese und noch ein anderer hatten ihn in die Brust getroffen. Zwei weitere Pfeile hatten in seinem Rücken gesteckt. Dave mußte also aus dem Hinterhalt heraus angegriffen worden sein, als er die schattige Lichtung überquerte. Dann, als er sich umdrehte, um zum Kanu zurückzurennen, wurde er wieder getroffen.

Warum? Dachte der Häuptling, daß er zu den Einwohnern gehörte oder daß er mit ihnen zusammenarbeitete? War der Häuptling verpflichtet, Rache an ihnen zu üben, weil man (wie er dachte) versucht hatte, ihre Frauen zu entführen? Oder war dieses Schicksal letztendlich für uns alle geplant?

War ihre Freundschaft nur gespielt gewesen, um so viele Geschenke wie möglich von uns zu ergattern, ehe sie uns umbrachten? Diese Fragen - Fragen, auf die es keine Antwort gab - quälten mich wochenlang.

Als die Nachricht von Daves Tod die Vereinigten Staaten erreichte, waren die Reaktionen wie erwartet unterschiedlich. Einige sahen sich in ihrer Meinung über tollkühne Missionare bestätigt, die blauäugig vermeidbare Risiken auf sich nahmen. Viele andere jedoch wurden in ihrem angenehmen Leben aufgerüttelt, weil sie so wenig Beachtung für diejenigen übrig hatten, die den verlorenen Seelen an vorderster Front das Evangelium brachten. Mit der Zeit wurde es der Welt deutlich, daß Dave durch seinen Tod einen ewigen Platz in der Reihe der christlichen Märtyrer gewonnen hatte. Einige waren so aufgewühlt, daß sie sich entschlossen, die Arbeit des gefallenen Kämpfers weiterzuführen.

Für mich begann nun die dunkelste Zeit meines Lebens, in der ich bis in die tiefsten Tiefen meines Daseins erschüttert wurde. Der ganze Sinn meines Lebens - selbst mein Glaube - schien sich in nichts aufzulösen.

Ich fürchtete mich vor der Dunkelheit, weil meine Nächte mit Horrorphantasien ausgefüllt waren. Ich hatte Alpträume - nicht nur hin und wieder, sondern einen nach dem anderen - jedesmal, wenn ich nur die Augen schloß. Alpträume, die realistischer erschienen als die Wirklichkeit selbst, von denen ich schreiend und weinend erwachte; Alpträume, in denen ich wie angenagelt stand, wie gelähmt, den Schmerz der Pfeile in meiner Brust körperlich empfindend, hielten mich gefangen.

Die Tage waren nicht besser. Edith, die Kinder und ich waren allein. Eine Woche, nachdem wir von Daves Tod erfahren hatten, waren Jim und Helen nach Cochabamba gereist, um Spanischunterricht zu erteilen. Jeden wachen Moment durchlief ich eine Hölle von Zweifeln und Selbstvorwürfen. Ich nehme an, Ärzte hätten einen Nervenzusammenbruch diagnostiziert, aber hier gab es meilenweit keinen Arzt.

Was alles noch viel schlimmer machte, war die Tatsache, daß meine Seelenqual mich innerhalb meiner Familie völlig isolierte. Sie sahen mich mit traurigen, sorgenerfüllten Augen an und versuchten den Sturm, der mich innerlich zerriß, zu verstehen. Edith tat ihr bestes, um meinen Appetit anzuregen, und kochte außerordentlich gut schmeckende Gerichte. Aber ich konnte nichts essen. Ich begann ausgezehrt und hager auszusehen. Ich gab es auf, Kaffee zu trinken, solange sich noch jemand anderes im Haus befand, weil meine Hand so stark zitterte, wenn ich die Tasse zum Mund hob, daß ich Angst hatte, die Leute würden reden oder anfangen, mir Fragen zu stellen. Mein Rücken schmerzte wieder von der alten Verletzung, und ich konnte nicht arbeiten. Brian und sogar Connie holten Wasser vom Fluß in ihren Zinneimern und Holz aus dem Wald mit Brians Schubkarre. Äußerlich hätte das Leben jetzt wunderschön sein können. Ich hatte jetzt Zeit, Brian mit zum Fischen zu nehmen. Aber wenn er einen Zwanzig-Pfund-Fisch fing, konnte ich seinen Jubel nicht teilen. Das war etwas, das weit weg von mir passierte, außerhalb von mir. Ich wurde von meinen eigenen aufgewühlten Gefühlen aufgefressen.

Ein Vorfall stellte mir schlagartig vor Augen, in welch einen Strudel der Nutzlosigkeit ich gefallen war. In der Nacht zuvor hatte ein Jaguar unseren Hühnerstall verwüstet und ein Tier mitgenommen. Brian warf einen Blick ins Gesicht seiner Mutter, als sie davon erzählte, und sagte zuversichtlich: „Keine Sorge, Mama. Ich beschütze dich."

Das riß mich kurzzeitig aus meiner Lethargie, aber die innere Unruhe gewann bald wieder die Oberhand. Ich wußte, daß ich mich nicht normal verhielt. Manchmal fuhr ich meine Familienmitglieder scharf an, wenn sie etwas fragten. Gleich darauf bat ich inständig um Vergebung, um mein Gewissen zu beruhigen.

Weit hinter der Grenze von Cafetal verlief ein Viehpfad durch den Dschungel. Dort konnte ich Frieden finden und Einsamkeit - abgesehen von den Moskitos. Ich ging dorthin und lief den Pfad auf und ab, Tag für Tag, in meiner Seele nach Antworten suchend.

Irgend jemand hatte mich einmal davor gewarnt, eine Entscheidung zu treffen, wenn ich krank oder seelisch aufgewühlt wäre. Mein Verstand hielt mir die Weisheit dieser Warnung vor Augen. Aber ich konnte ihr trotzdem nicht folgen. Tief in jedem Mann stecken seine Überzeugungen, die Leitplanken seines Charakters und seiner Überzeugung, die ihm durch Belastungszeiten hindurchhelfen. Nach diesen grub ich in mir und fand sie schwach und zitternd, bereit, hinweggefegt zu werden, um mich wehrlos für den Rest meines Lebens zurückzulassen.

Niemand außer mir wird jemals wissen, wie nahe ich daran war aufzugeben. Es schien so leicht. Die Mächte der Finsternis rückten näher. Eine kleine, nörgelnde Stimme hörte nicht auf, mir zuzuflüstern: „Irgendwo in den Staaten gibt es eine kleine Landkirche, die einen Pfarrer braucht. Dort fändest du keine Kämpfe, keine Entbehrungen, keine Rückschläge, keine Enttäuschungen."

„Aber", protestierte mein Verstand, „jetzt zurückzuweichen wäre Feigheit."

„Wer würde je davon erfahren?" wisperte die andere Stimme betörend. „Du kannst sagen, daß du wegen deiner schlechten Gesundheit zurückkehrst. Das ist wahr genug, oder?"

Ja, das war wahr. Aber ich wußte ebenso, daß ich auch in Cafetal schnell wieder zu Kräften kommen würde, wenn ich diesen geistlichen Kampf gewann. Wieder kam die Stimme und spielte alle Karten aus: „Und was hast du vorzuweisen, das all diese Alpträume rechtfertigt, die du jetzt hast? Für all die Arbeit, die Leiden - sogar den Tod -, all das, wovon du sagst, es sei das Los eines Missionspioniers? Wenn du weitermachst und es wieder versuchst, was wird dann geschehen? Nochmal dasselbe: keine Stämme erreicht, keine Seelen gerettet - Tod als einziges Ende? Und wer stirbt als nächster? Wieder einer deiner Kameraden? Vielleicht du selbst? Welchen Sinn hat das alles? Und wie willst du wissen, ob deine Entscheidungen alle richtig waren?"

Das berührte den wundesten Punkt. Hatte ich einen Fehler gemacht mit meiner Entscheidung, die Einheimischen mit uns gehen zu lassen zum Treffen mit den Nhambiguaras? War es falsch gewesen, nach Cafetal zurückzukehren und Dave dort allein und in den Tod gehen zu lassen?

Zum tausendsten Mal ließ ich vor mir die Kette an Ereignissen ablaufen, die zu der Tragödie geführt hatten. Ich erinnerte mich an den Abend, an dem wir den Entschluß gefaßt hatten, Dave dableiben zu lassen. Ich erinnerte mich, wie wir um Weisung gebetet hatten. Ich erinnerte mich an den Frieden, der hinterher einzog. Das war der Frieden, den ich jetzt vergeblich suchte.

Hatte ich einen Fehler gemacht? War ein Fehler möglich, im Licht von Gottes allumfassenden Plänen? Auf der anderen Seite führte der ständige Hinweis auf die Führung durch den Herrn als Entschuldigung für eigenes Handeln möglicherweise zu verantwortungs- und sorglosem Leben. Ich wußte, daß Gottes Gnade nicht die Freiheit zu sündigen einschließt. Ich hatte einen Fehler gemacht, und dem wollte ich mich stellen, damit ich ihn nicht noch einmal machen würde.

Meine Gedanken drehten sich um und um ... ich konnte mich nicht aufs Bibellesen konzentrieren. Ich war zu aufgeregt zu beten.

Auf unserem Weg durchs Leben denken wir sehr selten daran, wie einfache Worte der Wahrheit, die wir irgendwann einmal gehört oder gelesen haben, plötzlich wieder auftauchen können, ganz genau dann, wenn sie gebraucht werden. Auf einer meiner einsamen Wanderungen auf dem Ochsenpfad im Dschungel kam eine solche Wahrheit zu mir. Sie war schon so lange in meinem Herzen, daß ich nicht mehr sagen konnte, wo ich sie gehört oder gelesen hatte. In der dunkelsten Stunde meiner Verzweiflung, als ich spürte, daß ich kurz davor war, den Verstand zu verlieren, war sie plötzlich da.

Eine einfache Geschichte: Ein Polizist, der auf einer Kreuzung steht und den Verkehr regelt, ist genau betrachtet ein Mann wie jeder andere. Warum also gehorcht jeder Autofahrer, jeder Motorradfahrer, jeder Radfahrer, jeder Fußgänger seiner Pfeife und seinem Handzeichen? Weil der Polizist der Repräsentant einer Autorität ist, der Autorität des Staates, der Gesellschaft, der jeder Bürger sich unterordnen muß. Ebenso ist jeder Christ ein Repräsentant der Autorität Gottes. Jedem von uns steht die Allmacht Gottes offen. Wir müssen uns dessen nur bewußt sein und dies gegen die Angriffe aus der Finsternis nutzen. Wie die Schrift es rät, widerstand ich Satan im Namen Jesu Christi.

Ich fühlte mich sofort gestärkt. Ich rief den Herrn an, die dunklen Gedanken, die Erinnerungen, die mich verfolgten, wegzunehmen. Ich kehrte mit einem Lächeln auf dem Gesicht zu meiner Familie zurück. In dieser Nacht schlief ich zum ersten Mal seit Wochen durch. Die quälenden Gedanken, Erwägungen und Selbstvorwürfe begannen ihre Überzeugungskraft zu verlieren. Dann kamen sie nicht mehr.

Jetzt, da ich die Bibel wieder zielgerichtet lesen konnte, fand ich Trost in den Worten aus 1. Korinther 10,13: „Keine Versuchung hat euch ergriffen als nur eine menschliche; Gott aber ist treu, der nicht zulassen wird, daß ihr über euer Vermögen versucht werdet, sondern mit der Versuchung auch den Ausgang schaffen wird, so daß ihr sie ertragen könnt."

Ich verbannte jeden Gedanken an Aufgeben oder an Rückkehr in die Staaten aus meinem Herzen. Am Ende konnte ich wieder Pläne für die Zukunft schmieden.

Aber was sollte ich tun, da weiterer Kontakt zu den Nhambiguaras völlig außer Frage stand, wenigstens für die nächste Zukunft, und ich immer noch Zweifel an meiner eigenen Urteilsfähigkeit hegte?

Auch das sollte mir bald gezeigt werden. Durch das Einbringen dieser schweren und schmerzvollen Erfahrung in meine Arbeit mit anderen würde ich feststellen, daß Daves Tod nicht umsonst gewesen war. Das ist sicherlich eine der wesentlichen Tatsachen innerhalb der christlichen Lehre.

Zu diesem Zeitpunkt hatte ich allerdings noch nicht die geringste Ahnung, wo und wann diese Gelegenheit kommen würde. Aber sie würde kommen, das wußte ich.

Wieder einmal war mein Herz zur Ruhe gekommen.

Kapitel 11

Der Sumpf packt zu

Zwei Monate waren seit Daves Tod vergangen. Nachdem ich von meiner finsteren Seelenqual genesen war, erkannte ich, daß das Leben weitergehen mußte. Die Probleme, die jetzt und für die Zukunft anstanden, rissen mich aus meiner Untätigkeit. Es war Zeit, wieder flußabwärts nach Guajara Mirim zu fahren und dann weiter nach Cochabamba, um Brian zur Schule zu bringen. Während unseres Aufenthaltes dort würden Edith und ich an einer Tagung der Missionare teilnehmen. Die Reise würde uns die Chance geben, ein neues Aufgabengebiet zu finden.

Alles war fertig gepackt. Edith, Brian, Connie und ich warteten aufgeregt auf die Ankunft des Postbootes. Man konnte nie genau vorhersagen, wann es eintreffen würde - oder wie das Wetter sein würde. Wir waren froh, als es an einem klaren Nachmittag eintraf.

Um ungefähr fünf Uhr legten wir ab. Schwere, dunkle Wolken begannen den Himmel zu überziehen. Die Nacht brach schnell herein - eine tintenschwarze Nacht. Als ich die Reißverschlüsse von Brians und Connies Moskitonetzen hochzog, hoffte ich, daß ich sie nicht in eine Falle verpackte, falls das Boot sank. Edith und ich lagen wach in unseren Hängematten. Ganz sicher, so sagte ich mir, würde ein solcher Unfall nicht wieder passieren. Trotzdem erregte jedes Geräusch, jedes Quietschen meine vermehrte Aufmerksamkeit. Ich hoffte auf eine einfache Reise, da Edith im dritten Monat schwanger war und noch mit Anfangsschwierigkeiten kämpfte. Wenigstens war der Wasserspiegel hoch, was die Gefahr, auf unterirdische Felsbrocken oder Sandbänke aufzulaufen, verminderte. Eine schlaflose Stunde folgte der nächsten, bis wir schließlich eindämmerten.

Ein Ruck weckte mich.

„Auf ein neues!" sagte ich halblaut zu mir selbst. Ich sprang aus meiner Hängematte und rannte, um die Kinder aus ihren Matten zu holen. Ich warf einen schnellen Blick zum Heck und sah im fahlen Laternenlicht, daß das Dollbord immer noch ein paar Zentimenter oberhalb der Wasserlinie war. Ich ließ die Kinder für den Augenblick weiterschlafen. Der plötzliche Ruck hatte auch Edith aufgeweckt, und sie kämpfte sich aus ihrer Hängematte.

Wasser drang durch die Bohlen am Boden des Schiffes, und ein Matrose arbeitete fieberhaft daran, die Spalte mit Lumpen zu verstopfen.

„Was ist passiert?" fragte ich.

„Irgendwelches tiefliegende Grasland erwischt", brummelte er über die Schulter, während er weiterarbeitete. „Hat den Bug aus dem Wasser gehoben. Alles in Ordnung - solange das Heck nicht untergeht."

Jetzt gesellten sich noch andere zu ihm. Sie schöpften entweder Wasser oder stopften die Ritzen zu. Ich ging auf die Seite und hielt Ausschau. Vier Männer, brusttief im Wasser, schoben mit den Händen, während drei andere vom Boot selbst aus mit Stangen unterstützten. Das Boot schaukelte ein wenig; dann ein schabendes Geräusch; das Heck hob sich. Wir waren frei! Unter ihren Moskitonetzen schliefen Brian und Connie immer noch friedlich wie in einer leise schaukelnden Wiege. Aber Edith und ich waren wacher als je zuvor und sehnten die Morgendämmerung herbei.

Im Morgenlicht konnten wir die Besatzung immer noch beim Zustopfen neuer Lecks beobachten. Zweifellos würden sie den Rest der Fahrt damit beschäftigt sein. Das war beunruhigend, denn immerhin hatten wir noch annähernd achthundert Kilometer vor uns. Mit unserer gegenwärtigen Geschwindigkeit von etwa acht Kilometern in der Stunde würden wir noch ungefähr fünf Tage und fünf Nächte unterwegs sein. Am meisten Kopfzerbrechen bereitete mir die Möglichkeit, daß nachts ein größeres Leck entstehen würde, das so viel Wasser ins Boot lassen konnte, daß das Boot sank, ehe es entdeckt wurde. Wir verzichteten auf die Moskitonetze.

Tag folgte auf Nacht ohne größere Krisen. Müdigkeit kroch in uns hoch. Es war sehr schwierig zu schlafen; ohne Schutz gegen die Moskitos wurden wir Nacht für Nacht angefallen, die Hängematten zitterten im Takt des schlagenden Motors; und wir standen in Erwartung eines neuen Unfalles immer auf dem Sprung.

Aber alles ging gut. Nur noch eine Nacht und ein Tag lagen vor uns, ehe wir Guajara Mirim erreichen würden. Edith und ich entspannten uns. Während des frühen Nachmittags vertrieb ich mir mit Brian die Zeit und spielte „Rate mal, was ich denke" mit ihm. Als er keine Lust mehr hatte, übernahm ihn seine Mutter, und ich ging hinüber zu einigen anderen Passagieren, die an der Reling standen. Sie waren alle sehr schweigsam und betrachteten den Himmel, an dem sich dicke Wolken am Horizont zusammenballten. Schließlich, als die Wolkenwand sich nach Westen ausdehnte, war unsere Welt in Dunkelheit getaucht.

„Das sieht mir nach einem ordentlichen Wolkenbruch aus", sagte ein Mann neben mir. Die leichte Brise, merklich aufgefrischt, begann schon, die Wellen aufzupeitschen. Ich half der Besatzung, auf der Windseite das Segeltuch anzunageln, um zu verhindern, daß die Wellen das Boot überspülten. Der Motor lärmte weiter; das Boot hielt sich dicht am Ufer.

Die Atmosphäre war aufs äußerste angespannt. Alle warteten auf den ersten Blitz, der die Spannung lösen würde. Die Wolken wuchsen; der Sturm zog sich um uns zusammen. Wetterleuchten erhellte den Himmel über den immer tiefer sinkenden Wolken. Der Wind peitschte die Wellen höher und höher.

Unbehaglich sah ich hinüber zum Kapitän. Er stand mit einigen Händlern an der Reling. Die Mannschaft war fieberhaft damit beschäftigt, die neuen Lecks zu verstopfen, die überall aufbrachen. Wellen schlugen über die Reling, und zwei Passagiere halfen der Mannschaft beim Wasserschöpfen.

Der Kapitän rief dem Lotsen auf portugiesisch etwas zu. Das Boot veränderte seinen Kurs. Ich sah zum Ufer hinüber. Zu meinem Erstaunen stellte ich fest, daß wir uns um etwa hundert Meter davon entfernt hatten. Der Kapitän ging dicht an mir vorbei, und ich roch eine Alkoholfahne. Jetzt konnte ich erkennen, daß wir auf die Flußmitte zusteuerten (an diesem Punkt war der Fluß etwa eineinhalb Kilometer breit), wo die Wassermassen extrem aufgewühlt waren. Der Kapitän, der offensichtlich betrunken war, hatte zum denkbar ungünstigsten Zeitpunkt den Befehl gegeben, den Fluß zu überqueren. Der Regen peitschte jetzt vom Himmel; der Sturm war genau über uns. Ich sah mich erneut nach dem Kapitän um. Er stolperte ziellos über Deck und rief jedem, der in Sichtweite kam, unverständliche Befehle zu.

Ich machte mir Sorgen um Edith. Sie saß ruhig da, zusammen mit Brian, Connie und mir in eine Leinwand eingewickelt. Die Kinder, die die Gefahr spürten, wollten im Arm gehalten werden. Plötzlich erschütterte ein unglaublicher Schlag das Boot - dann noch einer. Ein dritter brachte uns fast zum Kentern. Andere weibliche Passagiere schrien vor Angst. Das Postboot und das Beiboot mit dem Motor hatten ihre Verankerung gelöst, so daß sie im rauhen Wasser wie zwei Kämpfende aneinanderschlugen. Ich klammerte mich an einen Pfahl und versuchte auszumachen, wie weit wir schon gekommen waren, aber im dichten Regen konnte ich weder das eine noch das andere Ufer sehen. Die wild schöpfende Mannschaft konnte sich gegen die überschwappenden Brecher kaum aufrecht halten. Ich dachte, wir würden mit Sicherheit sinken.

Ich hörte Geschrei und sah einen Passagier aufgebracht mit dem Kapitän argumentieren und laut protestieren, bei solchen Wellen den Fluß zu überqueren. Der Kapitän ruderte mit den Armen wie ein Verrückter. Es sah aus, als ob jeden Moment ein Kampf ausbrechen konnte. Ich schob mich in die Richtung der beiden. Aber zwei andere Passagiere erreichten die Streithähne vor mir und trennten sie.

Alles was wir jetzt tun konnten, war Wasser schöpfen - und wie wir schöpften! Zwei Matrosen rannten an mir vorbei und rissen Tücher in Streifen. Offensichtlich war wieder ein neues, diesmal größeres Leck aufgebrochen.

Ich hörte einen Schrei. Im Nebel tauchte die entfernte Uferlinie auf. Das Schlagen der Boote hörte auf, als der Steuermann den Bug in die Wellen steuerte. Wind und Regen ließen etwas nach.

In weiteren zehn Minuten erreichten wir das Ufer. Der Kapitän, durch die Geschehnisse plötzlich stocknüchtern geworden, gab den Befehl, hier festzumachen, bis der Sturm sich gelegt hatte. Die Passagiere, die alle sehr aufgewühlt waren, beruhigten sich langsam. Wenige Worte wurden gesprochen; alle waren froh, noch am Leben zu sein. Ungefähr eine Stunde später, als der Sturm sich gelegt hatte, konnten wir unsere Reise fortsetzen.

Am nächsten Tag legten wir in Guajara Mirim an. Als wir den Pfad zum Haus der Sharps entlangstapften, hörten wir das asthmatische Pfeifen der holzbetriebenen Lokomotive. Das war Musik in unseren Ohren. Als wir am Bahnhof vorbeikamen, sahen wir die Leute in die Wagen einsteigen, um die zwei Tage dauernde Reise über etwa dreihundert Kilometer nach Porto Velho aufzunehmen. Wie sehnlich wünschten wir uns in diesem Augenblick, es gäbe eine Eisenbahnlinie nach Cafetal!

An diesem Abend saßen wir in der kühlen Luft auf der Terrasse des Sharp-Hauses. Seit wir das letzte Mal hiergewesen waren, schien eine Ewigkeit vergangen zu sein - dieser denkwürdige Abend, ehe wir nach Cafetal aufbrachen. Soviel war seither geschehen. Mein ganzes Leben war umgekrempelt worden. Ich war auf die Probe gestellt worden, wie nie zuvor in meinem Leben.

Eine neue Missionarsfamilie wohnte bei Lyle und Lila Sharp: Wilbur und Dorothy Abbey, ihre zwei schulpflichtigen Töchter und ein dreijähriger, kleiner Junge. Die Abbeys waren gerade aus einer kleinen kalifornischen Stadt, in der Wilbur Postbote gewesen war, hier eingetroffen. Wilbur erinnerte mich an mich selbst, wie ich empfunden hatte, als Edith und ich zum ersten Mal nach Guajara Mirim kamen. Erfüllt von seiner Berufung und seinem missionarischem Eifer, konnte er es kaum erwarten, irgendeinen Stamm zu erreichen.

Wir unterhielten uns eine Zeitlang über die Missionsarbeit und die Geschehnisse zu Hause in den Staaten. Als es später wurde und alle anderen zu Bett gingen, blieben Lyle und ich noch zurück zu einem Gespräch unter vier Augen.

Zum ersten Mal konnte ich mir die ganze Geschichte um Dave von der Seele reden. Welch eine Erleichterung, welch ein Trost war es, Lyle alles zu erzählen. Er wußte, was mit Dave geschehen war. Aber jetzt konnte ich ihm von meinen inneren Kämpfen berichten, etwas, das mir per Brief unmöglich gewesen wäre. Ich berichtete auch, daß ich mich zum zweiten Mal für ein Leben als Missionar entschieden hatte und daß ich auf der Suche nach einem Weg sei, anderen Stämmen zu dienen.

Lyle hörte aufmerksam zu. Seine tiefliegenden Augen zeigten sein Mitgefühl. Ab und zu stellte er eine Frage. Sonst ließ er mich sprechen. Er schien völlig zu verstehen, was ich durchgemacht hatte.

Nachdem etwa eine Stunde um war und ich langsam müde wurde, sagte Lyle leise: „Kann sein, daß ich genau die Gelegenheit habe, auf die du wartest. Wie würde es dir gefallen, uns zu helfen, die Macurapis zu erreichen?"

„Die Macurapis? Wer sind sie?" Der Name war mir völlig fremd.

Lyle lächelte. „Das wundert mich nicht, daß du sie nicht kennst", sagte er. „Wir hätten auch nie von ihnen gehört, wenn ich nicht zufällig in einem Laden in Guajara Mirim einige Kaufleute getroffen hätte, die Geschäfte mit ihnen machen."

„Wo leben sie?" fragte ich.

„Nun, du weißt ja, wo der Rio Mequenes in den Rio Guapore mündet, etwa 65 Kilometer vor Cafetal."

„Ja", antwortete ich. „Das Postboot hat dort angehalten, als ich mitgefahren bin."

„Also, ungefähr hundert Kilometer weiter östlich leben die Macurapis. Hundert Kilometer Luftlinie wohlgemerkt."

„Mit anderen Worten heißt das hundertsechzig oder sogar zweihundertvierzig Kilometer mit dem Boot oder mit der Eisenbahn. Richtig?"

„Das dürfte ungefähr hinkommen."

„Hört sich gar nicht so weit an", sagte ich.

„Ja, aber hier ist der Haken", fuhr Lyle fort. „Das Gebiet, das dazwischen liegt, ist ausgedehnter, unwegsamer Sumpf. Ich habe gehört, daß sich dieser Sumpf auf der brasilianischen Seite etwa fünfhundert bis sechshundertfünfzig Kilometer am Rio Guapore entlang erstreckt und ungefähr fünfzig Kilometer breit ist. Ich verstehe, daß die Gummiarbeiter hin und wieder durchmüssen - aber niemand sonst." Jetzt war die Reihe an Lyle, sich zu erleichtern. „Ich lebe hier schon zu lange auf dieser Station", sagte er, „vergleichsweise komfortabel, nur mit der Unterstützung anderer Missionare wie dir beschäftigt. Ich fühle, daß die Reihe nun an mir ist, zu einem Stamm hinzugehen. Und jetzt, da die Abbeys gekommen sind, um uns zu unterstützen, und eine andere Missionarsfamilie unsere Arbeit hier übernehmen wird, ist das meine Chance."

Im ersten Moment hatte ich Zweifel. Meinte Lyle wirklich, daß ich unbedingt gebraucht wurde? Oder machte er diesen Vorschlag nur, um mich wieder aufzubauen?

„Aber braucht ihr mich denn wirklich?" fragte ich.

Er lachte. „Sieh mal, Bruce. Seien wir doch ehrlich. Wilbur und ich sind doch beide absolute Neulinge. Wir sind beide in guter körperlicher Verfassung, aber keiner von uns beiden war jemals zuvor in der Wildnis. Was wir vor allem brauchen, ist jemand wie dich, der schon Erfahrung hat im Dschungelleben und mit den Indianern."

Der Ernst, mit dem er sprach, überzeugte mich. Ich brachte das Gespräch auf die Macurapis zurück.

„Was weißt du über diesen Stamm?"

„Nicht viel."

„Sind es Wilde?"

„Ich nehme an, ja - und nein. Sie laufen nackt herum. Sie erlegen das Wild mit Pfeil und Bogen. Aber sie scheinen mit den benachbarten Gummiarbeitern ganz gut auszukommen. Manche Macurapis arbeiten sogar für sie. Ehrlich gesagt, wir erwarten nicht allzu viele Schwierigkeiten mit ihnen. Um genau zu sein: Wir planen, ein ständiges Lager auf der anderen Seite des Sumpfes zu errichten. Von dort aus können wir dann versuchen, Kontakte zu knüpfen. Wir möchten unsere Familien mitnehmen."

Das gab mir zu denken. Ich konnte mir nicht helfen; ich mußte an die Nhambiguaras denken, wie wir ihnen einst vertraut hatten und was als Ergebnis geschehen war.

„Nun mal langsam, Lyle", sagte ich. „Erst solltest du einmal herausfinden, worauf du dich da einläßt."

Lyle schwieg. Er streckte seine Beine aus und vergrub die Hände in seinen Taschen. „Alle Kontakte bergen ein Risiko", sagte er und sah aus dem Fenster hinaus in die Nacht. „Das wissen wir. Der Herr wird uns seinen Schutz geben. Das wissen wir auch. Natürlich würde es trotzdem falsch sein, unsere Familien unnötigen Gefahren auszusetzen." Er sah mich an. „Deshalb brauchen wir deinen Rat und deine Erfahrung ebenso wie deine Hilfe."

„Okay, ich bin dabei", sagte ich, wohl wissend, daß Edith einverstanden sein würde.

Eine große Last war von meinem Herzen genommen.

Während Ediths Schwangerschaft wollte ich nirgendwohin gehen, wo ich völlig von der Außenwelt abgeschnitten sein würde. Aus diesem Grunde würde es noch einige Zeit dauern, ehe die Expedition starten konnte. Aber es gab im Vorfeld eine Menge Dinge zu erledigen; und jetzt, da ich wieder ein Ziel in meinem Leben hatte, machte mir das Warten nichts aus.

Es war abgemacht, daß ich die Sharp-Kinder und Brian nach Cochabamba bringen sollte, wo im Februar die Schule wieder begann. Die Abbeys hatten ihre beiden Mädchen schon nach Brasilien in die Schule geschickt. Sie wollten ihren dreijährigen Sohn mitnehmen. In der Zwischenzeit würden die Sharps und die Abbeys damit beginnen, Vorräte und Haushaltsgegenstände einzukaufen. Dann würden sie flußaufwärts reisen und ein Basislager an der Mündung des Rio Mequenes errichten.

Eines Abends, fünf Monate nach unserer Ankunft in Cafetal, kamen Lyle und Lila zu uns. Wir hatten sie erwartet, da wir die ganze Zeit über in brieflichem Kontakt standen. Sie hatten von dem strohgedeckten Haus berichtet, das sie bauten, und vom Eintreffen ihrer Vorräte und Habseligkeiten. Lila bot freundlicherweise an, bis nach der Geburt des Babys bei Edith zu bleiben.

Lyle hatte uns eine Menge zu berichten. Nachdem Wilbur und er eine Reihe von Forschungsausflügen mit einem brasilianischen Führer gemacht hatten, wußten sie beide jetzt viel besser, womit wir es zu tun haben würden. „Ich kann dir sagen, Bruce, das ist vielleicht ein Sumpf. Wir waren sehr froh, beim ersten Mal einen Führer dabeizuhaben."

Ich fragte, ob sie irgendwelche schlechten Erfahrungen gemacht hätten.

„Nur ein paar Zusammenstöße mit einigen Yoperrohobobos, das war alles. Wir trafen eine Gruppe von Krokodiljägern. Sie hatten zwei Exemplare dabei, die mindestens sechs Meter lang waren. Wir sahen aber keine anderen Krokodile. Sie sagten uns, daß es in diesem Gebiet eine Menge Anakondas gibt - aber auch davon sahen wir keine einzige. Ich bin froh, das sagen zu können."

„Habt ihr mehr über die Macurapis erfahren können?"

„Nur wenig von unserem Führer. Sie scheinen friedlich zu sein. Vor einem Jahr hat ein Indianer einen anderen getötet. Aber die Einheimischen haben sie nicht behelligt. Eins haben wir herausgefunden. Sie sprechen nur einige wenige Worte Portugiesisch. Also müssen wir lange genug bleiben, um ihre Sprache zu lernen, ehe wir ihnen das Evangelium bringen können."

Wenigstens klang dies nicht ganz so hoffnungslos wie das Erreichen der Nhambiguaras. Wenn wir nur diesen Sumpf überqueren konnten!

Während sich Lila und Edith um den Abwasch kümmerten, holte Lyle eine Karte und einige Skizzen hervor und gab mir eine kurze Einführung. „Dort gibt es keine Pfade, denen man folgen kann. Entweder Wasser oder Gras - darunter zäher Dreck. Mit deinem Boot fährst du ungefähr so, Kursbestimmung durch Kompaß. Wenn du etwa in der Mitte des Sumpfes angekommen bist, etwa hier" - er malte ein „X" auf die Karte -, „siehst du eine bestimmte Gruppe von Palmbäumen."

„Gibt es dort nicht mehr als nur eine Gruppe von Palmen?" fragte ich. „Wenn das so wäre, könntest du dich ganz schön verirren."

Lyle zuckte die Achseln und fuhr fort: „Bei den Bäumen änderst du den Kurs dorthin. Dann, nach ungefähr fünf Stunden - vorausgesetzt, daß du immer noch in die richtige Richtung gehst -, kommst du zu einem recht klaren Gewässer mit Seerosen darauf." Lyle malte wieder ein „X". „Du gehst weiter, und nicht lange danach, sofern du nicht vom Kurs abgekommen bist, siehst du in der Ferne zwischen den Bäumen einen Hügel, der ungefähr so aussieht." Er skizzierte schnell den Hügel und wandte sich wieder seiner Karte zu. „Wenn du auf den Hügel zugehst, erreichst du bald ein kleines Tal, hier; und dort in der Nähe, auf dieser Seite, lebt eine Familie, die wilden Gummi sammelt."

„Klar wie Kloßbrühe", sagte ich und fügte noch hinzu: „Wir nehmen besser ein paar Kompasse mit, für den Fall, daß einer verrückt spielt. Hast du schon von dem Missionar gehört, der in den Wäldern von Mexiko lebte und drei Kompasse bei sich hatte?"

Hatte er nicht.

„Nun, zunächst mal hatte er seinen normalen Taschenkompaß. Aber er dachte, daß *der* vielleicht verrückt spielen könnte, also kaufte er einen viel größeren, um den kleinen zu kontrollieren. Dann kam ihm der Gedanke, daß sie auch beide ausfallen könnten - die Geschichte ist wahr, du kannst sie mir glauben. Also packte er noch Kompaß Nummer drei ein, um die beiden anderen zu überwachen - einen riesigen Schiffskompaß!"

Unsere Witzeleien und das Geschichtenerzählen gingen jedoch bald in die Ernsthaftigkeit des Plänemachens über. Jede Einzelheit bezüglich Versorgung, Transport und Notfallration wurde mit größter Sorgfalt ausgearbeitet.

Einige Tage vergingen. Ich werde nie den Morgen vergessen, an dem bei Edith die Wehen einsetzten. Als ich aufstand, sah ich aus dem Fenster und freute mich über den strahlenden Sonnenschein. Obwohl sich der Morgendunst schon fast völlig aufgelöst hatte, war der Himmel immer noch ein wenig verhangen. Vom Fenster aus konnte ich die Straße entlangblicken auf die Hütten, aus denen sich Rauch aus den Schornsteinen kräuselte, als die Nachbarsfrauen ihr Frühstück zubereiteten. Dann hörte ich Edith nach mir rufen.

Ich bin sicher, die meisten Ärzte würden die Bedingungen, unter denen wir jetzt handeln mußten, ablehnen. Ich begann ein Feuer zu entfachen, um Wasser zu kochen. Ein paar Tage vorher hatten wir schon die Bandagen, Tupfer und Instrumente sterilisiert, indem wir sie in Zeitungspapier eingewickelt in den Ofen steckten und sie wieder herausholten, wenn das Papier genügend versengt aussah. Und doch hatte der Raum jetzt auf seine Weise eine entfernte Ähnlichkeit mit einem Operationssaal. Vorsichtig breiteten Lila und ich weiße Laken aus, legten Spritze und Nadel, Schere und Faden, Gaze, Antiseptikum und einen Babykorb zurecht.

Als die Schmerzen stärker wurden, sorgte ich dafür, daß das Wasser weiter kochte, und half Lila beim letzten Schrubben. Dies war nicht meine erste Erfahrung als Hebamme - ich hatte zwei Jahre zuvor bei der Geburt von Ostewigs erstem Kind geholfen, aber beim eigenen Kind Hebamme zu sein ist schon etwas anderes! Lila war wie ein Fels in der Brandung. Sie war auf einer Farm im mittleren Westen aufgewachsen und war von daher die personifizierte Ruhe und Sachkenntnis in solchen Angelegenheiten. Ihre zierliche Erscheinung strafte ihre innere Stärke Lügen.

Edith hatte mehrere Stunden Wehen; dann machte sich das Baby auf den Weg. Aber nachdem der Kopf des Kindes zu sehen war, ging es nicht mehr weiter. Der Rest des Körpers wollte sich nicht bewegen. Das Gesicht begann sich blau zu färben. Ich hatte Mühe, nicht in Panik zu verfallen. Lila entdeckte, daß die Nabelschnur fest um den Hals des Kindes gewickelt war. Sie versuchte sie zu lockern, schaffte es aber nicht. Ich übernahm. Aber auch ich konnte nichts ausrichten. Fieberhaft arbeitete ich, zog und drehte. Endlich, vermutlich in letzter Sekunde, bekam ich die Nabelschnur los. Unser kleines Mädchen war gesund und munter. Nach einem kräftigen Schwall Wasser begann Gwendolyn zu atmen - um genau zu sein, schrie sie ihren Protest gegen die rauhe Behandlung durch ihren Vater noch eine gute Stunde heraus.

Jetzt konnte ich den Sharps und Abbeys beim Umzug helfen. Einige Wochen zuvor war ein Paar namens Ewart und Jean Sadler eingetroffen, um die Arbeit der Ostewigs in Cafetal zu übernehmen - Jim und Helen hatten sich entschlossen, in Cochabamba weiter Spanisch zu unterrichten. Ewart, ein großer, schlaksiger Kanadier, war früher Radiotechniker gewesen. Voll Eifer, die Indianer zu erreichen, bot er uns an, uns zu begleiten; wir nahmen gerne an. So ließen wir Edith, Gwendolyn und Connie in Jeans Obhut. Lyle und Lila, ihr drei Jahre alter Sohn John Allen, Ewart und ich machten uns mit zwei Booten auf den Weg zum Lager am Rio Mequenes, wo uns Dorothy, Wilbur und ihr Sohn erwarteten.

Wilbur begrüßte uns freudestrahlend. Er sagte, all ihre Habe sei nun eingetroffen, ungefähr anderthalb Tonnen, einschließlich der nötigen Haushaltswaren. Wir begannen alles vorsichtig in Lyles kurzes, breites Aluminiumboot und in mein etwa neun Meter langes Kanu zu verladen. Unsere Reise mußte genau nach Zeitplan ablaufen. Wenn wir erst einmal im Sumpf und dann auf der anderen Seite sein würden, gab es für die nächsten zehn Monate keine weitere Möglichkeit für die Durchfahrt von Versorgungsbooten, weil der Sumpf dann so weit austrocknet, daß er nicht mehr per Boot befahrbar ist.

Das Einladen dauerte den ganzen Tag. Da wir keine Zeit zu verlieren hatten, starteten die zwei Familien, Ewart und ich gleich am nächsten Tag frühmorgens. Ewart und ich fuhren mit dem Einbaum, während die Abbeys und Sharps sich das andere Boot teilten.

Die erste Stunde glitten wir ruhig über das kühle, dunkle Wasser. Kurz danach traf Lyles Boot, das vorne fuhr, auf Seerosenpolster und hohes Gras. Dann warf ich den ersten Blick auf den Sumpf. So etwas hatte ich noch nie zuvor gesehen. So weit das Auge sehen konnte, dehnte sich von Horizont zu Horizont verlassenes, eintöniges, leeres Brachland aus. Wasser und Gras, dann noch mehr Wasser und Gras. Die leichte Brise, die uns auf dem Fluß erfrischt hatte, war jetzt weg. Ich hatte das Gefühl, wir säßen alle eingezwängt in einer heißen, dampferfüllten Sauna, in der es nach Moder und totem Fisch roch. Die Sonne brannte erbarmungslos vom Himmel, und wir waren dankbar für unsere Strohhüte.

Unsere Boote verlangsamten die Fahrt und kamen in einem Tangknäuel zum Stehen. Pflanzen hatten sich um die Schiffsschraube gewickelt und mußten enfernt werden. Vor mir sah ich, daß Lyle seine Stangen zum Staken herausholte, und ich folgte seinem Beispiel. Die Gummiarbeiter hatten uns gezeigt, wie die Stangen beschaffen sein mußten. Ungefähr viereinhalb Meter lang, mit einem kleinen Haken an einer Seite, sind sie im Sumpfgelände unentbehrlich. Wir stießen sie in das Gras, das etwa einen halben Meter über die Wasseroberfläche hinauswuchs. Ungefähr zwei Meter tiefer fand der Haken einen Halt. Wir zählten bis drei und stießen mit aller Kraft; die Boote schlingerten ein Stückchen weiter und blieben wieder stehen. Nach einer halben Stunde war ich durchgeschwitzt bis auf die Haut. Wir hielten an, um auszuruhen. Der Schweiß lief mir in kleinen Rinnsalen von meinem Kinn und meiner Nasenspitze. Ich plumpste auf irgendein Bündel neben Ewart, der auch schwer geschoben hatte. Wir hatten beide das Gefühl, schon einen ganzen Tag hart gearbeitet zu haben - dabei hatten wir gerade einmal damit angefangen.

Auf diese Weise hatten wir uns vier oder fünf Stunden weiter durchgekämpft, als Lyle plötzlich freudig rief: „Da ist die Baumgruppe, auf die ich gewartet habe."

Ich war skeptisch und zum Umfallen müde. „Für mich sieht das genauso aus wie eine Menge anderer Baumgruppen, die ich schon gesehen habe."

Lyle versuchte mir zu erklären, was an dieser Gruppe so Besonderes wäre. Ich blieb skeptisch. Wir änderten den Kurs. Ich suchte den Horizont nach irgendeiner Markierung ab. Aber alles, was ich vor mir sah, war immer dasselbe: das endlose Gras und die spiegelglänzenden Wasserflächen dazwischen. Nachmittags waren unsere Hände voll von aufgebrochenen Blasen, unsere Muskeln flatterten, aber wir schoben immer noch jedesmal, wenn wir bis drei gezählt hatten. Die Hitze kostete uns viel Energie. Jetzt war es einfach, schlampig zu werden. Rufe wie „Vorsicht, du läufst auf!" wurden immer häufiger. Eine Wolke erschien am Himmel. Wenige Minuten später waren wir klatschnaß von tropischem Regen. Das war gegenüber der brennenden Sonne eine willkommene Abwechslung. Wir konnten sowieso nicht nasser werden, als wir durchs Schwitzen ohnehin schon waren, und so staksten wir einfach weiter durch den Wolkenbruch.

Der Regen hörte so plötzlich auf, wie er begonnen hatte. Wir aßen gleich in den Booten zu Abend. Die Frauen machten einige Dosen mit Schweinefleisch und Bohnen auf. Zum Nachtisch gab es „Dschungel Pudding", eine Mischung aus Zitronensaft und gesüßter Kondensmilch, die sich selbst andickt und so ähnlich wie Zitronenkuchenfüllung schmeckt. Das Mahl wurde durch eine Überraschung abgerundet: einige Hafermehlkekse, die unsere Frauen vor dem Aufbruch noch gebacken hatten. Es gab keine Möglichkeit, vor Einbruch der Dunkelheit festes Land zu erreichen. Wir waren in der Mitte des Sumpfs gefangen und mußten in unseren Booten übernachten. Wir fanden einen Platz, an dem relativ wenig Gras wuchs, und stellten die Kisten um, so daß man darauf liegen konnte. Durch die freiere Umgebung hatten wir bessere Chancen, eventuell auftauchende Alligatoren oder Schlangen schneller zu entdecken. Trotzdem, müde, wie wir waren, konnten wir doch aus Angst, von den Kisten ins Wasser zu fallen, kaum schlafen. Wir erzählten uns lustige Erlebnisse und Geschichten und warteten darauf einzudösen.

Einziges Geräusch war das Quaken der Frösche. Ich überlegte, ob in der Nähe wohl Alligatoren wären. Wie oft hatte ich ihre Laute gehört, als wir am Flußufer kampierten! Nur zum Spaß versuchte ich, sie zu imitieren. Ich stieß ein „Ummmmmmm bah! Ummmmmm bah-yah-yah!" aus.

Sofort ertönte aus allen Ecken um uns her der Antwortchor: „Ummmmmm bah! Ummmmmm bah-yah-yah!" Es waren bestimmt ein Dutzend oder mehr! Wir mußten uns mitten in einer Alligatorenkolonie befinden. Die Frauen kreischten.

„Jetzt haben wir den Salat", sagte Wilbur. „Was ist, wenn

du ihren Paarungsruf erwischt hast oder ihren Kampf-
schrei?"

Wir wagten alle nicht, einfach so auf den Kisten zu schlafen. Wir bauten die Kisten um, damit wir ganz sicher nicht
herunterrollen konnten. Als endlich der „Ummmmmm
bah!"-Chor langsam erstarb, dösten wir unruhig ein.
Am nächsten Tag setzten wir die schmerzhafte Arbeit
fort, durch den Sumpf zu staken. Oft gingen wir vier Männer ins Wasser und schoben die Boote seitlich an, während
die Frauen stakten. Einmal schrie Lila laut auf. Eine tödliche Yoperrohobobo steuerte genau auf uns zu. Wir krab-
belten überstürzt ins Boot zurück. Die Unruhe mußte die
Schlange aus dem Konzept gebracht haben, denn sie
machte sich in einer anderen Richtung auf und davon. Aber
es dauerte einige Zeit, ehe wir uns wieder ins Wasser wagten - und dann auch nur, wenn es unbedingt notwendig
war.

Kurz vor der Dämmerung sahen wir Festland. Jetzt
konnten wir kochen und die Nacht in unseren Dschungelhängematten schlafen. Das war auch phsychisch eine große
Erleichterung, denn das Beschränktsein auf ein paar Qua-
dratmeter kann ein Boot nach gewisser Zeit zum Gefängnis
werden lassen. Allerdings hatten wir die Wolken von Moskitos vergessen, die uns an der Küste erwarten würden, und
wir verbrachten eine unangenehme Nacht.

Am nächsten Morgen fanden wir heraus, daß wir nun einem kleinen Fluß folgen konnten, dem Rio Colorado, der in
den Sumpf einmündete. Wir waren überglücklich. Aber unsere Begeisterung hielt nicht lange an. Der Fluß war über
und über bedeckt mit Seerosen und einer Art Gras, das wir
noch nicht kannten. Wir versuchten, mit unseren Stangen in
der grünen Masse Halt zu finden, aber die Enden stießen
durch.

„Versuchen wir, mit unseren Macheten eine Bresche zu
schlagen", schlug Lyle vor.

Das funktionierte auch nicht, und so stiegen wir aus und
traten die kleingehackte Masse nieder, immer abwechselnd
schlagend und tretend. Auf diese Weise kamen wir weiter.
Ich hing gerade an einer Seite des Bootes, damit beschäftigt, die Grasmassen niederzutreten, als ich plötzlich einen
schmerzhaften Stich an den Knöcheln spürte. Es zog die
Beine hinauf. Mein erster Gedanke war, daß Ameisen an mir
hochkrabbelten. Aber wo sollten hier im Sumpf Ameisen
herkommen? In einem Nu war das Stechen überall, vom
Kopf bis zu den Füßen.

„He", rief Wilbur genau in diesem Augenblick. „Ich hab'
das Gefühl, ich verbrenne."

„Geht mir genauso!" rief Lyle. „Aber ich kann nichts entdecken!"

„Mann, das ist furchtbar!" schrie Wilbur. „Was kann das
sein?"

Bis zu diesem Augenblick hatte ich gedacht, daß meine
Haut von irgend etwas befallen wäre. Jetzt wußte ich, es waren die Nerven. Mein ganzer Körper fühlte sich wie ein Bündel Geigensaiten, die bis zum Zerreißen gespannt wurden.
Die Frauen saßen da und beobachteten uns mitfühlend,
aber vor allem verblüfft. Sie konnten überhaupt nicht begreifen, was hier geschah. Ebensowenig konnten wir es verstehen.

Mein Gehirn schien in Flammen zu stehen. Alles, was ich
tun konnte, war, mir das Schreien zu verkneifen. Ich konnte
noch vernünftig denken, aber ich wußte nicht wie lange
noch. Wenn es so etwas gab wie einen plötzlichen Nervenzusammenbruch, dann hatte ich jetzt einen. Aber was war die
Ursache dafür?

Dann kamen mir Geschichten über giftige Ranken, die ich
gehört hatte, ins Gedächtnis. Mit ihnen konnten die Indianer
Fische lähmen, so daß sie sie mit den bloßen Händen auf-
sammeln konnten. Von einem seltsamen Pilzgewächs, das
die gleiche Wirkung haben sollte, hatte ich ebenfalls gehört.
Hatten die Klingen unserer Macheten einen solchen Stoff
freigesetzt, der jetzt unser Nervensystem angriff?

Mich schauderte bei dem Gedanken an zwei hilflose
Frauen mitten im Sumpf, allein mit vier Männern, die entweder hilflos oder am Rand des Wahnsinns waren. Zum Äu-
ßersten getrieben durch das Stechen in unseren Körpern,
krochen wir wieder in die Boote und nahmen die Paddel, mit
denen wir uns mit letzter Kraft durchs Gras stießen. Schließlich leuchtete vor uns ein wunderschönes Stück klaren Wassers. Wir sprangen hinein. Langsam ebbte das Stechen ab;
die furchterregende Anspannung unserer Nerven ließ nach.
Kurze Zeit später waren wir wieder im Normalzustand.

Wir waren uns alle einig, daß wir es nicht mehr mit den
Macheten versuchen wollten.

Als die Nacht hereinbrach, erreichten wir ein anderes
Gummilager am Rio Colorado. Am nächsten Tag kamen wir
zum Rio Terebinto, den Lyle auf seiner Karte angestrichen
hatte. Trotz des imposanten Namens war der Rio Terebinto
nicht mehr als eine tiefe Erdspalte von etwa neun Meter
Durchmesser. Zunächst war es einfach, vorwärtszukommen.

Aber binnen kurzer Frist fanden wir den Flußlauf von Mahagoniästen blockiert. Mahagoni ist ein sehr hartes Holz, und wir mußten die Hauptäste völlig durchtrennen, ehe wir das Wirrwarr auflösen konnten. Wir reisten mehrere Tage auf dem Rio Terebinto, und manchmal mußten wir so viele Äste zertrennen, daß wir nicht mehr als acht Kilometer am Tag schafften. Jeden Abend schlugen wir ein neues Lager auf. Die Kleidung der Frauen war fast genauso schlimm zerfetzt wie unsere eigene. Bäume und Ranken reichten sich über dem Fluß an tiefliegenden Stellen oft „die Hände" und versperrten den Weg. Wir sagten den Frauen, sie sollten sich Schüsseln vors Gesicht halten. Dann stellten wir die Motoren auf Vollgas und preschten so weit wie möglich vor - manchmal schafften wir vier bis sechs Meter in einem Anlauf. Es kam vor, daß Tausende von Ameisen auf uns herunterrieselten; oder wir fanden uns geradewegs unter einem Hornissennest wieder und konnten nicht vor oder zurück. Nach einem dieser Angriffe hatte Lila neunzehn Stiche. Wir machten uns Sorgen um sie, da sie ungefähr im dritten Monat schwanger war. Aber alles, was wir tun konnten, war, nach Kräften zu kämpfen, um durchzukommen, und erst danach „unsere Wunden zu lecken".

Die Tierwelt war faszinierend für die Kinder. Schlangen, Affen und Alligatoren waren überall. Eines Tages entdeckte Sharps Sohn einige große Affen in den Bäumen. Lyle wollte den Fluß überqueren. Dann blieb er plötzlich wie angewurzelt stehen.

„Was ist los?" rief ich. Er antwortete nicht. Ich sah in die Richtung seines wie hypnotisierten Blicks und entdeckte, was ich anfangs für eine seltsam gewundene braune und grüne Ranke hielt. Ein wenig höher entdeckte ich dann darauf ruhend einen flachen, dreieckigen Kopf mit gespaltener Zunge, die hinein und heraus zischte. Jetzt wußte ich: eine Boa Constrictor. Und überdies eine hungrige. Ich hatte gehört, daß eine Boa nach dem Verschlingen von Wild oder einem Schwein einige Monate in völliger Apathie daliegt, während sie das Mahl verdaut. Aber wenn man sie aufgerollt antrifft, bedeutet das, daß sie bereit ist, jedes lebendige Wesen, das in Reichweite kommt, anzufallen und zu töten.

„Du erledigst sie besser!" rief ich mit gedämpfter Stimme. Wir wollen doch nicht, daß sie da herumhängt, wenn wir ans Ufer gehen."

Lyle hob seine Pistole. Ein Schuß krachte. Die grünbraunen Windungen drehten und lockerten sich und hingen dann gerade herunter vom Ast. Es war die größte Boa, die ich jemals gesehen hatte - sie muß etwa sechs Meter lang gewesen sein. Jetzt hatte ich etwas, das ich Brian erzählen konnte, wenn ich zurückkam. Er würde es toll finden.

Vor Einbruch der Dunkelheit entdeckten wir weiter flußaufwärts einen schönen Platz zum Rasten. Wir beschlossen, die Boote nicht zu entladen, weil wir alle so müde waren.

Einmal während der Nacht wachte ich durch ein lautes Platschen auf, aber ich achtete nicht darauf und nahm an, es seien nur die Fische im Fluß. Ein bißchen später hörte ich Benzinkanister klappern; ich war mir jedoch nicht sicher, ob ich nur träumte.

Am frühen Morgen lugte ich durch mein Moskitonetz. Lyles Boot war da, aber das Kanu war verschwunden.

„He Lyle! Schon wach?"

„Huh? Wie? Was?"

Er kämpfte sich mühsam in Sitzposition. Ich konnte den Außenbordmotor gerade noch oberhalb der Wasserlinie sehen.

„Das Kanu ist gesunken."

Lyle war mit einem Satz aus seiner Hängematte. Die anderen folgten ihm.

„Die Vorräte!" stöhnte er. „Ungefähr ein Viertel unserer Habe ist in diesem Kanu. Und die Vorräte müssen zehn Monate lang reichen. Kommt - sehen wir, was wir retten können."

„Warte einen Augenblick", warnte ich. „Ich glaube, ich weiß, was letzte Nacht diese Geräusche verursacht hat. Das war ein Alligator. Er muß wohl ins Boot gekrochen sein, angelockt durch die Bananen. Vielleicht ist er immer noch hier."

„Ich kann's nicht ändern", sagte Lyle. „Wir müssen unsere Lebensmittel retten."

Wir vier Männer sprangen ins Wasser und tauchten nach den Säcken und Kisten. Die Reissäcke wogen trocken etwa hundertzehn Pfund und in durchweichtem Zustand etwa das Doppelte. Unter vielem Ächzen und Stöhnen hievten wir alles ans Ufer ins Trockene. Traurig sah Lyle auf die Säcke mit Mais.

„Wenn wir im Lager ankommen, müssen wir das sofort pflanzen", sagte er. Es wird schon bald keimen. Erinnert mich bloß daran - alles hängt davon ab."

Die Frauen schauten wehmütig auf die getrockneten Pfirsiche, die sie als Delikatesse für die nächsten Monate eingeplant hatten.

„Wir müssen sie sofort aufessen", sagte Lila. Sie stellte einen Topf mit Wasser auf, um sie zu kochen. Wir machten es genauso. Pfirsiche in jeder Form standen nun bei jeder Mahlzeit auf dem Speiseplan, bis wir sie alle aufgegessen hatten.

Nach drei weiteren Tagen anstrengenden Fortkommens fanden wir den idealen Platz für ein bleibendes Lager. Der Platz lag etwas erhöht; das Unterholz war niedrig und leicht zu entfernen. Nach Lyles Karte lag der Platz in der Nähe eines Macurapidorfes. Einige Tage waren wir damit beschäftigt, zu roden, Zelte aufzustellen und das Lager einzurichten. Wir konnten uns allerdings nicht allzuviel Zeit lassen, denn das Wasser ging schon zurück, und wir mußten mit den Booten noch einmal zurückfahren. Die Abbeys, Lila und die Kinder blieben dort, während Lyle, Ewart und ich uns auf den Weg zurück zu der Siedlung am Rio Colorado machten, um den Rest der Habseligkeiten herzuschaffen.

Als wir dort ankamen, waren wir glücklich, den Rest der Güter noch vorzufinden. Die Brasilianer hatten alles für uns wie abgesprochen vom Rio Mequenes durch den Sumpf hierhin gebracht. Außerdem wartete ein Brief von Edith auf mich.

Mein Liebling,
ich bin gerade auf dem Weg nach Guajara Mirim und von dort nach Cochabamba. Gwendolyn hat Ruhr. Sie hat die Krankheit nun seit zwei Wochen, und ich bin jetzt sehr unruhig und mache mir Sorgen, weil sie eine Menge Blut verloren hat.
Dieses Boot hält an der Mündung des Rio Mequenes und so hoffe ich, daß Du diesen Brief bekommst. Armes kleines Ding! Wie dünn sie geworden ist!
Aber ich befehle sie dem Herrn an und bete, daß Du gesund bist. Mir geht es gut.
Ich wünschte, ich könnte einen längeren Brief schreiben, aber es ist keine Zeit mehr. Das Boot ist schon fast fertig zum Anlegen hier am Rio Mequenes.
Mit all meiner Liebe,
Edith

Wie oft mußte ich noch diese schlimmen Prüfungen durchstehen! Gerade im vorigen Jahr war Edith schwer an Typhus erkrankt gewesen. An einem Tag hatte sich das Fieber unaufhaltsam der lebensbedrohlichen Grenze genähert. Gebete hatten sie damals gerettet, und ich konnte nur Gott vertrauen, daß er auch diesmal eingreifen würde.

Neben diesen beunruhigenden Nachrichten gab es noch Arbeit zu erledigen. Uns blieben nur noch vier Wochen Zeit, um einen gewaltigen Berg an Gütern zu verschiffen.

Ich überlegte, ob die Außenbordmotoren das wohl durchhalten würden. Sie hatten schon einiges durchzustehen gehabt. An einem Tag auf dem Weg den Rio Terebinto hinauf hatte sich unser brandneuer Zehn-PS-Motor in einer Ranke verfangen. Das schwere Boot, beladen mit einer Tonne an Gütern, hatte den Motor in einen Kampf mit der zentimeterdicken Ranke verstrickt, bis das ganze Gehäuse des Motors auseinanderriß. Von unseren drei verbleibenden kleineren Motoren war einer mit gebrochener Welle außer Betrieb, und die anderen hatten beide dadurch Kupplungsschäden, daß sie oft gegen Unterwasserhindernisse stießen. Glücklicherweise waren wir in der Lage, diese beiden so zusammenzuflicken, daß sie arbeiteten; aber sie waren weit davon entfernt, perfekt zu laufen, und wir konnten nur beten, daß sie uns nicht im Stich lassen würden.

Da die Sharps und die Abbeys über solch einen langen Zeitraum dort bleiben wollten, wurde jedes Gramm an Verpflegung gebraucht. Wir würden nicht in der Lage sein, ihnen irgend etwas zu bringen, wenn das Wasser zurückgegangen war. Ewart, Lyle und ich arbeiteten fieberhaft und verluden die Fracht. Als wir den Rio Terebinto erreichten, war der Wasserstand so weit zurückgegangen, daß wir eine neue Lage an Ästen und Ranken vor uns hatten. Außerdem hatte ein Sturm neue Bäume über das Flußbett geworfen. Manche von ihnen waren zu groß, um sie durchzusägen. So mußten wir das Kanu entladen, es darunter durchschieben, herausziehen und wieder beladen. Der Vorgang wiederholte sich mehrmals. Alles in allem schafften wir die Strecke viermal in sechs Wochen. Dann kehrten Ewart und ich nach Cafetal zurück.

Ich verbrachte einige Wochen im Missionshaus, erfreute mich an der Gesellschaft der Sadlers und wartete auf die Rückkehr meiner Familie. Ich war überglücklich, als ich Edith mit Connie und Gwendolyn vom Postboot kommen sah. Dreitausendzweihundert Kilometer Rundreise, um einen Doktor zu konsultieren! Gwendolyn sah quietschfidel aus und war etwa doppelt so groß wie beim letzten Mal, als ich sie gesehen hatte; immerhin war sie damals erst ein paar Tage alt gewesen - jetzt war sie schon fast drei Monate alt. Was für ein Vergnügen war es, einfach eine Weile zu entspannen, sich an der Familie zu freuen und all die Nachrichten aus Cafetal und den Staaten zu erfahren, die man bis jetzt nicht gehört hatte.

Kapitel 12

Gefährliche Stunden und Gottes Führung

Während die Wochen dahinflossen, machte ich mir immer wieder Gedanken über die Sharps und die Abbeys. Das Leben mußte für sie zur Zeit recht hart sein. Ich fand mich mehr und mehr verstrickt in Sorge um ihr Wohlergehen. Reichten ihre Vorräte? Wir hatten eine Menge verloren, als das Kanu gesunken war. Hatten sie genügend medizinische Ausrüstung? Eine innere Stimme mahnte mich eindringlich, daß sie mich brauchten. Ewart und ich besprachen einige Ausflüge, die wir zu anderen Stämmen unternehmen könnten. Eifrig planten wir neue Expeditionen. Aber immer noch verfolgte mich mein Wunsch, anderen Missionaren zu helfen und meine eigenen Wünsche hintenan zu stellen. Auch nach Tagen des Nachdenkens, Grübelns und innerer Kämpfe konnte ich nicht das Gefühl loswerden, daß ich zu den Freunden gehen mußte, auch wenn mich der Gedanke an den Versuch, jetzt den Sumpf zu durchqueren, nicht gerade mit Freude erfüllte. Als ich die ganze Sache mit Edith besprach, war es Anfang September. Auch sie hatte das Gefühl, ich sollte gehen.

Der Sumpf erreichte jetzt seinen tiefsten Stand; möglicherweise konnte man ihn zu Fuß durchqueren. Ewart und ich beschlossen, es zu versuchen. Wir verpackten Lebensmittel und Post in kleine gummierte Beutel. Die Regensaison fängt oft im September an, und die ersten Stürme sind häufig die heftigsten. Im letzten Moment machte sich in mir noch ein übermächtiger Gedanke breit; wir sollten eine Menge Penizillin mitnehmen. Wir packten genug davon ein, um einen Erwachsenen einen Monat lang mit täglichen Spritzen zu versorgen.

Wir brauchten fast den ganzen ersten Tag, um mit dem Kanu von Cafetal zur Mündung des Rio Mequenes zu fahren. Am nächsten Tag begannen wir unseren Fußmarsch, unser Gepäck auf den Rücken geschnallt. Wir wußten, daß der erste Teil des Unternehmens am schlimmsten sein würde. Und wir hätten es uns wirklich nicht schlimmer vorstellen können! Der dicke, schwarze Schlamm geht bis in ungeahnte

Tiefen hinab - von den Booten aus hatten wir die viereinhalb Meter langen Stangen ganz hineinstoßen können, ohne den Grund zu erreichen. Die Gummiarbeiter, die ab und zu durch den Schlamm müssen, hatten über die Entfernung von einigen hundert Metern Äste von einer Palme zur anderen als Hilfe beim Durchqueren gebunden. Wir fanden diese Äste etwa dreißig Zentimeter unter schlammigem Wasser verborgen. Ein zwei Meter langer Stock mit einem Haken half uns über den versunkenen glitschigen Pfad. Das Balancehalten war sehr schwierig, weil die Äste rutschig und instabil waren. Normalerweise zieht man auf solchen Wegen leichte Tennisschuhe an, während man sich auf trockenem Untergund in festem Schuhwerk sicherer fühlt.

Das Laufen wurde immer schwieriger, als ich plötzlich hinter mir lautes Platschen hörte. Ich wagte nicht, mich abrupt umzuwenden, um nicht auszurutschen. So schnell ich konnte, lief ich zum nächsten Baum und sah zurück. Bis zur Brust steckte Ewart im Schlamm. Verzweifelt klammerte er sich an einen Ast, um nicht noch tiefer einzusinken. Das schwere Paket auf seinem Rücken hatte ihn aus dem Gleichgewicht gebracht. Mit Entsetzen sah ich zu, wie er kämpfte, um auf den Ast zu kommen. Wenn er den Halt verlor, wäre das sein Ende. Verbissen rang er, klammerte sich fest, rutschte zurück, klammerte sich noch fester und rutschte wieder. Es gab nichts, was ich tun konnte. Ich wußte, daß mein zusätzliches Gewicht auf dem Ast ihn nur noch mehr gefährdet hätte. Wenn ich versuchte, ihn herauszuziehen, würde er mich zwangsläufig hineinziehen. Schließlich - ein Wunder - schaffte er es. Einen langen Augenblick kauerte er sich nieder, atmete schwer und zitterte, dann schob er sich langsam zu mir herüber. Endlich stand er auf und umarmte den dornigen Baum in tief empfundener Dankbarkeit. Ich konnte sehen, wie mitgenommen er war.

„Bruce", sagte er, „es ist zuviel. Du kannst dir nicht vorstellen, wie ich es hasse, das zu sagen; aber ich denke, ich kehre besser um. Ich kann nicht weiter."

Der Schweiß lief uns über unsere Gesichter. Wir sahen uns an. Ewart konnte nicht weitergehen - da gab es keinen Zweifel. Aber sollte ich aufgeben und mit ihm zurückkehren? Oder sollte er allein zurückgehen, und ich kämpfte mich allein durch? Mein gesunder Menschenverstand sagte mir, daß es verrückt war. Im Falle eines Unglücks bedeutete das mit ziemlicher Sicherheit den Tod für einen einzelnen, während zu zweit immer Hoffnung bestand.

Wir sagten beide nichts, sondern begannen, unsere Lebensmittel aufzuteilen. Kein leichtes Unterfangen, weil wir unser Gepäck nirgendwo abstellen konnten. Dann machte Ewart einen Schritt, dann noch einen, sein geschwächter Körper wankte nach vorn unter seiner Last. Als ich ihn gehen sah, war ich immer noch nicht sicher, ob ich das Richtige tat. Ich würde es nicht verkraften, noch einen Kameraden zu verlieren. Ich wollte ihm schon zurufen, er solle warten, als eine innere Stimme zu mir sagte: „Nein. Du wirst gebraucht. Geh dorthin, wo du gebraucht wirst." Ich sah wortlos hinter Ewarts immer kleiner werdenden Gestalt her. Kurz bevor er zwischen den Bäumen verschwand, drehte er sich um. Wir winkten uns zum Abschied zu - zum letzten Mal?

Ich wandte mich wieder dem Sumpf zu. Schreckliche Einsamkeit machte sich in mir breit - die Einsamkeit, die den anfällt, der weiß, daß die Natur sich mit allen Mitteln gegen sein Eindringen wehren wird. Ich betete um Kraft.

Meine Gedanken gingen in unerfreuliche Richtungen. Ich erinnerte mich an eine Geschichte von einem Jäger, der allein auf die Jagd gegangen war. Don Juan hatte sie uns erzählt. Sein Weg war weiter, als er gedacht hatte, und schließlich merkte er, daß er sich verirrt hatte. Tagelang wanderte er; gelegentliche Früchte erfrischten ihn, doch seine Kräfte schwanden. Aber er blieb eisern. Geduldig, sehr geduldig suchte er trotz der schwindenden Energie einen Weg nach draußen. Neunzig Tage nach seinem Aufbrechen fand er ihn. Er wankte in eine Siedlung - und fiel tot um.

Ich dachte immer wieder daran, daß ich, wenn ich mich hinter dem Sumpfgebiet verirrte, kilometerweit in jede Richtung laufen konnte, ohne auf irgend etwas anderes als dichten Dschungel oder unbewohntes Grasland zu stoßen. Wenn jetzt mein Kompaß ausfiel? Ich wünschte, daß ich drei hätte wie jener Missionar. Meine Gedanken wanderten zu Ewart. Was machte er wohl jetzt? Würde er durchkommen?

Ein paar Stunden später erreichte ich trockenes Land. Mit dem Kompaß in der Hand machte ich mich im Zick-Zack auf die Suche nach dem schmalen Pfad, den die Indianer und Gummiarbeiter benutzen. Kurz darauf fand ich ihn. Wie seltsam, daß ein unscheinbarer, unbedeutender Pfad im schwülen Grasland so wunderschön sein kann - er kann Leben oder Tod ausmachen.

Ich trottete über das Grasland und kam zur Dschungelgrenze, wo ein Gummiarbeiter und seine Familie ihr Lager hatten. Sie boten mir an, über Nacht zu bleiben. Ich gab ihnen einige Lebensmittel und bekam von ihnen ein Abendessen, bestehend aus Reis und Bohnen. Ich fragte, ob es mög-

lich wäre, einen Führer zu bekommen, der mir helfen
konnte, durch das Wirrwarr von Gummiarbeiterpfaden zu
dem Indianerpfad vorzustoßen, in den das Ganze einmün-
det. Der Brasilianer konnte seine Arbeit nicht verlassen, und
außer ihm lebte hier niemand. Ich besaß die Karte, die Lyle
für mich gezeichnet hatte, aber sie war ungenau, die Rich-
tungshinweise oft nur zu erraten. Ich studierte sie sehr
sorgfältig und versuchte, so viel wie möglich aus ihr heraus-
zulesen.

Am nächsten Morgen verabschiedete ich mich von meiner
Gastfamilie und machte mich bei strahlendem Wetter auf
den Weg. Sie zeigten mir den Pfad, auf dem ich zu einer anderen Gummisiedlung etwa fünfundzwanzig Kilometer entfernt gelangen würde. Nicht lange und ich traf auf ein Laby-
rinth verschiedener alter Gummiarbeiterpfade. Sie kreuzten
sich, liefen zurück oder teilten sich. Ich wählte einen eini-
germaßen gut erhaltenen Pfad und markierte meinen Weg
durch Einritzen in die Baumrinden. Der Weg schlängelte und
wand sich, überquerte viele andere. Ich blieb auf dem, der
nach meiner Meinung wie ein Hauptweg aussah, und fuhr
fort, Baumrinden zu markieren. Ich dachte, die Rechts- und
Linkskurven würden letztendlich in die gewünschte Richtung
führen.

Aber es dauerte nicht lange, und ich traf auf meine eigenen Markierungen. Wie trügerisch diese Pfade doch waren!
Ich war bemüht, Geduld zu bewahren, und versuchte weiterhin, den Kurs, den ich gehen wollte, beizubehalten. Aber
jeder Pfad, auf den ich mich einließ, schien wieder zurückzu-
führen und schließlich in einem Wirrwarr anderer Pfade zu
enden. Langsam stieg Panik in mir auf. Ich hackte auf die
Bäume ein und vergrößerte in meiner Verzweiflung die Markierungen immer mehr. Aber am Ende des Nachmittags
hatte ich nichts weiter vorzuweisen, als daß ich seit dem
Morgen einen vollen Kreis beschrieben hatte. Das entmutig-
te mich derartig, daß ich beschloß, eine Nacht zu schlafen
und dann am nächsten Morgen in Richtung Heimat aufzubrechen.

Morgens bei Tagesanbruch fühlte ich mich durch meine
Entscheidung getröstet. Nun, hatte ich nicht alles versucht?
Was konnte man wohl sonst noch verlangen? Offensichtlich
war es doch sinnlos, weiter im Kreis herumzuwandern.

Ich machte Feuer und setzte die Haferflocken auf. Während sie kochten, packte ich meine Hängematte und einige
andere Dinge ein. In meinem Rucksack stieß ich auf einige
Päckchen des Extra-Penizillins, das ich für die Sharps und

die Abbeys eingepackt hatte. Der Anblick der Ampullen beunruhigte mich. Ich dachte: „Was ist, wenn einer von ihnen das hier ganz dringend braucht? Vielleicht war es Lila, die vor etwa einem Monat, im August, ein Baby bekommen haben mußte. Angenommen, sie beteten jetzt und hofften in diesem Moment, daß ich käme und ihnen Hilfe brächte?"
Meine Haferflocken waren fertig. Ich verdrängte diese Gedanken. Ich war so müde vom nutzlosen Kämpfen. Aber mein Inneres ließ mich nicht zur Ruhe kommen. Während die warme und nahrhafte Mahlzeit meinen Magen füllte, bekam ich mehr und mehr das Gefühl, daß Umkehren bedeuten würde, meine geistliche Pflicht für ihr leibliches Wohlbefinden zu verraten. Und dann das Hauptargument: Ich dachte wieder an Dave und seinen tragischen Tod. Kein Gegenargument hielt stand gegenüber der Macht, die dieses Ereignis noch in meinem Bewußtsein hatte.
Ich stürzte mich erneut in meine Aufgabe. Ich war fest entschlossen, stur geradeaus zu gehen, komme, was da wolle. Ich beschloß, den Kompaß zu benutzen. Wenn der Pfad die Richtung änderte, würde ich meinen eigenen Pfad eröffnen. Meine Baummarkierungen wurden jetzt riesig, damit ich sie von den gestrigen unterscheiden konnte. Und diesmal ging ich nicht wieder im Kreis. Eine unsichtbare Hand leitete mich: Ich fand die richtigen Pfade und ging tatsächlich mehr oder weniger in gerader Linie. Nicht viel später konnte ich das Wirrwarr der Gummiarbeiterpfade hinter mir lassen und auf dem deutlicheren Indianerpfad weitergehen. Bis etwa vier Uhr nachmittags folgte ich dem Pfad. Dann zog ein schwerer Sturm auf. Ich machte halt und kroch in meine wasserdichte Dschungelhängematte, um den Sturm abzuwarten. Gegen meinen Hunger knabberte ich eine Handvoll Zucker und einige Rosinen. Es war ein sehr heftiger Sturm. Um mich her krachten mehrere Bäume um. Ich kümmerte mich gar nicht um mein Abendessen. Am späteren Abend, der Sturm hielt weiter an, fiel ein etwa zehn Zentimeter dicker kleiner Stamm über die Abdeckung meiner Hängematte. Wasser begann hereinzuziehen. Ich wurde naß bis zu den Knien und blieb so die ganze Nacht, bis ich in unruhigen Schlaf fiel.
Drei weitere Tage des Suchens, Verirrens, Schwachwerdens folgten ... Jede Nacht war ich versucht, am nächsten Tag umzukehren, aber meine innere Überzeugung drängte mich durchzuhalten.
Es wurde immer schwieriger, Wasser zu finden. Der Durst trug noch zu meiner allgemeinen Schwäche bei. Als ich den

Pfad entlangtrottete, die Riemen des Rucksacks gruben sich wie zwei Schraubstöcke in meine Schultern, hatte ich das Gefühl, in einer riesigen endlosen Tretmühle zu sein - jede Minute wie die letzte, jede Stunde wie die letzte, jeder Tag wie der letzte. Zeit, sogar der Lauf der Sonne, begann an Bedeutung zu verlieren. Jede kleine Lichtung war wie die andere, die alles überragenden Bäume als schützendes, erstickendes grünes Dach.

Die klappernden, hungrigen Kiefer von siebzig Wildschweinen rissen mich in die Realität zurück. Ich stand in der Mitte einer Gruppe dicker, vermodernder Palmen. Die Schweine hatten mich eingekreist; die weißen Hauer glänzten im trüben Dschungellicht.

Ich schob mich nach vorn. Die Schweine vor mir rückten ein wenig zurück. Ich sah mich um. Der hintere Halbkreis von Schweinen hatte aufgeschlossen. Im vollen Kreis um mich herum lärmten die scheußlichen, schwarzen Biester weiter, völlig unbeeindruckt von meinen Bewegungen.

Sie hatten mich.

Ich hatte lange genug versucht, sie durch Warten zu beeinflussen. Die neun Schuß in meiner Pistole, die ich immer noch mit zitternder, schwitzender Hand umklammerte, waren von wenig Wert, das wußte ich. Ich mußte irgend etwas anderes versuchen. Also trat ich einen großen Schritt nach vorn.

Der gesamte Kreis bewegte sich in gleicher Weise - genauso weit, wie ich mich bewegt hatte.

Ich tat noch einmal dasselbe.

Sie bewegten sich wieder.

Ich wischte mir über die Stirn. Vielleicht, dachte ich, konnte ich auf diese Weise den Rand der Lichtung und damit die höheren Bäume erreichen, die sich zum Klettern besser eigneten. Eine kleine Hoffnung - ich konnte nicht für immer auf dem Baum bleiben -, aber es bedeutete wenigstens momentane Sicherheit. Ich machte wieder einen Schritt. Sie folgten. Noch einen. Sie folgten.

Jetzt bewegte ich mich eigentlich in sehr langsamem Schrittempo vorwärts, und sie taten dasselbe. Ganz allmählich erhöhte ich mein Tempo. Als ich das tat, geschah etwas Seltsames. Bis zu einem bestimmten Punkt erhöhten auch sie das Tempo, dann nicht mehr, obwohl ich wußte, daß sie sicherlich in der Lage dazu waren. Im Gegenteil, als meine Geschwindigkeit sich kontinuierlich erhöhte, öffnete die Reihe vor mir sich langsam, eine Gasse bildend, durch die ich hindurchgehen konnte. Je näher ich herankam, desto breiter wurde sie. Mit eisernen Nerven ging ich weiter, bei gleichbleibender Geschwindigkeit – vorbei an der vordersten Linie der klappernden Schweine – wie ein General, der die Parade abnimmt, die tödlichen Hauer knapp drei Meter entfernt auf beiden Seiten, wie präsentierte weiße Säbel.

Eine Minute später hatte ich das letzte Schwein hinter mir gelassen. Ich spürte, daß es besser war, nichts Übereiltes zu unternehmen und schritt in gleichem Tempo voran, ohne mich umzusehen. Ich war wieder im dichten Dschungel. Mein Mund war vollkommen ausgetrocknet, aber meine Handflächen so naß, daß mir fast die Pistole entglitt. Das unerträgliche Klappern hinter mir hielt an. Ich hatte Angst, sie würden sich zu einem Überfall von hinten sammeln, aber ich hatte ebenso Angst, mich umzudrehen. Ich beschleunigte weiter meine Geschwindigkeit.

Endlich wurde das entsetzliche Geräusch langsam leiser, und ich begann zu rennen. Mein schwerer Rucksack hüpfte auf meinen schmerzenden Schultern auf und ab, aber das war es wert, von ihnen wegzukommen. Mit bebenden Händen sicherte ich die Pistole wieder und stopfte sie ins Halfter, während ich weiterrannte.

Als ich das Klappern nicht mehr hören konnte, verließ ich eilends den Pfad. Mir war übel vor Erschöpfung, und ich taumelte zu Boden. Der Rucksack fiel auf eine Seite, und ich schlüpfte aus den grausamen Riemen. Ein taubes Gefühl breitete sich über meinen Rücken aus, den Hals hoch, bis hinauf in die Schädeldecke. Jede Faser meines Herzens hämmerte den Schmerz in meinen Kopf. Aber da war Erleichterung in diesem Schmerz, die Befreiung von Bedrohung und Angst.

Ich blieb halb bewußtlos liegen.

Als ich wieder auf die Füße kam, hatte ich keine Ahnung, wieviel Zeit mittlerweile vergangen war. Ein kleines Loch im Blätterdach über mir enthüllte nur hellgraue Wolken. Wo war die Sonne?

Schwindelig sah ich mich um und versuchte mich zu orientieren. Ich sah den Pfad, den ich so eilig verlassen hatte. Ehe ich aber meinen Rucksack wieder schulterte, blieb ich inmitten der verwachsenen Ranken voller Ehrfurcht und Dankbarkeit stehen. Ich dankte Gott, daß er die Schweine dazu gebracht hatte, mich durchzulassen, und so mein Leben gerettet hatte.

Ich marschierte weiter und weiter. Das Licht wurde schwächer. Nach etwa einer Stunde ging ich schon wieder im Kreis und hielt an, um meinen Kompaß zu untersuchen.

Plötzlich sah ich einen Indianer, der mir auf dem Weg entgegenkam. Hinter ihm waren noch etliche andere. Ich humpelte auf sie zu, lächelte und streckte die Arme freundschaftlich aus. Ich wußte nicht, ob sie Macurapis waren oder einem weiter im Dschungel lebenden Stamm angehörten, denn ich hatte sie noch nie zuvor gesehen. Ich sagte „Guten Morgen" auf Macurapi (ich hatte einige Redewendungen von Lyle gelernt) und trat auf die Seite, damit sie vorbeigehen konnten. Sie murmelten irgend etwas und liefen weiter. Die Richtung, aus der sie kamen, war im groben die Richtung, in die ich gehen wollte. Ich folgte den zertretenen Blättern, die ihren Zickzack-Weg auswiesen.

Merkwürdig, dachte ich bei mir, daß sie nicht stehengeblieben sind, um herauszufinden, wer ich war oder was ich ihnen sagen wollte. Das wenigste, das sie hätten tun können, wäre gewesen, mir in Zeichensprache zu zeigen, daß sie mich nicht verstanden. Ihr Verhalten hatte mein Mißtrauen geweckt. Sie benahmen sich, als ob sie etwas zu verbergen hätten, als ob sie sich fürchteten, mit mir zu sprechen, vielleicht aus einem Schuldgefühl heraus.

Während ich weiterging, wurden die Wolken immer schwerer und dunkler. Nicht lange und es regnete. Ungefähr um drei Uhr nachmittags kam ich zu der Stelle, an der die Indianer die Nacht über gelagert haben mußten. Einige heiße Kohlen glühten immer noch unter dem palmgedeckten Wetterschutz. Jetzt regnete es sehr heftig, und ich war versucht, anzuhalten und hier mein Lager für die Nacht zu bauen. Aber, sagte ich mir, es waren noch drei Stunden Tageslicht übrig. Ich war hundemüde, aber beharrlich marschierte ich weiter. Kurz danach wurde es schwer, dem Pfad zu folgen; nach einer Weile verlor ich ihn ganz. Ich suchte die nächsten zwei Stunden danach, dann gab ich auf und kehrte zurück zum Lager. Zu meiner Freude glühten die Kohlen noch immer; ich konnte ein Feuer anzünden. Meine Füße waren so kaputt wie noch nie zuvor in meinem Leben. Die nassen Arbeitsschuhe hatten sich gedehnt, und meine Füße waren hin und her gerutscht, als ich über die Wurzeln und Äste auf dem Dschungelboden stieg. Nun war die Haut durch aufgebrochene Blasen roh und wund. Ich war erschöpft. Ich legte mich eine halbe Stunde in meine Hängematte und stöhnte nur noch. Wenn Weinen meine kaputten Füße, meine schmerzenden Schultern und verkrampften Beine erleichtert hätte, ich hätte bitterlich geweint. Ich quälte mich wieder aus der Hängematte heraus und kochte etwas Reis und Trockensuppe. Ich mußte all meine Kraft für diese einfachen

Handgriffe aufbieten, aber es lohnte sich allemal: nichts schmeckte mir jemals so hervorragend. Der Rio Terebinto war an diesem Punkt des Weges nur ein paar Meter entfernt. Ich hätte ein Bad sehr genossen, aber nachdem ich mich hingelegt hatte, war ich so müde und steif, daß der Gang von wenigen Metern eine Tortur zu sein schien, und so rollte ich mich einfach zurück in meine Hängematte.

Ein Vogelchor weckte mich. Der Regen hatte aufgehört. Ich gähnte und setzte mich hin. Dann stieg ich aus der Hängematte. Ich schrie laut auf, denn meine zerschundenen, wehen Füße schmerzten fürchterlich. Unter vielen Schmerzen zog ich meine Socken und Schuhe an, die immer noch naß waren. Dann schlüpfte ich in mein zerlumptes, nasses, kaltes Hemd. Ich gähnte noch einmal, setzte mich auf meine Hängematte und erinnerte mich an die furchteinflößenden Schweine und Irrwege von gestern. Ich betete, daß mir heute nichts Derartiges widerfahren möge. Allein der Gedanke, meinen Rucksack wieder aufzusetzen und nur noch eine einzige Stunde weiter zu marschieren, erfüllte mich mit Abscheu.

Ich trottete zum Feuer und begann mein Frühstück zuzubereiten. Der Duft belebte meine Sinne wieder ein wenig. Ich sagte mir, daß ich, wenn ich mich ins Zeug legte, die Abbeys und Sharps vielleicht bei Einbruch der Dunkelheit erreicht haben konnte. Allerdings würde dies mit meinen Füßen ein schwieriges Unterfangen sein. Aber wieder wurde ich von dem Gefühl weitergetrieben, daß sie mich brauchten. Nie zuvor hatte ich ein ähnlich drängendes Empfinden gehabt.

Ich rollte meine Hängematte zusammen und packte meine Sachen ein. Als ich den Rucksack auf meine Schultern hob, spürte ich Stiche der Ermattung und Schmerzen in Rücken und Schultern. Wie ein gichtbrüchiger alter Mann humpelte ich zurück auf den Pfad. Ich betete, daß ich nicht mehr im Kreis gehen, mich nicht mehr verirren würde! Ich hatte keine Kraftreserven mehr übrig.

Aber wieder fiel es mir schwer, dem Pfad zu folgen. Schließlich gab ich diese Idee auf. Mit dem Kompaß in der Hand lief ich einfach drauflos, in Richtung auf den Fluß zu, in der Hoffnung, dorthin zu gelangen, wo die Sharps und Abbeys lebten. Das Gehen wurde schwieriger, und meine Füße schrien fast auf, als ich durchs Dschungelunterholz stolperte. Dennoch war es besser, als im Kreis zu laufen. Zwei Stunden später stieß ich wieder auf den Indianerpfad. Er war hier deutlich zu erkennen, und ich richtete mich danach. Der Himmel färbte sich dunkel, dann dunkler und dunkler. Ungefähr mittags begann es wieder zu regnen. Ich marschierte wie in Trance. Gern hätte ich angehalten und gerastet, aber ich wagte es nicht. Ich wußte, daß meine Muskeln durch eine Pause so steif würden, daß ich gar nicht mehr weitergehen könnte. Ich schien mich in einer Traumwelt zu bewegen. Meine Beine arbeiteten automatisch. Baum nach Baum ging vorbei. Von Zeit zu Zeit schien der Boden unter mir nachzugeben, und ich mußte mich selbst wieder ins Bewußtsein zurückreißen. Mein einziger Gedanke war, die Sharps und Abbeys zu erreichen: ankommen, ihnen das Penizillin bringen, ausruhen, schlafen ...

Ein Schock brachte mich abrupt zum Stehen. Vor mir an einem Baum hing ganz allein an einem Ast ein Rucksack. Er sah vertraut aus. Ich erkannte die Flecken: Kein Zweifel - er gehörte den Abbeys.

Was konnte dies bedeuten?

Ich sah mich genau um im regennassen Dschungel. Ich lauschte - da war nur das monotone Tropfen auf den Blättern. Wenn sie aus irgendeinem Grund den Pfad verlassen hätten, hätte Wilbur sicher nicht einfach seinen Rucksack an einem Baum hängen lassen. Irgend etwas Ungewöhnliches mußte geschehen sein. Hier in der Wildnis bedeutete das, etwas war schiefgegangen. Ich ließ meinen Rucksack fallen. Er klatschte auf den matschigen Boden. Ich schlug den Deckel von Abbeys Rucksack zurück. Er war voll: Kleidung, Haferflocken, Milchpulver, eine Decke. Das Milchpulver bedeutete, sie hatten ihr Baby bei sich. Unvorstellbar, daß sie einfach weitergegangen waren und all das hiergelassen hatten. Mein Herz sank. Nicht wieder Tod! Die ganze Familie! Ich überlegte, ob ich wohl in der Lage wäre, noch eine Tragödie wie die von Dave durchzustehen. Ich konnte es mir nicht vorstellen. Automatisch sah ich mich nach ihren Körpern um. Nirgendwo war eine Spur von ihnen.

Dann erinnerte ich mich an die Indianer und ihre schuldbewußten Gesichter, ihre Eile wegzukommen. *Hatten sie die Abbeys ermordet?* Mein Verstand, schon taub von Kummer und Müdigkeit, drehte sich um und um. Nur eine Überlegung brachte mich von diesem Glauben ab: Würden die Indianer den Rucksack so offensichtlich zurückgelassen haben, wo er von jedem gefunden werden konnte?

Ich stand fröstelnd im Regen. Steifheit breitete sich auch schon aus. Ich ging besser weiter. Wieviel weiter konnte es noch sein? Die Zeit hatte ihre Bedeutung verloren; ich sah auf meine Uhr. Noch zwei Stunden Tageslicht. Ich ließ den Rucksack der Abbeys dort hängen und taumelte weiter.

Einige Meilen weiter meinte ich, Rauch zu riechen. Das konnte bedeuten, daß ich mich in der Nähe eines Lagers befand. Die Aussicht baute mich auf. Ich quälte mich weiter, nahe an einem Punkt, an dem ich bereit war aufzugeben. Der Rauchgeruch wurde immer eindringlicher. Ich tappte weiter den Weg hinunter und stand vor einer Lichtung.

Ich war da!

Aber alles schien verlassen. Kein Zeichen von Leben irgendwo.

„Irgend jemand zu Hause?" rief ich. Mein Herz klopfte mir im Hals.

Aus einer der Hütten kam Lyle. „Bruce! Hey! Bruce ist hier! Welch ein Anblick für meine erstaunten Augen!"

Ich ließ mein Gepäck fallen; wir liefen aufeinander zu und umarmten uns heftig.

„Wo sind die Abbeys?" war das erste, was ich fragte.

Lyles Kinnlade klappte herunter: „Wie? Hast du sie nicht gesehen?"

„Nein."

„Sie sind vor zwei Tagen zusammen mit siebzehn Indianern aufgebrochen. Sie kehren zurück nach Cafetal und planen, dann nach Guajara Mirim zu reisen. Du müßtest ihnen auf dem Weg begegnet sein."

Lila kam angelaufen, und wir umarmten uns.

„Ich sah die Indianer", sagte ich, „aber nicht die Abbeys."

Beide blickten alarmiert auf.

„Die Abbeys waren nicht bei ihnen?" stieß Lila hervor.

„Sie können irgendwo auf dem Weg hinter den Indianern gewesen sein", sagte ich. „Kurz nach der Begegnung bin ich vom Weg abgekommen." Ich vermied es, jetzt schon von dem Rucksack zu erzählen, weil ich sie nicht beunruhigen wollte.

„Das wird's wahrscheinlich sein", sagte Lyle. „Junge, du siehst aus wie eine ertränkte Ratte."

Ihr kleiner Sohn kam, um mich zu begrüßen. „Hey, John Allen!" Ich nahm ihn auf den Arm.

„Du bist schmutzig!" stellte er fest.

Ich lachte. Ich hatte keinen Gedanken dafür gehabt, bis er davon sprach, aber ich war zweifellos sehr schmutzig. Ich war zehn Tage auf dem Weg gewesen. Meine Kleider waren zerfetzt, und ich war tropfnaß von Kopf bis Fuß. Es regnete immer noch.

„Komm herein, schau dir das Baby an, und mach dich frisch", lächelte Lila.

Das Baby war jetzt fast zwei Monate alt, pummelig und gesund.

„Das Leben hier draußen bekommt euch offensichtlich gut", sagte ich. „Ich machte mir Sorgen und dachte, ich schaue besser mal nach euch."

Das Abendessen war fertig. Nach dem Essen legte ich mich in meine Hängematte, und Lila bandagierte meine wunden, entzündeten Füße. Lyle und Lila hatten schrecklich viele Fragen, und mir ging es ebenso. Schließlich erzählte ich ihnen von dem Rucksack der Abbeys.

„Ich kann mir schwer vorstellen, daß etwas Schlimmes passiert sein könnte", sagte Lyle. „Die Macurapis waren immer recht freundlich. Allerdings, verstehen kann ich es nicht." Sie teilten meine Besorgnis. „Ich schicke morgen früh ein paar Indianer hinaus, die versuchen sollen herauszufinden, was passiert ist."

Trotz meiner Müdigkeit fiel es mir schwer einzuschlafen. Ich bemerkte, daß die Lampe bei Sharps immer noch brannte. Sie lasen die Post, die ich mitgebracht hatte. Nachdem sie acht Monate lang keine Post erhalten hatten, war dies für sie ein großes Ereignis, ich wußte das.

Der Morgen war freundlich und klar: Der Regen war vorüber. Mehrere Indianer waren da. Einer von ihnen bot sich an, meine Kleider zu waschen. Ein anderer trug meine Hängematte und meine Decke hinaus in die Sonne zum Trocknen. Lyle sprach mit ihnen, und eine Gruppe machte sich auf den Weg, die Abbeys zu suchen. Das Lager hatte sich in einen hübschen, anheimelnden Ort verwandelt. Rings um das Haus waren einige Bäume stehengelassen worden, um Schatten zu spenden. Ein Stückchen weiter war ein kleines Maisfeld, auf dem die Pflanzen gerade zu sprossen begonnen hatten. „Junge, es hat uns wirklich gerettet, den austreibenden Mais sofort zu planzen", sagte Lyle. „Er war reif zur Ernte, gerade als der Reis am Ende war. Dies ist unsere zweite Ernte."

Lila lachte. „Kannst du neue Maisrezepte gebrauchen?" fragte sie. „Ich hab' sie alle ausprobiert."

Was war das ein Vergnügen, den ganzen Tag auszuspannen! Die einzige „Arbeit", der ich nahe kam, war, einige Vorschläge zu der Lebensmittelbestellung zu unterbreiten, die Lila und Lyle zusammenstellten, damit ich sie mit zurücknehmen konnte. Als Lyle meinen Rucksack für mich auspackte, stieß er auf den Vorrat an Penizillin.

„Ich habe mehr eingepackt als geplant; ich hatte das Gefühl, ihr könntet es brauchen."

„Nun, das ist sehr nett von dir, es den ganzen Weg zu uns zu schleppen. Wir haben von unserem mitgebrachten noch nicht viel verbraucht, aber man kann ja nie wissen." Ich merkte, daß er die Menge für etwas übertrieben hielt. Später würde er Grund haben, seine Meinung zu überdenken.

Zwei Tage später kamen die Macurapis zurück. Sie hatten von den Abbeys keine Spur entdeckt, allerdings hatten sie den Rucksack mit zurückgebracht. Mir gingen die Freunde nicht aus dem Sinn. Während der vier Tage Ruhe zeigte Lyle mir den hohen Stapel Karteikarten, der Hunderte von Macurapi-Worten und -Redewendungen enthielt. Ich freute mich sehr über die Fortschritte, die sie schon gemacht hatten.

Das Ausruhen und die liebevolle Gemeinschaft hatten mir unendlich gut getan. Meine Füße waren wieder in viel besserem Zustand, und die Muskelschmerzen waren verschwunden. Mit leichtem Schritt ging ich denselben Weg zurück, den ich gekommen war. Er war jetzt nicht schwer zu finden, denn ich hatte an den schwierigen Stellen große Wegmarkierungen in die Bäume geschnitzt. Wo ich vorher völlig ratlos gewesen war, mußte ich jetzt lachen; ich hatte manche Bäume drei oder viermal markiert, und die Größe der Kerben zeigte an, wie frustriert und durcheinander ich gewesen sein mußte, als ich immer im Kreis wanderte. Aber das Herz war mir schwer. Ich suchte und suchte nach einer Spur von den Abbeys - aber ich fand keine. Am Nachmittag des zweiten Tages flammte das alte Rheumaleiden in meinem Knie wieder auf, das mich, seit wir nach Cafetal gekommen waren, immer wieder heimsuchte. Jeder Schritt wurde damit zur Qual. Am nächsten Morgen ging es nur wenig besser, aber als ich weitermarschierte, überlagerte allein die Anstrengung jeden Gedanken an den Schmerz.

Gegen Abend meinte ich, in der Ferne einen Hahn krähen zu hören. Das war wirklich ein willkommenes Geräusch: Es konnte nur bedeuten, daß ich mich der Gummiarbeiterhütte näherte, in der ich auf dem Hinweg übernachtet hatte. Dies war die erste Gelegenheit, etwas über die Abbeys in Erfahrung zu bringen. Meine Hoffnung war, zu hören, daß sie hier entlanggekommen waren. Vielleicht erfuhr ich sogar den Grund, warum sie den Rucksack zurückgelassen hatten. Aber als ich mich dem Haus näherte, schlug eine Welle der Angst in mir hoch: Wenn der Gummiarbeiter die Abbeys nicht gesehen hatte, dann waren sie vielleicht verirrt - oder tot - irgendwo im Dschungel hinter mir.

Ich erreichte die Lichtung. Mein Herz machte einen Satz vor Freude. Einen Moment lang dachte ich, meine überreizten Nerven würden mir einen Streich spielen. Dann sah ich alles ohne Zweifel. Das Paar, das dort gemütlich unter dem geflochtenen Dach in ihren Hängematten saß, waren eindeutig die Abbeys! Ich war völlig sprachlos und humpelte zu ihnen hinüber.

„Dem Herrn sei Dank, da ist Bruce!" platzte Dorothy heraus. Sie sprangen beide auf die Füße, rannten mir entgegen, und wir trafen uns in einer dreifachen Umarmung.

„Wie lange seid ihr schon hier?" fragte ich und befreite mich mit Wilburs Hilfe von meinem Rucksack. „Ich sah euren Rucksack an einem Baum hängen, unweit vom Lager entfernt, und ich habe mir ernsthafte Sorgen um euch gemacht. Was war passiert?"

Eben in diesem Augenblick trat die Frau des Gummiarbeiters mit einer Tasse ihres dampfenden starken Kaffees heraus und gab sie mir. Nach einem kleinen Schlückchen schlenderten wir gemütlich zum Haus und setzten uns in die Hängematten.

„Naja", begann Wilbur zu erzählen, „wir wollten das Lager wegen der Konferenz verlassen und weil wir die Schulferien mit unseren beiden Mädchen verbringen wollten. Man hatte uns gesagt, daß Oktober der trockenste Monat im Sumpf ist, und so dachten wir, wir könnten es schaffen. Die Macurapis sollten einige Vorräte holen, und so überredeten wir sie, unsere Führer zu sein, und uns beim Tragen unseres Gepäcks zu helfen."

„Das hat Lyle mir erzählt", sagte ich. „Aber was geschah dann? Ich bin auf dem Hinweg an den Indianern vorbeigekommen, aber euch habe ich nicht gesehen."

„Nun, du weißt ja, wie diese Typen durch den Dschungel flitzen. Sie mußten sich unserem langsamen Tempo anpassen, und nach einer Weile verloren sie die Geduld und sagten, sie könnten nicht auf uns warten. Sie sagten, wir könnten ihrem Pfad leicht folgen. Dann gingen sie auf und davon."

„Ihrem Pfad folgen!" rief ich. „Ich habe Tage mit der Suche danach vergeudet."

„Genau dasselbe ist uns passiert", sagte Dorothy. „Wir konnten den Pfad auch nicht finden."

„Und das Schlimmste war, daß sie unser Gepäck einfach dort fallen ließen. Wir konnten nicht alles mitschleppen. Außerdem hatten wir Timmy dabei, wie du weißt; wir mußten uns abwechseln, ihn zu tragen. Also blieb uns nur die Möglichkeit, die meisten Lebensmittel zurückzulassen und zu hoffen, daß wir auf dem Weg ein Stück Wild erlegen könnten. Aber ziemlich bald hatten wir uns vollkommen verirrt. Wir wußten nicht, wie lange wir noch durchhalten würden."

„Und dann", fiel Dorothy ein, „stießen wir auf diese Kerben an den Bäumen. Wir kannten nur einen, der solche Kerben zu machen pflegte, und sie waren ganz frisch."

„Die Markierungen waren wie eine gut beschilderte Autobahn", sagte Wilbur. „Alles, was wir tun mußten, war, den Zeichen bis zur Farm hier zu folgen."

Wir erreichten das Haus und setzten uns in die Hängematten. Ihr Sohn Timmy schlief in einer dieser Matten.

„Ganz im Ernst, Bruce", sagte Wilbur, „diese Einkerbungen haben uns das Leben gerettet. Glaube mir, ohne sie hätten wir niemals wieder herausgefunden."

„Das stimmt", sagte Dorothy. „Wir waren kurz davor aufzugeben."

Jetzt verstand ich, warum der Herr mich gedrängt hatte, weiterzugehen an diesen Tagen, an denen ich so viele Stunden im Kreis gegangen war und mein Selbsterhaltungstrieb mich zum Umkehren bewegen wollte. Ich dankte ihm, daß er mich daran erinnert hatte, daß, wer „A" sagt, auch „B" sagen muß, und mich so vor einem Fehler bewahrt hatte, dessen Folgen lebenslang auf meinem Gewissen gelastet hätten.

Der nächste Tag begann mit dem typischen Dschungelnebel. Die Sonne, die ihren Weg durch die Bäume bahnte, schob ihre Lichtstrahlen wie ein Fenster in einen dunklen und staubigen Raum. Wir dankten unseren Gastgebern mit all der lateinamerikanischen Höflichkeit, derer wir fähig waren, und machten uns auf den Weg. Wir mußten uns sputen, denn die Trockenzeit näherte sich zusehens ihrem Ende.

Nach Tagen der Plackerei mit dem schweren Gepäck erreichten wir den Rand des Sumpfes. Dort trafen wir einen Gummiarbeiter, der zufällig denselben Weg hatte wie wir und uns anbot, uns zu führen. Am späten Nachmittag des folgenden Tages erreichten wir den Rio Mequenes. Wir waren mit unseren Kräften jetzt ziemlich am Ende. Plötzlich mußte ich einen Freudenschrei ausstoßen. Dort war Ewart, der langsam auf uns zukam, um uns zu begrüßen. Er hatte es geschafft! Das erste, was ich jetzt ganz sicher wußte, war, daß er am Leben und gesund war.

Am nächsten Tag fuhren wir mit dem Einbaum nach Cafetal. Ich glaube, ich war nie glücklicher, jemanden wiederzusehen als jetzt Edith. Sie war ebenso froh, mich begrüßen zu können. Ich begab mich für eine ausgiebige Ruhepause in unsere wunderschöne Lehmhütte, und sie nahm die jetzt anstehende Arbeit auf, wieder etwas Fleisch auf meine Rippen zu bringen. (Ich verliere im Schnitt ein Pfund Gewicht am Tag, wenn ich mit schwerem Gepäck unterwegs bin.) Die Abbeys brachen einige Tage später nach Guajara Mirim auf.

Nachdem sie uns verlassen hatten, sahen wir uns einige Fotos an, und Klein-Connie zog eines aus dem Stapel. Es war das Bild einer hageren, bärtigen Figur mit zerlumpter Kleidung, Klebeband um die nackten Zehen gewickelt, die aus den zerrissenen Schuhen hervorlugten, und einem traurigen Gesicht - ein Foto, das Edith an dem Tag von mir gemacht hatte, an dem ich von meiner langen Reise zurückgekommen war. Ich hatte den Film inzwischen entwickeln lassen.

Connie sah zu Edith hinauf. „Wer ist denn das, Mammi?" fragte sie.

Nun war es Januar 1954, in der Mitte der Regenzeit und drei Monate, nachdem uns die Abbeys verlassen hatten. Wir erwarteten jetzt jeden Tag die Sharps. Meine Ohren waren gewöhnlich immer gespitzt, um den Ton von Lyles Außenborder auszumachen.

Eines Tages, wir saßen gerade beim Abendessen, sprang ich vom Tisch auf. „Hört sich an wie Lyles Motor!" rief ich. Edith und ich rannten zur Anlegestelle. Wir waren überglücklich, die Sharps zu sehen, die gerade ihr Boot an Land zogen. Lyle bewegte sich langsam und sah hager aus.

Lila erklärte: „Vor ungefähr einem Monat bekam Lyle starke Schmerzen am Blinddarm. Ich gab ihm jeden Tag eine Penizillinspritze. Wir haben gerade die letzte verbraucht, die du uns mitgebracht hattest."

„Ihr kommt gerade zur richtigen Zeit", sagte ich. „Das Postboot ist flußaufwärts unterwegs und sollte in etwa zwei Tagen hier sein. Es wird ungefähr eine Woche dauern, bis du im Krankenhaus in Guayaramerin ankommst, und bis dahin solltest du weiter die Penizillinspritzen bekommen - wir haben noch welches übrig."

Bei ihrer Rückkehr etwa zwei Monate später sagte Lyle zu mir: „Bruce, der Arzt in Guayaramerin sagte mir, daß ich ohne das Penizillin nicht mehr am Leben wäre. Ganz sicher hat der Herr dich veranlaßt und geführt, damals in der Trockenzeit diese Reise zu machen und uns diesen großen Vorrat davon zu bringen."

166

Wie froh war ich erneut darüber, wie unser Herr auch unsere Empfindungen lenkt!

Kapitel 13

Eine neue Aufgabe: Kämpfer für den Frieden

Die Sonne kletterte wie ein nebliger, orangefarbener Ball über die Berggipfel, diesselbe Sonne, der einst hier im Cochabamba-Tal die Inkas geopfert hatten, wo Tom Moreno und ich jetzt standen. Die Bergluft war kühl. Wo möglicherweise einmal ein alter Tempel gestanden hatte, warteten wir jetzt neben der Rollbahn darauf, daß unsere Vorräte in ein Flugzeug verladen wurden.

Es war nicht nur der Beginn eines neuen Tages, sondern auch der Beginn einer Reihe von neuen Erfahrungen für uns. Ich beobachtete, wie die dunkelvioletten Schatten immer mehr vor den Sonnenstrahlen zurückwichen, und dachte: „Wie schnell die Zeit doch vergeht; wie plötzlich Ereignisse unser Leben verändern können." Es war Dezember 1955. Tom Moreno und ich würden zum ersten Mal seit vier Jahren wieder gemeinsam auf Missionseinsatz gehen. Als er damals endlich nach Cafetal zurückgekehrt war mit einer gerichtlichen Verfügung der Regierung in der Tasche, die es den Gummiarbeitern untersagte, Kontakt zu den Nhambiguaras aufzunehmen, war es zu spät gewesen. Dave war bereits tot. Und da hiermit die Bemühungen um die Nhambiguaras am Ende waren, war Tom nach Cochabamba zurückgekehrt und von dort aus in anderen Gebieten eingesetzt worden. Kurz nach seinem Weggang hatte er eine amerikanische Missionarin geheiratet. Das Paar lebte jetzt mit seinen zwei Kindern in Cochabamba.

Nun zu uns, Edith, mir und den Kindern: Wir waren im Mai 1954 in die Staaten gereist, um unseren Jahresurlaub dort zu verbringen, nachdem wir gesehen hatten, daß die Arbeit bei den Macurapis so vielversprechend begonnen hatte. Wir waren erst vor kurzem nach Cochabamba zurückgekehrt.

Wieder mußte ich warten, während ich abzuschätzen versuchte, wo ich wohl am meisten gebraucht würde, oder ob es überhaupt besser wäre, wieder eigene Kontakte aufzubauen. Die Antwort auf meine Fragen kam mit einem dringenden Telegramm von einem Missionskameraden in Todos Santos:

INDIANER IN DER GEGEND. FARMER TÖTETEN EINIGE. BRAUCHE DRINGEND HILFE. LES FOSTER.

Tom und ich waren bald auf dem Weg. Wir bedauerten, daß wir unsere Familien verlassen mußten, waren aber vor allem froh, an Gottes Werk mitzuarbeiten. Todos Santos, noch ziemlich unbekannt in Missionskreisen, war eine Siedlung von ungefähr fünfzehnhundert Einwohnern, nordöstlich von Cochabamba, in etwa fünfundvierzig Minuten per Flug über die Anden zu erreichen. Vom Flugzeug aus konnten wir die Serpentinen der Straße nach Todos Santos betrachten, die sich in vielen Schleifen die steilen bewaldeten Hänge hinaufschlängelte. Hier und dort kroch auf ihr wie ein winziges Insekt ein Bananentransporter. Eine halbe Stunde nach dem Start hörten die Berge abrupt auf. Fünfzehn Minuten später befanden wir uns über plattem Dschungelgebiet. Wir landeten in Todos Santos.

Lois Foster stand am Rand der Rollbahn, um uns in Empfang zu nehmen. Während wir zu ihrem Haus gingen, fragte ich sie nach Les.

„Er ist draußen mit Bob Wilhelmson. Sie versuchen, Kontakt zu den Yuquis aufzunehmen", sagte sie. Mich schauderte bei dem Gedanken, denn sowohl die Fosters wie auch die Wilhelmsons waren recht neu im Missionseinsatz und hatten noch keinerlei Erfahrung. Bob, Anfang zwanzig, strömte über vor jungendlicher Begeisterung.

„Wie können wir sie erreichen?" fragte ich Lois.

„Ihr fahrt ungefähr fünfundzwanzig Kilometer flußaufwärts, bis ihr einige verstreute Farmen seht. Von dort aus geht ein Weg hinunter, ich denke etwa ein bis zwei Kilometer. Ihr geht an ungefähr drei Farmhäusern vorbei, bis ihr zu einem kommt, das verlassen ist. Dort sollten sie sein."

Es galt, keine Zeit zu verlieren Innerhalb einer Stunde hatten wir einen Bolivianer gefunden, der uns in seinem Kanu mit Außenbordmotor dorthin fahren würde. Wir legten die Strecke in circa zwei Stunden zurück. Dann, bepackt mit unseren Rucksäcken, eilten wir den Weg hinunter. Wir fanden das, was nach einem verlassenen Farmhaus aussah. Es sah allerdings mehr aus wie ein Unterstand. Vier Eckpfähle hielten ein palmgedecktes Dach. Es gab keine Verbindungspfähle für Wände, und so hatte das einfache Bambusdoppelbett wenig Schutz vor Regen und Wetter. Wir gingen hinein und fanden die Hängematten und Rucksäcke von Les und Bob. Es war jetzt spätnachmittags. Sie sollten jeden Moment zurückkommen, und so setzten wir uns, um auf sie zu warten.

Während der letzten anderthalb Jahre hatte ich keinen der beiden gesehen; das letzte Treffen war vor unserem Urlaub gewesen. Bob hatte ich im Trainingslager in Kalifornien als ersten kennengelernt und Les bei seinem ersten Einsatz.

Kurze Zeit später kamen sie zurück, und wir begrüßten uns herzlich. Einer der besonders schönen Aspekte am Missionarsdasein ist die enge Bindung, die sich zwischen den Kameraden entwickelt.

„Mann, bin ich froh, euch zu sehen!" sagte Les. „Wir sind wirklich in der Klemme."

„Wir brauchen eure Hilfe", ergänzte Bob. „Aber zunächst wollen wir etwas essen und dann reden. Ich bin halb verhungert."

Ich bemerkte, daß Les einen Bart trug, das Zeichen eines Neulings im Feld. (Ich hatte auch einen, als ich zu meiner ersten Expedition zu den Sansimonianos aufbrach.) Ein neuer Missionar empfindet den Bart als Zeichen seiner Bereitschaft, sich im Dschungelleben zurechtzufinden. Aber oft findet er heraus, daß eine tägliche Rasur ihm mehr moralischen Antrieb vermittelt.

Der Bart von Les schien mir ein leicht beunruhigendes Zeichen für naiven Enthusiasmus zu sein - die Art Eifer, der ihn in Schwierigkeiten bringen konnte. Auf der anderen Seite war sein felsenfestes Gottvertrauen wiederum beruhigend. Les war in der Wildnis zu Hause. Aufgewachsen auf einer Farm in Iowa, hatte er einige Zeit in den Bergen des Westens verbracht. Eine glänzende Gürtelschnalle, mit dem Wort „Colorado" in großen, erhabenen Buchstaben darauf, war sein Erinnerungsstück an die glücklichen Tage, die er dort im rauhen Gelände verbracht hatte.

Les pflegte seinen Weg in schnellen, ungeduldigen Schritten zurückzulegen. Aber wenn eine Entscheidung getroffen werden mußte, blieb er stehen, verschränkte die Arme vor der Brust und dachte mit vorgeschobenen Lippen nach, ehe er etwas sagte oder tat.

Ich war nicht überrascht, als ich eines Morgens aufstand und sah, daß Les seinen Bart abrasiert hatte, nachdem wir schon einige Zeit im Dschungel gewesen waren.

Inoffiziell ernannten wir ihn zu unserem Leiter, was eine große Hilfe bei unseren Kontakten zu den Yuquis war.

Nach dem Abendessen saßen wir lange am Feuer, denn es gab eine Menge zu erzählen. Ich hatte viele Fragen. Les blickte ernst und konzentriert, wie es seine Art war. Vielleicht hatten die Jahre in der Armee während des Krieges damit zu tun oder die Gründung seiner Familie mit drei Kindern. Er beugte sich vor und schob einen Ast ins Feuer. Dann sprach er: „Wir haben ein wirkliches Problem. Nur ein paar Kilometer entfernt - direkt im Dschungel - gibt es diesen steinzeitlichen Stamm, genannt die Yuquis. Es kommt nicht oft vor, daß man einen primitiven Stamm so nahe an einem Vorposten der Zivilisation wohnend findet. Und gerade jetzt hätten wir eine Riesenchance, sie mit dem Evangelium zu erreichen. Dies ist das erste Mal seit vierzehn Jahren, daß sie sich wieder in dieser Gegend blicken lassen."

Seine dunklen Augen leuchteten voll Begeisterung, als er sich nach vorn beugte, um im Feuer zu stochern.

„Aber es gibt einige kleinere Hindernisse, die wir zuerst beseitigen müssen", fuhr er fort.

„Und die wären?" fragte ich.

„Nun, zunächst müssen wir den Krieg zwischen den Yuquis und den bolivianischen Farmern beenden, ehe wir den Stamm erreichen können."

„Welche Art von Krieg?" wollte ich wissen.

„Nun, die Situation ist folgende", erklärte Les. „Ich werde bei den Farmern anfangen. Sie sind so ziemlich der elendeste, unterprivilegierteste Haufen, den ich je gesehen habe. Sie leben von kleinen Lichtungen am Rand des Dschungels, wo sie kaum genug an Bananen, Yucca und Mais ernten, daß es zum Leben für sie reicht. Das bißchen Geld, das sie besitzen, verdienen sie mit dem Anbau von Coca."

Über Coca wußte ich Bescheid. Es ist ein leichtes Betäubungsmittel, das die Quechua-Indianer gerne lutschen, ebenso wie andere, die darin eine Erleichterung ihres Elends suchen.

„Das Leben der Farmer war schon hart genug", erzählte Les weiter. „Dann kamen vor einiger Zeit die Yuquis hierher. Niemand weiß warum. Man vermutet, daß die Flut sie hierhergetrieben hat, die ihre Gebiete im Flachland genau wie damals vor vierzehn Jahren überspülte. Bis zu diesem Zeitpunkt war das Leben der Farmer wirklich schwer genug. Aber als die Yuquis auftauchten und ihnen die Ernte stahlen, standen sie in Gefahr zu verhungern."

„Was ist mit den Todesopfern, die es gegeben hat?" fragte ich.

171

„Dazu komme ich jetzt", anrwortete Les. „Es war furchtbar. Vor ungefähr zwei Wochen nahmen die Farmer die Angelegenheit selbst in die Hand. In ihren Augen sind die Yuquis wilde Tiere, gleichzusetzen mit den *tigres*, die ihnen ihre Hühner stehlen. Sie entdeckten ein Yuqui-Lager ungefähr drei Kilometer westlich von hier und schlichen sich heimlich an. Sie überraschten die Indianer - die Männer waren alle zur Jagd. Nur Frauen und Kinder waren dort. Manche flochten Körbe, manche drehten Schnüre für Hängematten oder banden Federn an Pfeile. Die Farmer eröffneten das Feuer auf die Frauen. Eine fiel; andere ergriffen ihre Kinder und versuchten zu fliehen. Das Blut strömte aus ihren nackten Körpern, als die Farmer wieder und wieder feuerten. Niemand weiß, wie viele getötet wurden. Einige Kinder standen gelähmt vor Angst noch dort. Die Farmer nahmen vier von ihnen und verschleppten sie.

Die Indianer müssen die Schüsse gehört haben und rannten zum Lager. Sie verfolgten die Bolivianer und beschossen sie mit Pfeilen. Ein Farmer bekam einen Pfeil ins Bein."

Bob nahm den Faden auf: „Als uns die Nachricht in Todos Santos erreichte, waren wir wütend angesichts dieser Ungerechtigkeit. Uns taten die armen Indianer sehr, sehr leid."

„Was wurde aus den Yuqui-Kindern?" fragte ich.

„Soweit ich weiß, haben die Farmer sie an verschiedene Familien in Todos Santos gegeben, um sie als Diener zu erziehen", sagte Les.

„Und was ist seitdem geschehen?" wollte ich wissen.

„Wir sind durch den Dschungel gezogen und haben Geschenke hingelegt in der Hoffnung, den Stamm wiederzufinden," antwortete Les.

Mir gefror das Blut in den Adern bei dem Gedanken.

„Aber wie könnt ihr sicher sein, daß die Indianer nicht denken, daß ihr auf seiten der Farmer seid?" verlangte ich zu wissen.

„Wir haben schon darüber nachgedacht", sagte Les, „aber wir tragen ja nie Pistolen, also werden sie sich nicht fürchten."

„Und wir dachten daran, unsere Geschenke in verschiedenen Farben anzumalen und so zu markieren, damit sie nicht denken, die Farmer stellten eine Falle für sie auf", warf Bob ein.

Meine Gedanken wanderten zurück zu meinen eigenen ersten Tagen auf dem Missionsfeld. Ich erinnerte mich an die Risiken, die wir bereitwillig eingegangen waren, um erste

Kontakte zu den Nhambiguaras herzustellen, ehe wir erfahren mußten, wie verschlagen und gefährlich sie waren. Ich konnte den ernsten Eifer des neuen Missionars so gut verstehen, die Ungeduld, mit der Arbeit voranzukommen. Aber durch Erfahrung, Leid und tragischen Verlust hatte ich auch lernen müssen, daß es notwendig ist, den Eifer durch Geduld und gesunde Vorsicht zu zügeln.

„Also immer mit der Ruhe, Freunde," sagte ich. „Wir dürfen die Tatsache nicht vergessen, daß wir uns mitten in einem Krieg befinden. Und wir müssen versuchen, ihn zu beenden, ehe wir überhaupt Kontakt zu den Yuquis aufnehmen können."

„Du kannst dir nicht vorstellen, wie froh wir sind, daß ihr gekommen seid", sagte Bob irgendwie verlegen. „Wir sind wohl doch noch ziemlich blauäugig in solchen Dingen."

„Wir hatten denselben Gedanken", sagte Les. „Wir wissen, daß die Farmer wütend sind, aber sie sind auch verängstigt. Wenn sie mit dem Schießen fortfahren, werden die Indianer mit Sicherheit versuchen, Rache zu nehmen. Dann gibt es Tote und noch mehr Tote."

„Also, was ist die Lösung?" fragte ich.

„ Wir müssen versuchen, zuerst das Vertrauen der Farmer zu gewinnen - sie dann dazu bringen, mit dem Schießen aufzuhören, auch wenn die Indianer von ihren Ernten stehlen."

„Wenn wir das fertigbringen, können wir versuchen, die Freundschaft der Yuquis zu gewinnen", sagte ich. „Aber zunächst einmal müssen wir uns Zeit lassen. Ihr müßt euch klarmachen, in welcher Gefahr wir uns befinden. Zum Beispiel jetzt und hier - dieses Feuer inmitten der Dunkelheit macht uns zur perfekten Zielscheibe für ihre Pfeile. Ich gebe gerne zu, daß ich ein bißchen nervös bin."

Bob sah ernst auf die Feuerstelle. Er sagte: „Ich glaube, ich will zurück zu meiner Mama." Wir gröhlten vor Lachen. Bob war groß im Witzereißen, ein echter Gewinn in Situationen wie dieser. Aber er hatte seinen Scherz mit ernstem Gesicht gemacht.

Les stand auf, um Wasser für den Kaffee aufzusetzen. „Du und Tom", sagte er und sah mich an, „ihr beide habt schon viel Erfahrung im Umgang mit den Indianern. Also werden wir das tun, was ihr vorschlagt."

Ich machte den Vorschlag, eine Reihe von Wegen anzulegen und Geschenke hinzulegen, wie wir es für die Nhambiguaras getan hatten.

„Ich sehe uns noch, wie wir vorgegangen sind!" rief Bob.

„Obwohl wir keine Pistolen dabei haben, könnten die Yuquis wahrscheinlich gar nicht anders, als anzunehmen, wir wollten sie töten. Es ist gut, daß ihr hier seid, um uns Grünschnäbel zu korrigieren."

Tom und ich waren froh, daß sie diesen Aspekt sahen. Natürlich hätten auch wir gern sofort freundschaftlichen Kontakt hergestellt. Aber diesmal mußten wir uns Zeit lassen. Es würde Monate, wenn nicht gar Jahre an Arbeit, Schweiß, vergeblichen Versuchen und geistlichen Anfechtungen kosten, ehe dieser Stamm mit dem Evangelium erreicht werden konnte.

Im Dämmerlicht des verlöschenden Feuers schwebte ein breiter Schatten über unseren Köpfen. Große Vampir-Fledermäuse mit einer Flügelspannweite von etwa einem halben Meter segelten auf Moskitofang durch die Lüfte. Als wir unsere Hängematten für die Nacht aufhängten, waren wir froh, Moskitonetze zu besitzen. Arme Vampire! Wir gaben ihnen keine Gelegenheit, an unser vitaminreiches Blut zu gelangen.

Während der nächsten Tage besuchten wir einige Farmer, die verstreut in einem Streifen von etwa zehn Kilometern Länge am Fluß lebten. Durch unsere Gespräche mit ihnen fanden wir heraus, daß sie einen Anführer hatten. Wir suchten ihn auf und lernten ihn als freundlich und zugänglich kennen. Er war klein und gutaussehend, von gewandter lateinamerikanischer Art, mit korrekt gestutztem Schnurrbart und dunklem, welligen Haar. Er schien gebildeter zu sein als die meisten anderen. Er nahm unseren Plan gut auf und meinte, es würde eine gute Idee sein, ein Treffen aller Farmer einzuberufen und die Lage zu besprechen.

Die Nachricht wurde verbreitet. Das Treffen sollte auf der Farm des Anführers stattfinden, die zentral gelegen war. Als wir am Morgen eintrafen, tropfte der Tau noch von den Bäumen. Wir waren die ersten, die aufkreuzten. Nach und nach kamen die übrigen Farmer dazu. Wir kannten einige von unseren Besuchen her; und doch wirkten alle zusammen ganz anders! Wie eine übriggebliebene, zerlumpte Horde aus dem ersten Weltkrieg sahen sie aus. Einige trugen Sandalen, andere waren barfuß. Wir konnten nicht ausmachen, welcher Fleck an ihrer Kleidung ein Flicken war und was der Originalstoff. Ihre Erscheinung wurde noch furchterregender dadurch, daß viele seit Wochen kein Rasiermesser mehr gesehen hatten. Ihre Wangen beulten sich mit dicken Knäueln von *Coca*-Blättern; ihre Zähne und Lippen waren gewöhnlich grün vom Lutschen. Alle hatten Gewehre bei sich, die noch aus Zeiten vor dem ersten Weltkrieg zu stammen schienen. Viele der Waffen besaßen noch die sechseckigen Läufe vom Anfang unseres Jahrhunderts. Manche der Männer trugen alte, eingebeulte Stroh- oder Filzhüte, andere kamen ohne Kopfbedeckung.

Als sie eintrafen, saßen wir Missionare auf einem Stamm am Rand eines Grasfleckens. Um uns herum lagen Cocablätter zum Trocknen ausgebreitet.

Les murmelte: „Schaut sie euch an! Ich kann sie wohl verstehen. Es muß sehr hart sein, hier draußen sein Leben zu fristen. Was für eine Not! Man sieht, daß sie jedes bißchen an Yucca, an Bananen oder an Mais gebraucht hätten, das die Indianer genommen haben."

Bald summte der Platz von gespannter Erwartung. Ungefähr fünfzig Farmer standen dort lebhaft diskutierend in kleinen Gruppen. Arme gestikulierten heftig, Lippen stießen ärgerliche Töne aus.

„Junge, die sind nicht gerade in guter Stimmung für Versöhnungsversuche", murmelte Bob.

„Wir müssen sie dazu bewegen, mit uns zusammenzuarbeiten", sagte Tom mit Bestimmtheit. „Es gibt keinen anderen Weg."

„Sie erinnern mich an einen Haufen Hornissen, nachdem ein Stein durch ihr Nest geworfen wurde", sagte Bob.

„Tom hat recht", sagte ich. „Aber in einer Beziehung müssen wir größte Vorsicht walten lassen."

Bob und Les sahen mich erwartungsvoll an.

„Wir dürfen nicht den Eindruck erwecken, als ob wir auf seiten der Yuquis wären. Das wird diese Farmer schneller als alles andere dazu bringen, von unserem Plan abzuspringen."

„Trotzdem", fügte Les schnell hinzu, „müssen wir auch die Seite der Indianer zur Sprache bringen. Wir sind Vermittler und bringen Nachrichten von einer Seite zur anderen, da die Parteien nicht auf direktem Weg kommunizieren können."

„Richtig", stimmte ich zu. „Die ganze Sache ist äußerst delikat. Wir müssen uns vollkommen unparteiisch verhalten. Wenn wir auch nur den Anschein erwecken, zur einen oder anderen Seite abzurutschen, ist die ganze Sache gestorben."

„Und wir vielleicht gleich mit", ergänzte Bob, dessen Augen über die aufgebrachten Farmer schweiften.

Die Versammlung wurde zur Ordnung gerufen. Manche der Farmer saßen auf Baumstämmen. Andere hockten im Schneidersitz wie die Indianer. Abwechselnd kauten oder spuckten sie.

Der Anführer eröffnete die Sitzung und fragte, ob die
Farmer Fragen an die Missionare hätten.

Einer fragte: „Warum seid ihr Typen überhaupt hier und
riskiert euer Leben? Denkt ihr, diese Wilden haben irgendwo
Gold versteckt?" Während er sprach, sah er zu Boden, und
als er geendet hatte, spuckte er aus.

Tom antwortete auf spanisch: „Männer, wir sind nicht hier
wegen des Geldes. Wenn wir Geld hätten haben wollen und
all die anderen Vergnügungen, dann wären wir in unserem
eigenen Land geblieben. Bruce hier, zum Beispiel, könnte
zu Hause Tausende von Dollars verdienen, wenn er in seinem Beruf als Förster geblieben wäre. Wir möchten etwas
Wertvolleres als Geld: *die Seelen von Menschen*. Seht, Leute, in Gottes Augen sind die Seelen dieser Yuquis ebenso
wertvoll wie eure oder unsere. Gottes Wort sagt „alle haben
gesündigt". Jesus vergoß sein Blut als Lösegeld für ihre
Sünden genauso wie für unsere. Erlösung ist ein Geschenk
von Gott. Wir sind gekommen, um dieses kostenlose Geschenk anzubieten, auch wenn das unser Leben kosten
sollte."

Sie sahen uns merkwürdig an. Die meisten von ihnen
hatten so etwas noch nie zuvor gehört. Manche scharrten
unruhig mit den Füßen. Die Sonne stieg am Himmel höher
und schien erbarmungslos auf unsere Köpfe. Wir beantworteten noch einige Fragen zum Thema, wer wir waren und
was wir wollten. Die Farmer in dieser Gegend sind mißtrauisch und leben am Rand der Katastrophe. Aber immerhin
waren sie bereit, zu bleiben und zuzuhören. Sie schienen in
ihrer Einstellung sehr starr zu sein. Unverrückbar saßen und
kauerten sie dort, die Moskitos um ihre Köpfe brummend, in
ihrem Ärger langsam und still vor sich hin brütend. Tom
stand auf und hielt eine lange Rede. Sie dauerte über eine
Stunde. Seine Absicht war eine doppelte: Dies war nicht nur
die Chance zu evangelisieren, sondern was vielleicht an diesem Punkt noch wichtiger war, daß das bloße Vergehen von
Zeit die Gefühle der Farmer langsam abkühlen und ihren
Widerstand schmelzen lassen würde.

Toms Ausführungen zwangen die Männer auch dazu, einige Dinge zu überdenken. Er bedrängte sie, nicht nur in
Kategorien von Krieg und Überleben zu denken, sondern
auch ihre Verantwortung gegenüber Gott zu berücksichti-
gen. Er erklärte, daß wir dort waren, um auch ihnen zu helfen, wenn sie das wünschten. „Ich wäre gern bereit, nach La
Paz zur Regierung zu reisen, um für diejenigen, die Verluste
erlitten hatten, Unterstützung zu erbitten." Wenn sie mit uns

zusammenarbeiteten, sagte er, würden wir versuchen, einen freundschaftlichen Kontakt zu den Indianern herzustellen, um sowohl das Schießen als auch das Stehlen zu beenden. Erst dann wäre auch das Leben und der Besitz der Farmer wieder völlig sicher. Tom dankte ihnen herzlich für ihre Aufmerksamkeit und setzte sich wieder.

Die Wirkung war eher ernüchternd. Langes Schweigen folgte. Ein paar der Farmer husteten und verlagerten ihr Gewicht von einem Bein auf das andere. Schließlich eröffnete der Anführer die Diskussionsrunde.

Ein Farmer stand auf und sagte mit monotoner Stimme: „Ich bin der Meinung, wir sollten hingehen und diese nutzlosen Tiere ein für allemal erledigen." Er setzte sich. Ein anderer stand auf: „Diese Missionare haben eine Chance verdient. Was können wir denn verlieren? Geben wir ihnen ein wenig Zeit, und warten wir ab, was passiert. Dann können wir uns noch einmal treffen und entscheiden."

Die Mehrheit stimmte dem zu. Wir dachten, daß dies zumindest ein Anfang war. Aber würden wohl während unserer Arbeit einige Farmer eigene Entscheidungen treffen, auf die Indianer schießen und so unser Leben gefährden?

Wochen vergingen - Wochen voll unsicheren Friedens. Ich wurde gebeten, unsere Missionsarbeit vor der Regierung zu vertreten, und mußte für unbestimmte Zeit verreisen. Über Monate wurden Geduld und Durchhaltevermögen meiner Freunde aufs schärfste geprüft. Sie fuhren fort, die Farmer zu besuchen, und streiften außerdem jeden Tag kilometerweit durch den Dschungel, um die Geschenke für die Indianer zu überprüfen. Kein Geschenk wurde angenommen. Sie arbeiteten hart, um Kontakte herzustellen, und hatten kaum Erfolg. Dick Strickler, ehemals Astronom in einem Marineobservatorium, und Harold Rainey, ehemals Förster, verstärkten das Team. Von Zeit zu Zeit kamen andere und halfen für einige Wochen aus.

Die Entäuschungen türmten sich auf. Obwohl die Missionare es schafften, offene Feindseligkeiten zu verhindern, gab es doch keine durchgreifenden Erfolge in dieser Zeit. Dann, nach einem ganzen Jahr an Arbeit, gab es einen schlimmen Rückschlag. Ein Telegramm eines unserer Leute in Todos Santos erreichte mich in Cochabamba:

BOLIVIANISCHE FRAU VON INDIANERN GETÖTET: FARMER GEBEN UNS ZWEI WOCHEN, UM MEHR MISSIONARE ZU STELLEN ODER ZU VERSCHWINDEN.

Sofort reiste ich zurück.

„Hast du bei den Behörden irgend etwas erreicht an Hilfe

für die Farmer?" fragte Les, als ich aus dem Flugzeug gestiegen war.

„Ja, sie haben versprochen zu helfen, aber ich habe bis jetzt weder Lebensmittel noch Geldunterstützung gesehen."

„Das ist schlecht", sagte Les.

„Außerdem habe ich von der Regierung die Befugnis erhalten, die entführten Kinder den Leuten in der Stadt wegzunehmen und sie wieder zu den Indianern zu bringen. Aber das ist im Moment schwierig. Ich habe mich umgeschaut nach dem Verbleib der Kinder. Eine Familie ist wegen der Arbeitslosigkeit nach Argentinien gezogen. Ein anderes Paar mit einem Yuqui-Kind ist nach La Paz umgezogen. Wenn es sich als unmöglich erweist, diese beiden Kinder zurückzubekommen, weiß ich nicht, was wir tun sollen. Ich habe zwei der älteren Kinder in Todos Santos gesehen, als ich das letzte Mal bei euch war. Es würde Schwierigkeiten machen, sogar diese wiederzubekommen, weil die Bolivianer mittlerweile so an ihnen hängen."

Wir erfuhren, daß der Anführer der Farmer für den nächsten Morgen, neun Uhr, ein Treffen anberaumt hatte. Als wir eintrafen, brannte die Sonne bereits vom Himmel. Eine Reihe von Farmern bereitete sich auf einen Vergeltungsschlag gegen die Indianer vor. Einige von ihnen trafen wir hier. Wir sprachen mit ihnen, aber sie hatten kaum ein Wort für uns. Wie immer hatten sie auch diesmal ihre schußbereiten Gewehre im Anschlag bei sich.

„Seit dem Mord reisen sie nur noch in Gruppen", erklärte Les. „Ein einzelner Mann könnte zu leicht überfallen werden."

Die Sitzung begann; die Luft war spannungsgeladen. Ein Mann nach dem anderen stand auf und verlangte einen Vergeltungsangriff auf die Yuquis. Einer führte noch weiter aus: „Wir haben diesen Missionaren ein ganzes Jahr Zeit gegeben, und sie haben nichts unternommen. Wenn ihr mich fragt, dann haben sie einfach Angst - Angst vor diesen Tieren. Ich sage, es ist Zeit, die Dinge selbst in die Hand zu nehmen. Ich sage, es heißt, entweder zuerst töten - oder getötet werden."

Ein ärgerliches Raunen signalisierte Zustimmung. Die schwelende Wut in ihren Stimmen, die mir schon vor einem Jahr aufgefallen war, stand jetzt kurz vor der Explosion.

„Gut, señores", schaltete sich der Anführer ruhig ein. „Ihr habt eure Meinung gesagt. Jetzt laßt uns hören, was die Missionare zu sagen haben."

Les stand auf und sprach auf spanisch zu ihnen. Breitbeinig stand er dort, hielt die Arme verschränkt, wenn er nicht gerade gestikulierte, und strahlte unerschütterliche Selbstsicherheit aus: „Männer, wir haben alles getan, was in unserer Macht stand, um zu den Yuquis Kontakt aufzunehmen. Wir haben Geschenke hingelegt; wir sind Hunderte von Kilometern auf gefährlichen Wegen durch den Dschungel gewandert, um sie zu finden und ihnen das Evangelium zu bringen, damit ihr und eure Familien sicher leben könnt. Es ist wahr, daß wir versagt haben, aber wir haben es versucht. Es ist nicht unsere Schuld, daß eure Frau getötet wurde. Außerdem - habt ihr daran schon einmal gedacht - wenn ihr hingeht und zwei oder drei Indianer tötet, werden sie nie aufhören, ehe sie nicht alle von euch umgebracht haben."

Man hörte leises Gemurmel.

„Und außerdem werdet ihr vor Gott zur Verantwortung gezogen für jeden Indianer, den ihr in die Ewigkeit schickt." Mehrere Augenpaare waren auf den Boden geheftet, als ob dies ein völlig neuer Gedanke für sie wäre. Dann begannen die Männer laut miteinander zu diskutieren.

Es waren noch einige weitere Gruppen hereingekommen. Insgesamt waren wohl neunzig Personen anwesend. Der Anführer marschierte langsam hin und her und kämpfte offensichtlich mit dem Für und Wider dessen, was er gehört hatte. Die Veranstaltung begann in Tumult umzuschlagen.

„Ruhe bitte", sagte der Anführer. „Wir werden abstimmen. Wenn ihr Männer euch zum Töten entschließt, dann stellt sicher, daß jeder Mann, der dafür seine Stimme abgegeben hat, mit auf die Expedition geht. Ich möchte nicht, daß irgend jemand einen Rückzieher macht. Überlegt euch gut, wofür ihr eure Stimme abgebt. Laßt euch nicht von euren Gefühlen leiten. Also, diejenigen, die dafür sind zu töten, sollen sich auf dieser Seite der Terrasse aufstellen." Er deutete auf eine Seite. Gedränge entstand. Es schien, als wollten sich die meisten der Männer dort aufstellen. Aufgeregt auf ihrem coca kauend, diskutierten sie hitzig.

„Ruhe bitte! So, und die anderen Männer, die das für dumm halten, stellen sich auf die andere Seite."

Der Pulk teilte sich, manche gingen hierhin, andere dorthin.

„Sieht nicht allzu gut für uns aus, Les", sagte ich.

Er schien mich gar nicht zu hören. Etwa eine Minute später fragte er: „Was? Was hast du gesagt?" Er hatte gebetet.

„Nicht so wichtig, Les." Der Anführer bat wieder um Ruhe, und ich wollte nicht verpassen, was er zu sagen hatte.

Der Anführer schien enttäuscht zu sein über die Entscheidung, nach der die Männer sich aufstellten. Ich nehme an, er sah die Dinge ähnlich wie wir. Ich hoffte, er würde seinen Einfluß geltend machen. Fünfzig waren für das Töten. Neununddreißig waren dagegen. Jede Minute unserer Arbeit, Schweiß, Tränen, schmerzende Muskeln, Zeit - alles schien jetzt vergeblich gewesen zu sein. Der Anführer führte die Debatte weiter. Er stellte den Männern die Möglichkeit vor, uns noch mehr Zeit zu geben. Ein Farmer auf der „Töten"-Seite sagte: „Wir leben ständig in Angst. Wir können nirgends hin oder in Ruhe arbeiten. Dauernd müssen wir Angst haben, erschossen zu werden. Laßt uns ein Ende machen."

Ein anderer: *„Los salvajes* wollen Rache. Wir müssen sie kriegen, bevor sie uns kriegen."

Schweigen folgte. Keiner rührte sich. Die Sonne brannte auf unsere Köpfe. Alle schwitzten. Kein Lüftchen regte sich.

Dann sprach ein Farmer für unsere Seite: „Wohin bringt uns das alles? Töten und getötet werden. Die Wilden haben ihr ganzes Leben im Dschungel verbracht. Wenn wir wieder in den Dschungel gehen, werden wir sie nicht überraschen. Die Missionare haben recht. Gebt ihnen eine Chance."

Ein anderer schloß sich schnell an: *„Si"*, sagte er. „Wenn sie ihr Leben für uns riskieren wollen, ist es nur recht und billig, wenn wir versuchen, sie zu unterstützen."

Diese Beiträge riefen laute Gegenargumente auf den Plan.

„Ich sage, laßt uns diese unnützen Tiere töten, die Maria auf dem Gewissen haben. Seid ihr denn alle Feiglinge?"

Noch mehr Disput. „Nun gut, *señores"*, hob der Anführer erneut an und wischte sich über die Augenbraue. „Ich gebe euch noch eine letzte Möglichkeit, eure Meinung zu ändern. Wenn ihr noch die Seiten tauschen möchtet, dies ist eure letzte Chance."

Stille.

Ein Mann trat aus der „Töten"-Reihe heraus. Langsam ging er auf die andere Seite des Gartens. Unsere Herzen waren schwer. Einer wog nicht allzuviel. Wenn ihm nur noch andere folgen würden. Dann trat ein weiterer heraus. Pause. Und noch einer. Wir Missionare hielten die Köpfe gesenkt und beteten. Aber aus den Augenwinkeln mußte ich beobachten. Noch einige traten heraus. Dann geschah nichts mehr.

„Noch einmal zählen", sagte der Anführer.

Ich wischte meine schweißnasse Stirn. Ich konnte die Moskitos summen hören in der Stille. Mein Herz raste. „*Muy bien, señores*", hörte ich den Anführer. „Wir zählen ein letztes Mal." Er ging die erste Reihe hinunter, dann die zweite und zählte. Dann sprach er. „Dreiundvierzig für Töten. Aber sechsundvierzig dagegen. Das war's - wir gehen nicht."

Die Reihen lösten sich wieder in kleinere Gruppen auf. Manche der Farmer waren zufrieden, andere wütend. Für uns bedeutete ihre Entscheidung alles. Gott hatte einen Sieg über ihre Herzen errungen. Wir waren frei, mit unserer Arbeit fortzufahren.

In der darauffolgenden Woche verdoppelten wir unsere Anstrengungen, mit den Yuquis Kontakt aufzunehmen. Zehn Stunden am Tag streiften wir durch die Wälder, legten Geschenke ab und versuchten neue Fährten zu finden. Für uns hieß es: jetzt oder nie.

Die Indianer bestahlen die Farmer weiterhin. Während wir in einem Gebiet arbeiteten, hörten wir, daß sie in einem anderen zugeschlagen hatten. Und sie gingen uns immer aus dem Weg.

Ich erhielt Nachricht, daß ich wieder bei der Arbeit mit der Regierung in Cochabamba gebraucht wurde. Wir vereinbarten täglichen Funkkontakt, und ich versicherte Les, daß ich unverzüglich zurückkehren würde, sofern Not am Mann war.

Les hatte mehrere Monate die Stellung in La Jota gehalten, als er nach mir schickte.

„Nun", sagte ich, als er mich mit den anderen Missionaren vom Flughafen abholte, „zumindest seid ihr noch nicht bei den Indianern im Suppentopf gelandet."

„Diese Yuquis sind pingelig", grinste Harold, kurz bevor er und Dick das Flugzeug nach Cochabamba bestiegen, wo sie zwei Wochen Urlaub verbringen wollten. „Sie warten auf ein richtiges Stück Fleisch, so wie dich."

Don Hay, Paul Mason, Les und ich fuhren zurück, und Les sagte: „Die Indianer hatten endlich einige Geschenke angenommen. Wir hofften, daß freundschaftlicher Kontakt zustandekommen würde. Dann geschah das Schlimmste: Die Indianer töteten einen der Farmer. Kurz danach töteten sie noch einen."

„Wie habt ihr die Farmer davon abgehalten, jetzt den totalen Krieg anzufangen?" fragte ich.

„Ich nehme an, sie waren zu entmutigt, um sich zur Wehr zu setzen", fuhr Les fort. „Alle Farmer rund um La Jota waren so verängstigt, daß sie weggezogen sind. Aber sofort nachdem sie weg waren, brannten die Yuquis einige ihrer Häuser nieder. Das machte die Farmer wütender als jemals zuvor."

Wir waren am Haus angekommen. Nachdem ich Lois begrüßt hatte, erzählte Les weiter: „Wir waren fest entschlossen, die Indianer zu erreichen, und so bauten wir einige Häuser in La Jota und errichteten dort vor Ort eine Basis. Ich nahm Lois und die Kinder mit mir dorthin. Ich dachte, wenn sie sehen würden, daß ich selbst Frau und Kinder habe, würden sie wissen, daß wir keine Veranlassung hätten, ihre zu entführen. Und es funktionierte. Endlich bekamen wir freundschaftlichen Kontakt."

Ich sah Lois an und sagte: „Du bist ein mutiges Mädchen."

Sie gab zu verstehen, daß das Abendessen fertig sei, und unsere Unterhaltung wandte sich anderen Dingen zu. Aber ich war zu neugierig, um das Thema fallenzulassen. „Wie sind die Yuquis?" fragte ich.

Les lachte leise. „Wir wissen wirklich nicht genau, wie wir sie einschätzen sollen - sie sind so unberechenbar", sagte er. „Einmal sind sie fröhlich und ausgelassen und spielen herum wie die Kinder. Dann wiederum werden sie plötzlich bösartig und kommen ins Haus, während wir da sind, und reißen alles auseinander. Vor ein paar Tagen erst haben sie meinen Radioapparat, mein Tonbandgerät und das Funkgerät zerschlagen. Sie nahmen Lebensmitteldosen und bohrten Löcher hinein, ohne daß sie etwas davon haben wollten. Anschließend geht es ihnen dann wieder gut. Was denkst du über solches Verhalten?"

„Mann!" sagte ich. „Das muß einen Menschen ja nervös machen. Vielleicht sollten wir besser fünf oder mehr Männer fest hier stationieren. Möglicherweise beruhigt sie das."

„Es wurde zu riskant, Lois und die Kinder hierzubehalten, also brachte ich sie alle wieder zurück nach Todos Santos. Wir zogen weg aus dem unmittelbaren Gebiet und kamen nur alle paar Tage wieder zurück, um die Indianer zu treffen. Sie waren immer bei La Jota zu finden; gewöhnlich trafen wir sie dort an."

Es war eine ernste Stunde. Ich überlegte, ob Les sich wohl ganz bewußt war, welche Chancen er bekommen hatte. Da ich der erfahrenste der Gruppe war, hatte ich große Verantwortung. Durch die Erfahrungen, die ich gesammelt, und durch all das, was der Geist Gottes in meinem Leben schon bewirkt hatte, war ich nun aufgerufen, dies zu gebrauchen und alles dafür zu tun, um sein Werk voranzutreiben.

Die Unterhaltung drehte sich danach um Zukunftspläne und verschiedene Vorgehensweisen bei der Arbeit. Dann schließlich, als die kühle Nachtluft das abendliche Froschkonzert durch die scheibenlosen Fenster trug, gingen wir zu Bett. Wie wertvoll Gemeinschaft ist, dachte ich, wenn man sich durch die gemeinsame Arbeit auf dasselbe Ziel hin so nahe kommt.

Nach einem frühen Frühstück nahmen vier von uns - Les, Don Hay, Paul Mason und ich - den Weg flußaufwärts in Angriff. Leichte Jacken schützten vor der kühlen, feuchten Dschungelluft. Nach zwei Stunden kamen wir zu einem palmgedeckten Verschlag, den einer der Farmer benutzte, um coca-Blätter zu stapeln.

„Okay, Freunde", sagte Les nun zu uns. „Zieht eure Hemden aus und nehmt die Armbanduhren ab. Leert eure Taschen aus." Er legte unsere Habseligkeiten in einen Eimer und verschloß den Deckel.

Wir überprüften unsere Geschenke. Jeder hatte entweder gesüßte Kondensmilch oder ein Kilopaket Zucker dabei. Les trug sogar einen lebenden Hahn unter dem Arm. Dann marschierten wir los. Ich kämpfte gegen die Angst, die in mir aufsteigen wollte. Ich betete - und bald summte ich ein Lied.

Einige Stunden später näherten wir uns La Jota. Das Wandern wurde leichter; wir gingen über einen breiten Weg, gesäumt von Bananenstauden. Da und dort konnte man auf einer Lichtung Farmhäuser stehen sehen. Alle waren verlassen.

Plötzlich blieb Les stehen. „Da sind sie!" flüsterte er aufgeregt.

Zuerst sahen wir gar nichts. Dann entdeckten wir zwischen den Ritzen der breiten Bananenblätter braune Gesichter, die Ausschau hielten. Schweigen lag über dem sonnenbeschienenen Platz, das dann von einem tiefen, wehmütigen Flöten unterbrochen wurde wie von einer trauernden Taube.

„Sie wollen uns erst kontrollieren, bevor sie herauskommen", flüsterte Les.

Mit erhobenen Händen, um zu zeigen, daß wir nicht bewaffnet waren, gingen wir langsam auf sie zu. Vorsichtig traten die Yuquis aus ihrem Versteck hervor. Ich zählte ungefähr zwanzig Männer, Frauen und Kinder. Sie sahen ganz anders aus als alle Indianer, die ich bis dahin gesehen hatte. Die hohen Backenknochen und die langen Nasen legten irgendeine Verwandtschaft zu den Indianern aus Nordamerika nahe. Die meisten Indianer, die ich in Brasilien oder Bolivien gesehen hatte, hatten breite, runde Gesichter und flache Nasen, ein Zeichen für mongolischen Einfluß. Ich wunderte mich, wie sie wohl über all die Jahrhunderte hier überlebt hatten.

Da ich nichts über ihre Vorgeschichte wußte und auch ihr Temperament nicht einschätzen konnte, wußte ich auch nicht, wie ich mit ihnen umgehen sollte. Aber sie kamen. Ich würde wie zuvor einfach durch Erfahrung lernen müssen.

Während sie sich näherten, zeigte Les uns diejenigen, denen er schon Spitznamen gegeben hatte. Zuerst kam „Breitkreuz" und dann „Knallhart"; „Breitkreuz" mit breiten, ausladenden Schultern, blitzenden, unruhigen Augen und schnellen, katzenartigen Bewegungen erinnerte mich an einen Boxer. „Knallhart" war mehr der Ringertyp. Kleiner und breiter ging er mit ausgreifenden Schritten, immer in Alarmbereitschaft, bereit zum Sprung. Hinter den beiden kam „Hexy", ein untersetzter, aber durchtrainierter kleiner Mann mit langem strähnigem Haar, das ihm über die glasigen Augen hing.

„Wir nehmen an, daß er der Medizinmann ist", sagte Les.

Den Häuptling herauszufinden war keine Schwierigkeit. Er war hochgewachsen, aufrecht und ging und sprach mit Autorität. Ein dünner Spitzbart verlieh seinem Aussehen etwas Komisches.

Die Männer trugen alle ihre etwa zwei Meter langen Bogen und einige lange Pfeile mit sich. Angesichts ihrer schwellenden Arm- und Brustmuskulatur schloß ich, daß sie mit diesem Handwerkszeug vielgeübt waren. Ich nahm mir vor, lieber nicht mit einem von ihnen aneinanderzugeraten. Das Beeindruckendste an ihnen aber waren ihre schwarzen Augen. Unstet und unruhig sprangen sie immer von hier nach dort, auf der Hut vor einer plötzlichen Bewegung.

Alle waren nackt. Die Frauen trugen die merkwürdigsten Haartrachten, die ich je gesehen hatte. Halbskalpiert sahen sie aus. Ihre Köpfe waren in einem Dreieck von einem Punkt auf dem Oberkopf hinunter zu beiden Seiten geschoren, was ihnen das Aussehen frühzeitiger Kahlheit verlieh. Die meisten der Männer hatten Gesicht und Brust in leuchtendem Orangerot angemalt. Der Rest des Körpers war mit schwarzer Asche bedeckt. Anders als die Nhambiguaras und Macurapis, die unter der Asche dunkelgetönte Haut hatten, waren diese Indianer fast weißhäutig. Ein Junge, etwa fünfzehn Jahre alt, der nicht bemalt war, war fast so weiß wie wir. Les hatte ihm den Namen „Joven" (spanisch: Jugendlicher) gegeben.

Die Frauen wirkten traurig und zerbrechlich, obwohl ich

ahnte, daß sie eine Menge Zähigkeit besitzen mußten, um ihr rauhes Nomadenleben zu meistern. Die Yuquis untersuchten uns gründlich, einen nach dem anderen. Wir konnten nur hoffen, daß sie unsere Muskeln nur abtasteten, um zu sehen, wie stark wir wären - nicht, wie die Nhambiguaras es getan hatten, um zu sehen, ob wir eine gute Mahlzeit abgeben würden. Nicht lange, und wir waren ebenso orangerot wie sie. Der Häuptling kam und sagte etwas zu uns.

„Er möchte, daß jeder seinen rechten Schuh auszieht", sagte Les und erklärte weiter, daß die Indianer immer noch auf der Suche nach dem Fuß seien, der zu dem Abdruck paßte, den sie gefunden hatten, nachdem eine Indianerfrau ermordet worden war. Ich beruhigte mich mit dem Gedanken, daß schwerlich ein Bolivianer so große Füße haben würde wie ich. Trotzdem war die ganze Prozedur unangenehm. Was, wenn sie einen Fehler machten? Nervös zog ich meinen Halbschuh Größe 45 aus, bemüht, keine Angst zu zeigen. Ich blickte hinab auf meinen Fuß in dieser Steinzeithand und bat inbrünstig den Herrn, dafür zu sorgen, daß der Häuptling ein gerechtes Urteil fällte. Nach etwa einer Minute gebot er mir, den Schuh wieder anzuziehen. „Puh!" dachte ich im stillen. „Krise Nummer eins bewältigt."

Die Yuquis durchsuchten alle unsere Taschen, fanden aber nichts, was sie interessierte. Dann entdeckte „Knallhart" meinen Trauring. Den wollte er auf alle Fälle. Ich versuchte, ihn davon abzubringen. Er zog vergeblich daran und bekam ihn nicht vom Finger. (Natürlich ließ ich ihn nicht wissen, daß ich den Ring sehr wohl vom Finger bekam - mit viel Drehen und Schieben.) Mit entschlossenem Ruck riß er an dem Ring. Mein Fingerknöchel knackte laut. Dann, endlich überzeugt, daß er den Ring nicht bekäme, ohne meinen Finger auszureißen, gab er enttäuscht auf.

An zahlreichen Stellen der männlichen Körper entdeckten wir die rosafarbenen Narben, die die Schußwunden hinterlassen hatten. Als sie bemerkten, daß wir sie ansahen, begannen „Breitkreuz" und „Knallhart" mit unglaublicher Beredsamkeit und vielen Gesten zu erzählen, wie sie zu den Wunden gekommen waren bei ihrem Kampf mit den Bolivianern. Während sie erzählten, verzerrten sich ihre Gesichter mehr und mehr mit brennendem Durst nach Rache.

In mir stieg Übelkeit auf. Dann, ohne eine Warnung, wurde ich nach hinten gezerrt. Jemand versuchte mich umzuwerfen. Ich drehte mich um und sah „Breitkreuz". Mein erster Impuls war, mich zu verteidigen und zu versuchen, den

Angreifer zu überwältigen. Doch dann erinnerte ich mich an Les Warnung, daß wir zunächst ein wenig auf den Kampf eingehen sollten, genug um zu zeigen, daß wir keine Schwächlinge waren, am Ende jedoch immer die Indianer uns besiegen lassen sollten. (Les hatte dies auf harte Art und Weise herausgefunden.) Nachdem ich also kurz mit „Breitkreuz" gerungen hatte, ließ ich mich überwältigen. Das Hinfallen schüttelte mich richtig durch. Aber außer meinem Ego war nichts beschädigt. Seines auf der anderen Seite war hochzufrieden.

Les zeigte in Zeichensprache an, daß nun die Zeit für uns gekommen war, nach Todos Santos zurückzukehren. Er zeigte auf die Sonne und fuhr mit den Armen von Ost nach West, schloß dann die Augen und schnarchte. Das Ganze wiederholte er noch zweimal und drückte damit den Ablauf von drei Tagen und drei Nächten aus. Dann, die Position der Sonne um zehn Uhr morgens anzeigend, machte er deutlich, daß wir uns gern in drei Tagen um zehn Uhr am selben Ort wieder mit ihnen treffen würden.

Wir brachen auf und gingen ein oder zwei Schritte. Die Frauen traten vor und verstellten uns den Weg. Eine, die wir für die Frau des Häuptlings hielten, war die Anführerin.

Sie versuchten, durch verschiedene Geräusche etwas zu uns zu sagen. Als wir durch Schulterzucken und Kopfschütteln anzeigten, daß wir sie nicht verstanden, brachen sie in hysterisches Weinen aus. Dann traten sie noch einmal zu uns und versuchten, wilder und aufgeregter als vorher sich uns verständlich zu machen. Obgleich sie zart waren, schienen die Frauen doch zu noch mehr wütender Emotion fähig als die Männer. Wir wollten gerne gehen, doch sie versperrten uns den Weg. Wir überlegten gerade, was wir wohl als nächstes tun sollten, als wir den Häuptling einen Befehl bellen hörten. Die Frauen traten zur Seite und ließen uns durch.

Wieder zurück auf unserem Pfad, sprachen wir über diese neue Entwicklung. Jetzt mußten wir uns zusätzlich zur Unberechenbarkeit der Männer auch noch mit der der Frauen auseinandersetzen.

„Was meint ihr, warum sie so böse auf uns sind?" fragte Don. „Wir haben ihnen doch nichts getan."

„Ich kann mir nur denken, daß sie von uns erwarten, ihre Kinder zurückzubringen", sagte Les.

„Wenn das stimmt, dann steht uns Ärger ins Haus", sagte ich, „weil ich im Augenblick keine Möglichkeit sehe, das zu bewerkstelligen."

Unser Gespräch wandte sich erfreulicheren Dingen zu.

Vom Ärger der Frauen abgesehen, hatte sich dieses Treffen gut angelassen - besser, als wir erwartet hatten.

Drei Tage später waren wir wieder auf unserem Weg zum vereinbarten Treffpunkt. Wir hatten große Hoffnungen. Angesichts der positiv verlaufenen letzten Zusammenkunft hatten wir uns entschlossen, unserem Erfolg noch etwas nachzuhelfen und zu versuchen, die Oberhand zu gewinnen. Ein Weg war, ihnen etwas abzuschlagen - und so behielt ich mein Hemd an.

Zum ersten Mal hatten wir auch einen Fotoapparat dabei - einen billigen, der uns aber wenigstens erkennbare Bilder liefern würde und um den es nicht schade wäre, wenn die Indianer ihn stahlen. Später, wenn wir sie mit diesem Apparat fotografieren durften, würden wir zu einer besseren 35 mm Kamera übergehen, mit der wir Farbfotos machen konnten.

Nahe La Jota verstummten wir nach und nach alle. Wir kamen um eine Kurve und blieben entgeistert stehen. Genau vor uns stand ein Farmhaus in lodernden Flammen.

„Was meinst du, Les?" fragte ich unentschlossen. „Sieht nicht so aus, als wären sie in Stimmung für ein freundschaftliches Treffen."

„Mann, das sieht wirklich nicht gut aus. Vielleicht sollten wir besser ..." Les Worte wurden abgeschnitten durch einen langgezogenen, tiefen Pfiff.

„Das war's", sagte einer. Keiner widersprach.

Feierlich erhoben wir die Hände, um zu zeigen, daß wir unbewaffnet waren. Dann legten wir unsere Geschenke nieder.

Einige Köpfe erschienen hinter den Bananenbäumen, Augen spähten neugierig umher. Sehr vorsichtig, einer nach dem anderen traten die Indianer aus dem Versteck, genau wie drei Tage vorher. Aber diesmal war ihr Verhalten seltsam. Die Männer sprachen rasend schnell in hohen, gepreßten Tönen. Manche klopften sich mit der Hand fest gegen den Hinterkopf.

„Aufgepaßt!" murmelte Les. „Das bedeutet, sie sind wütend."

Wir standen dort in sengender Sonne. Ich spürte, wie Schweißströme über mein Gesicht liefen.

Was war geschehen? Warum hatten sie das Haus angezündet? Wir unterhielten uns gedämpft und überlegten, was zu tun war. Les schlug vor, ihnen die Geschenke zu geben, um sie zu besänftigen. Er bot ihnen das Stück Fleisch an, wir anderen Kondensmilch und Zucker. Sie nahmen Fleisch,

Kondensmilch und Zucker. Dann warfen sie alles auf die Erde und fuhren fort, in hohen Tönen zu schimpfen. Ich sah, daß sie wirklich wütend waren. „Das war's", dachte ich und sagte im Innersten: „Herr, gib, daß der Tod schnell kommt, wenn es sein muß." Die Indianerfrauen traten erneut vor, weinend und anklagend. Sie waren ebenfalls wütend. Diesmal wurden sie von drei Männern begleitet. Sie berührten mit den Spitzen ihrer Pfeile unsere Brust und machten in Zeichensprache unmißverständlich klar: Wenn wir nicht tun würden, was die Frauen forderten, dann ... Sie deuteten auf die Widerhaken an den Pfeilspitzen und zeigten an, daß es sehr schmerzhaft sein würde, wenn wir versuchten, sie herauszuziehen. (Wir alle wußten das bereits sehr gut!) Das Heulen der Frauen schwoll an und wurde von wütenden Rufen begleitet. Sie standen nur etwa dreißig Zentimeter von uns entfernt, und die eine oder andere versetzte uns einen Puff oder Schubser. Wer war brutaler - Männer oder Frauen?

Les, der schon in ähnlicher Situation gewesen war, versuchte eine Taktik, die damals erfolgreich gewesen war. Er ging langsam auf den Häuptling zu und begann, ihm übers Haar zu streicheln. Er zupfte leicht an seinem Bart, klopfte ihm auf die Brust, befühlte bewundernd seine Armmuskeln, machte insgesamt viel Wind um ihn. Mit beruhigender Stimme sagte er: „Nun, Häuptling, du bist ein guter Junge, wenn du schläfst. Beruhige dich - könnte sein, daß du meinen Freunden hier weh tust. Aber ist das nicht schön, Häuptling, daß ich dich hier so bewundere? Sei jetzt ein guter Junge, und sage deinen Leuten, sie sollen sich benehmen."

Der Häuptling sah Les an wie ein Hund, der die Stimme seines Herrn hört. Er hob die Augenbrauen und strahlte. So viel Aufmerksamkeit tat ihm gut. Er beruhigte sich, aber die anderen waren immer noch fahrig und nervös. Wir wußten, daß die Gefahr noch nicht vorüber war. Wir mußten sie irgendwie ablenken. Don drehte sich um, und plötzlich erklang Musik. Die Indianer standen wie angewurzelt. Sie hatten noch nie Musik gehört. Dann wandte er sich um und zeigte seine Hände - leer. Wieder drehte er sich um; wieder erklang die Musik. Er spielte Mundharmonika. Einige Minuten fuhr er mit seiner Vorführung fort und schaffte es, die Indianer völlig zu verwirren. Als das Konzert vorüber war, beschloß „Knallhart", daß er mein Hemd haben wollte. Mir war schon aufgefallen, wie er zuvor ein Auge darauf geworfen hatte, und hatte meine Freunde gewarnt, zu nahe bei mir zu bleiben. Er zog ein paarmal daran und murmelte etwas. Ich schüttelte den Kopf und sah zur Seite. Er zog stärker und begann, mich ein wenig zu schubsen. Les und die anderen protestierten im Chor beim Häuptling. Der Häuptling sagte etwas zu „Knallhart". Er hielt widerwillig inne und schlich davon wie ein gescholtenes Kind. Tatsächlich sah es so aus, als ob unsere Taktik aufging.

Die Stimmung hatte sich verbessert. Alle schienen entspannt zu sein.

„Ich glaube, jetzt verstehen wir uns gut", sagte Les. „Regen wir sie zum Sprechen an und versuchen, einige ihrer Wörter aufzuschreiben."

Ich nahm einen Bleistift und ein Päckchen Papier aus meiner Tasche. „Knallhart" sprach. Ich begann mitzuschreiben. Urplötzlich schlug „Hexy" sich auf den Nacken. Dann riß er das Papier an sich und zerfetzte es. Er griff meinen Bleistift und zerbrach ihn, ununterbrochen in hohen Tönen murmelnd. Dann trat er zurück, immer noch brabbelnd, und sah mich herausfordernd an.

Der Blick in seinen glasigen Augen war stechend und unheimlich. Es war das erste Mal, daß „Hexy" in Aktion getreten war. Körperlich kleiner als die anderen, mit gewöhnlich gebücktem Gang, hatte er sich bisher immer zurückgehalten. Aber jetzt konnte ich seine psychische Kraft spüren, als ob er ein Kanal für machtvolle, unsichtbare Kräfte wäre. Die anderen spürten das offenbar auch, denn sie zeigten jetzt ebenfalls offen ihre Mißbilligung.

„Da muß irgend etwas sein, das ihn ängstigt", sagte Les.

„Vielleicht fürchtet er Konkurrenz durch uns", fügte Don hinzu.

In diesem Moment wurden wir durch einen Schrei von Paul Mason aufgeschreckt. „Breitkreuz" wollte seine Kamera haben. Ich sah in dem Moment auf, als der Indianer so fest daran riß, daß es einem Wunder glich, Pauls Kopf noch auf seinen Schultern zu sehen. Les protestierte lautstark beim Häuptling, der den Angreifer zurechtwies. „Breitkreuz" ließ von ihm ab. Der Häuptling trat näher, nahm die Kamera in Augenschein und wollte wissen, ob dort etwas Gutes zu essen drin wäre. Ein wenig entfernt schmollte „Breitkreuz" immer noch. Ich merkte, daß er nach wie vor an der Zurechtweisung zu knabbern hatte und auf die Gelegenheit wartete, seinen Gefühlen Luft zu machen. Also schlug ich vor, wir Missionare sollten doch kurz zu dem kleinen Flußbett gehen, das ganz in der Nähe war.

„Paul! Paß auf!" schrie ich. „,Breitkreuz' zielt auf dich!" Ich hielt die Luft an. Der Störenfried stand wenige Meter mit angespannten Muskeln hinter uns und zog langsam den Pfeil ganz zurück.

Les rief dem Häuptling etwas zu. Wir anderen protestierten lautstark und schwenkten wild die Arme. Paul wirbelte herum und sah „Breitkreuz" geradewegs ins Gesicht. „Ich werde ihm in die Augen schauen", sagte Paul. „Ich wette, er ist nicht Manns genug, dann noch auf mich zu schießen."

Wir bewunderten Pauls Nerven. Wir dachten schon, der Punkt ginge an ihn, als *zischsch!* „Breitkreuz" den Pfeil losschnellen ließ.

Wenige Zentimeter neben Pauls Ohr sauste er vorbei. Die Yuquis, ein Volk von Jägern, sind zu geübt, um auf solche Entfernung das Ziel zu verfehlen; es war Absicht gewesen, wie um anzuzeigen: „Dies war eine Warnung. Mach mir keine Schwierigkeiten, oder der nächste trifft."

Wir fuhren mit unserem Protest fort, aber für heute hatten wir genug Aufregung gehabt. „Laß uns abhauen, so schnell wir können", sagte ich zu Les. Als mein Blick jedoch auf eine nahegelegene Lichtung fiel, kam mir eine andere Idee. „He, Les! Versuchen wir doch, etwas Mais anzupflanzen, um ihnen zu zeigen, wie man auf diese Weise Lebensmittel gewinnt."

„Ich möchte genauso schnell weg hier wie du", sagte er, „aber du hast recht. Nicht so schnell aufgeben. Die Idee mit dem Mais ist gut - wir versuchen es."

So gut ich konnte, erklärte ich den Yuquis, daß ich Mais in die Erde legen wollte. Mit der Hand zeigte ich ihnen, wie hoch die Pflanzen in einem Monat sein würden, dann in zwei, drei; und nach vier Monaten würden sie eine Menge Mais zu essen haben. „Knallhart" kam mit mir, und „Breitkreuz" folgte Les. Wir stachen mit Stöcken Löcher in die Erde, legten immer zwei Maiskörner hinein und füllten die Löcher wieder mit Erde auf. „Knallhart" stand neben mir und sah zu, bis er verstanden hatte, worum es ging. Dann wartete er immer, um die Körner einzulegen, während ich die Löcher stach. Aber „Breitkreuz" bereitete Les wie üblich Ärger. Nach jedem Eingraben der Maiskörner wollte „Breitkreuz", daß Les sie wieder ausgrub. Auf diese Weise bekam Les kein einziges Maiskorn eingepflanzt. „Kallhart" und ich dagegen bepflanzten eine ziemliche Fläche.

Hungrig, wie sie immer waren, dachte ich, müßten die Indianer froh sein zu lernen, wie man anpflanzt, und sie würden uns gern haben, weil wir ihnen das zeigten. Oder waren wir für sie nur Mittel zum Zweck, nach dessen Erfüllung sie uns umbringen würden?

Mittlerweile hatte Paul einen Standort erreicht, von dem aus er uns gut beim Pflanzen fotografieren konnte. Er wagte nicht, die Kamera vors Auge zu heben, da die Indianer sie sonst für eine Pistole halten konnten, und schoß die Fotos aus der Hüfte. Er kam zum Ende der Filmrolle und zog sich zum Bachbett zurück, wie um etwas zu trinken. Dort tauschte er die Filme aus und steckte sich den vollen aus Sicherheitsgründen in die Socke. (Leider stellte sich heraus, daß der Aufwand vergebens gewesen war, denn die Kamera hatte aus falschem Blickwinkel fotografiert.)

Kurz danach luden uns die Indianer ein, mit ihnen unter einem Palmbaum am Feuer zu sitzen. Es war eine Freundschaftsgeste. Aber auch dies schien, wie bei den Yuquis üblich, noch einem zweiten Zweck zu dienen. Als wir dort saßen, empfanden wir die Atmosphäre wie die Ruhe vor einem Sturm.

Nicht lange und eine der Yuquifrauen bedrängte einen der Kameraden mit eindeutigen Wünschen. (Les hatte uns schon informiert, daß dies nichts Ungewöhnliches war. Die Yuquis sind im Gegensatz zu vielen anderen primitiven Stämmen sexuell sehr frei und offen.) Wir wußten, daß es wichtig war, keine Abneigung zu zeigen. Bei einer früheren Gelegenheit, bei der zwei Yuquis einen Missionar zwingen wollten, mit einer ihrer Frauen Verkehr zu haben, hatte dieser seinen Ekel offen gezeigt. Der Häuptling war sehr wütend geworden und hieb ihm hart unters Kinn, wodurch er eine böse Platzwunde an der Zunge davontrug. Die einzige Möglichkeit, solche Situationen zu entschärfen, bestand darin, ihre Aufmerksamkeit anderweitig zu fesseln oder einfach wegzugehen, als ob gerade ein anderer, wichtiger Gedanke aufgetaucht wäre.

Les sprang plötzlich auf die Füße, deutete mit dem Finger, hielt eine Hand hinters Ohr und flüsterte: „Puerco! Puerco!" Wir folgten seinem Beispiel und wiederholten das spanische Wort für Schwein, zeigten vor uns und grunzten wie die Tiere, immer wieder vor uns deutend. Die Indianer, ganz aufmerksam, vergaßen die Annäherungsversuche der Frau.

Wenige Minuten später begannen „Knallhart" und „Breitkreuz" zu grunzen und den Weg hinunter zu deuten. Sie wollten, daß wir ihnen folgten, denn sie wollten uns zeigen, wie sie jagten. Müde stolperten wir hinter ihnen her. Einige andere begannen uns von hinten anzuschubsen. Uns gefiel die Aussicht überhaupt nicht, hinter diesen beiden unberechenbaren Zeitgenossen in den Dschungel zu gehen. Ich blieb einen Augenblick stehen und sagte dem Häuptling in Zeichensprache, daß die Sonne schon tief stand und wir nun gehen müßten.

Leider schien mein Plan nicht zu dem zu passen, was „Knallhart" mit uns vorhatte. Er kam auf mich zu und legte eine Hand an meinen Hinterkopf. Ich konnte kaum glauben, daß dies derselbe Mann war, mit dem ich eben noch friedlich Mais gepflanzt hatte. Jetzt rammte er mir den Daumen und die übrigen Finger in den Hals neben meinen Kehlkopf und drückte, bis ich fast erstickte. Ich mußte an den Judogriff denken, den ich bei der Marine gelernt hatte, um solchen Griff zu beenden, beherrschte mich aber, weil ich befürchtete, ihn zu reizen und damit uns alle in Lebensgefahr zu bringen.

Mir schien der Kopf zu zerspringen, und mein Herz hämmerte. Langsam wurde mir schwarz vor Augen. „Herr, ich befehle meinen Geist in deine Hände."

In dem Augenblick ließ „Knallhart" los. Ich rang nach Luft, und langsam kehrten meine Sinne zurück. Ich verstand, daß er dies getan hatte, um seine Überlegenheit zu zeigen. Ich widersprach ihm nicht! Ich konnte kaum schlukken, so sehr schmerzte meine Kehle. Den anderen Missionaren war dasselbe widerfahren wie mir. Die Indianer stießen uns weiter. All die anderen, auch der Häuptling, folgten uns.

„Ich wüßte gern, was sie vorhaben", sagte ich. „Sieht nicht so gut aus."

Les antwortete: „Es ist das erste Mal, daß sie uns so angegriffen haben."

Mir kam der Gedanke, mich loszureißen und wegzulaufen, aber genau das hätte sie vielleicht zum Töten animiert; wahrscheinlich würden sie denken, ich wollte eine Pistole holen. Wir konnten nichts tun, als unser Schicksal in ihre Hände legen und in die unseres Herrn.

Als wir an der Stelle ankamen, an der wir uns zum ersten Mal getroffen hatten, sagte Les in Zeichensprache, daß wir wieder Geschenke mitbringen würden. Dann, in der Annahme, sie seien guter Stimmung, deutete er an, daß wir aufbrechen müßten. Wieder schlossen sich die Finger um unsere Kehlen. Nicht so fest wie beim ersten Mal, aber nicht weniger überzeugend.

Aber einige Minuten später gab der Häuptling plötzlich bekannt, daß wir gehen könnten. Welche Erleichterung!

Wir wandten uns dem Heimweg zu. Normalerweise begleiteten uns die Yuquis einige hundert Meter und verschwanden dann im Dschungel, wenn wir ihnen versichert hatten, daß wir wiederkämen. Aber diesmal waren sie nach einem Kilometer oder mehr immer noch hinter uns. Wir überlegten, was das bedeuten konnte.

Wir sollten es bald herausfinden: Pfeile pfiffen über unsere Köpfe. Entsetzt drehten wir uns um. Die Yuquis lachten; sie hatten Spaß auf unsere Kosten und probierten, wie nahe sie schießen konnten, ohne uns zu treffen.

„Diese Kerle haben wirklich einen tödlichen Sinn für Humor", sagte ich finster.

Wenn sie alle Pfeile verschossen hatten, liefen sie voraus, um sie wieder einzusammeln. Dann fielen sie wieder zurück und schossen erneut. Ich bekam jedesmal eine Gänsehaut, wenn die Pfeile vorbeizischten. Bei mir dachte ich: „Ich hoffe, diese Kerle sind genauso zielsicher beim Vorbeischießen, wie sie es bei ihren Treffern sind." Ich konnte jetzt nachempfinden, wie Wilhelm Tells Sohn sich wohl gefühlt haben mußte, als er seinen Vater den Bogen spannen sah. Ein Indianer verlor einen Pfeil im Gebüsch. Obwohl wir innerlich immer noch zitterten, halfen wir ihm beim Suchen, bis wir ihn gefunden hatten. Genauso wie beim Würgen dachten wir, es wäre besser, auf ihre Spielchen einzugehen - oder zu riskieren, daß sie uns das nächste Mal töteten.

Wir gingen weiter, und sie blieben uns auf den Fersen - jedoch ohne weitere Schießübungen. Aber einige Minuten später traten sie auf uns zu und hielten uns an. In Zeichensprache sagten sie uns, daß sie uns vor vielen Monaten, lange bevor wir freundschaftlichen Kontakt zu ihnen hatten, auf diesem Pfad beobachtet und an genau diesem Punkt die feste Absicht gehabt hatten, uns zu töten. Sie hatten jedoch vergeblich mit gespannten Bogen dort gewartet, bis wir schließlich außer Reichweite waren.

„Der Herr hat an jenem Tag seine Schutzengel Überstunden für uns machen lassen", sagte ich.

„Ich wüßte gern, wie oft sie noch nahe daran waren, uns umzubringen", sinnierte Les.

Wir gingen weiter. Ein Stück den Weg hinauf zeigten sie uns die Stelle, an der bolivianische Farmer vorbeigegangen waren. Sie hatten einen von ihnen erschossen. Mit Gebärden zeigten sie das Abfeuern eines Pfeiles und dann eines zweiten. Ein Indianer ahmte den getroffenen Bolivianer nach, wie er schrie, als er fiel; andere imitierten die bolivianischen Pistolen, *bumm-bumm*, die sie dann vertrieben hatten.

Schließlich blieben sie stehen. Sie waren mehr als fünf

Kilometer mit uns gegangen. Dann geschah, was ich im Stillen befürchtet hatte. Die Frauen begannen noch einmal zu weinen und zu heulen. Jetzt wurde ganz deutlich, wie sie um die Rückkehr ihrer Kinder flehten, die immer noch in bolivianischem Gewahrsam waren. Als wir ihnen nicht die Versicherung gaben, daß wir die Kinder zurückbringen würden, begannen sie wieder, uns zu stoßen und zu schubsen, was unmißverständlich deutlich machen sollte, daß wir die Kinder besser zurückbrächten - oder die Konsequenzen zu tragen hätten. Die Männerstimmen wurden lauter und aufgeregter; sie schlugen sich voll Zorn auf den Nacken, während sie sprachen. Wir versuchten klarzustellen, daß wir keine Verbindung zu den Kindern hätten. (Es entsprach den Tatsachen, daß wir den Aufenthaltsort von zweien nicht ermitteln konnten.) Sie drohten mit der gleichen Rache, die die Farmer hatten tragen müssen, wenn wir ihre Forderung nicht erfüllen würden. Die Indianer taten uns leid, aber es gab nichts, was wir hätten tun können. Der Häuptling merkte, daß er mit dieser Taktik nicht weiterkam, und änderte seine Vorgehensweise. Sanft fragte er, ob wir nächstes Mal wieder etwas Zucker mitbringen könnten.

Nachdem wir uns von ihnen verabschiedet hatten, wurde die Unterhaltung sehr einsilbig - wir fühlten uns alle ausgebrannt. Außerdem taten uns unsere Kehlen weh.

Kurz vor Einbruch der Dunkelheit erreichten wir den Fluß. Das Röhren des Außenborders, den Les anwarf, war ein sehr tröstlicher Lärm. Ich war glücklich, am Leben zu sein und wieder in die Arme der Zivilisation zurückkehren zu können. Später am Abend, als wir in Fosters Haus zur Besprechung versammelt waren, stimmten wir alle überein, daß weitere Treffen erst in ein paar Tagen stattfinden sollten. Neben anderen Gründen brauchten unsere Nerven und unsere Kehlköpfe dringend eine Pause. Außerdem, dachten wir, würden die Yuquis dadurch vielleicht merken, daß wir ihre Angriffe und schlechte Behandlung mißbilligten. Wenn sie unsere Geschenke wollten, mußten sie lernen, uns besser zu behandeln.

Vor dem nächsten Treffen bekam ich einen Brief von Edith. Sie schrieb, daß die Kinder zwei Wochen Ferien hätten und nach Hause kommen würden. Les und Lois fuhren zusammen mit mir nach Cochabamba, um ihre Kinder zu sehen. Diesmal fuhren wir auf einem Bananentransporter mit - zwei Tage und zwei Nächte Serpentinenstraße. Als wir am Nachmittag ankamen, wurde Les zum Telefon gerufen. Die Funkstation bat ihn sofort zu kommen, es gab dringende

Nachricht aus Todos Santos. Als Les zurückkam berichtete
er: „Das war Bob Wilhelmson. Die Yuquis haben einen bolivianischen Jungen entführt. Die Farmer sind außer sich. Er
denkt, es wäre besser, wenn wir sofort zurückkommen würden."

Kapitel 14

Ausweglos zwischen den Parteien

„CPL7F, CPL7F, bist du da, Les? Hier CPM6A. Over." Ich versuchte, Les Foster in Todos Santos zu erreichen; die tägliche Funkverbindung, die wir in Cochabamba zu all unseren Außenstellen unterhielten.

Das Funkgerät knackte und knatterte. Ich versuchte es wieder.

„Hier CPL7F. Kannst du mich hören, Bruce? Over."

„Ich empfange dich gut, Les. Over."

„Ich bin froh, dich mal wieder zu sprechen", sagte Les. „Betet bitte für uns. Ich habe gerade gehört, daß die Farmer einen Angriff auf La Jota planen. Sie wollen vergifteten Zukker an der Stelle deponieren, an der wir immer unsere Geschenke hinlegen. Over."

Ich schnappte nach Luft. „Das ist ja furchtbar!" rief ich. Gibt es nichts, womit man sie aufhalten könnte? Over."

„Das ist noch nicht einmal das Schlimmste", fuhrt Les fort. „Die Farmer haben uns verantwortlich gemacht, ihren entführten Jungen zurückzubekommen. Sie geben uns einen Monat Zeit. Wenn wir bis dahin nichts erreichen, werden sie in den Dschungel gehen und alle Yuquis ermorden. Sogar wenn das den Jungen das Leben kostet. Hast du mich verstanden? Over."

Mit schweißnassen Händen griff ich nach dem Mikrofon. „Seid sehr, sehr vorsichtig, Les. Überlegt zweimal, ehe ihr einen weiteren Kontakt vereinbart. Over."

„Genauso schätzen wir die Lage ein, Bruce. Aber wir müssen jeden Abend nach La Jota gehen, um sicherzustellen, daß die Farmer den vergifteten Zucker noch nicht dort hingestellt haben. Over."

„Ich werde noch einmal nach La Paz reisen und versuchen, daß die Farmer doch finanzielle Unterstützung von der Regierung bekommen. Aber ich werde bald zurück sein. Wenn du Hilfe brauchst, mußt du nur rufen. Wenn das für heute alles war, sage ich: *over and out*."

Ich wandte mich aufgewühlt vom Funkgerät ab. Mir taten die Farmer in ihrer Armut und all den täglichen Gefahren leid. Ich konnte ihre Entschlossenheit, sich zu verteidigen, verstehen. Mir taten auch die Yuquis leid: Der Verlust eines Kindes würde jedem menschlichen Wesen das Herz brechen. Zur selben Zeit aber spürte ich eine neuerliche Bitterkeit gegenüber den Farmern und ihrem Versuch, die Yuquis zu vergiften. Gegenüber den Yuquis erwachten aufgrund ihres gemeinen und heimtückischen Verhaltens alte Vorbehalte wieder zum Leben. Aber ich wußte, daß ich mich von solchen Gefühlen lösen mußte, ehe ich nachdenken und einen klaren Plan fassen konnte. „Herr", betete ich, „schenk' mir neue Liebe für beide Parteien. Diese Bitterkeit und der Groll müssen verschwinden, denn sie werden mich auf einen Weg führen, der dich nicht ehrt."

Vor kurzem, als die Indianer wochenlang nicht aufgetaucht waren, hatte Les beschlossen, einige unverrückbare Dinge zu installieren. Zuerst hatte er nahe bei La Jota eine Start- und Landebahn gebaut, nahe der Stelle, an der die ersten Kontakte stattgefunden hatten. Auf einer Seite der Rollbahn hatte er ein gut befestigtes Haus errichtet, in dem wir im Falle eines Angriffs geschützt sein würden. Ein Funkgerät und ein Stromgenerator waren dort aufgebaut, um den Kontakt zur Außenwelt jederzeit sicherzustellen. Als die Yuquis wiederkamen, war Les mit seiner kleinen Festung fertig.

Nun erfreute ich mich in Cochabamba an einem schönen, ruhigen Sonntagnachmittag im Missionshaus. Es war im Dezember 1959. Ausnahmsweise war es ruhig im Garten. Die Kinder hielten entweder ihren Mittagsschlaf oder waren mit ihren Müttern auf einem Spaziergang.

Immer wieder mußte ich an meine Freunde dort draußen tief im Dschungel neben der schmalen Rollbahn denken. Um halb fünf versuchte ich, den Funkkontakt zu Les herzustellen.

Ich hatte ihn sofort am Draht, und ohne Erklärung sprach er gleich drauflos: „Bruce, kannst du bitte schnell hierherkommen und uns helfen? Over." Das Zittern in seiner Stimme zeigte mir, daß die Lage ernst war.

„Ich will sehen, was ich tun kann", sagte ich. „Kannst du mir sagen, was los ist? Over."

„Ein Haufen Yuquis sind gerade abgezogen. Ich bin sehr dankbar, daß wir dieses Funkgerät haben. Ich wüßte nicht, wie ich sonst irgendeine Nachricht ... Mann, diesmal waren sie wirklich brutal. Sie haben uns ganz schön fertiggemacht. Ich weiß gar nicht, was in sie ..."

Les konnte ein paar Minuten lang nicht sprechen. Ihm

war die Kehle zugeschnürt. Ich hatte ihn nie weinen sehen, aber jetzt am Funkgerät hörte ich es.

Dann sprach er wieder. „Ich möchte nicht alles abbrechen, außer es scheint wirklich völlig hoffnungslos. Kannst du kommen, Bruce, und noch einen anderen Mann mitbringen? Over."

„In fünf Minuten sag ich's dir, Les", antwortete ich. Ein anderer Missionar setzte sich nun an das Funkgerät, und ich ging nach draußen, um die Sache zu überdenken. Im Augenblick war es für mich zeitlich sehr schwierig, ihm auszuhelfen. Ich sollte in wenigen Tagen abreisen, um bei der Wiedereröffnung der Missionsschule in Tambo mitzuhelfen, die sieben Stunden Busfahrt von Cochabamba entfernt in den Bergen lag. Sie zählten auf mich, um Verwaltungsarbeiten zu erledigen, zu koordinieren und ein bißchen zu unterrichten. Es gab noch eine Menge Arbeit, bis die Schule in einigen Wochen beginnen konnte.

Ich wägte ab. Les' Problem war eine Sache auf Leben und Tod. Keine Schulangelegenheit konnte schwerwiegender sein. Ich beschloß, nach Todos Santos zu fahren. Aber ich würde versuchen, nicht länger als höchstens zwei Wochen. fortzubleiben.

Ich ging wieder hinein und setzte mich ans Funkgerät. „Hier CPM6A. Les", rief ich. „Morgen fliegt eine Maschine nach Todos Santos. Ich werde versuchen, einen Platz zu bekommen. Ich werde außerdem versuchen, noch ein oder zwei Kameraden zu finden. Ich werde mit dem Fußmarsch warten, bis es dunkel ist, also erwarte mich irgendwo am Rande des Weges. Over." (Ich wollte mit ein oder zwei neuen Männern nicht bei Tageslicht auf die Strecke gehen. Das konnte sehr gefährlich sein.) Les war überglücklich, als er hörte, daß ich kommen würde.

Alle Räume des Missionshauses grenzten an einen Innenhof. Ich ging zu dem Zimmer, das von Chuck Johnson und seiner Familie bewohnt wurde, und klopfte. Chucks breites Kreuz füllte den Türrahmen. Er hatte die Schultern eines Ringers und Hände wie Bratpfannen. „Das ist mein Mann", dachte ich bei mir.

Chuck war Kanadier und hatte als Krankenpfleger in einer psychiatrischen Klinik gearbeitet. Er hatte mir oft geschildert, wie er aufsässige Patienten durch anhaltenden, strengen Blick unter Kontrolle brachte - oder, wenn das nichts nützte, sie physisch überwältigte. Er war eine menschliche Energiestation. Nachdem er sich der Mission verschrieben hatte, schaffte er es, den ganzen Tag hart zu arbeiten, am

Abend stundenlang zu einem kleinen Bibelkreis zu fahren und am nächsten Tag wieder pünktlich zur Arbeit zu erscheinen. Er hatte ein hartes Trainingslager in den Bergen von British Columbia absolviert.

„Was gibt es, Freund?" fragte er.

„Ich habe gerade über Funk mit Les Foster gesprochen."

„So? Komm herein und trink eine Tasse Kaffee."

„Danke, Chuck. Aber zum Kaffetrinken ist jetzt keine Zeit. Er ist in großen Schwierigkeiten. Er bat mich, hinunterzukommen und ein oder zwei Kameraden mitzubringen. Ich dachte, ob - „

„Das ist etwas für mich!" unterbrach mich Chuck. „Wann fahren wir los?"

Durch die geöffnete Tür konnte ich einen Blick auf ein friedvolles Familienleben erhaschen. Chucks Frau und seine vier Kinder saßen um einen Tisch versammelt und hörten sich gegenseitig Spanischvokabeln ab. Ich hatte Bedenken.

„Chuck", sagte ich leise, um nicht von der Familie gehört zu werden. „Du mußt genau wissen, worauf du dich einläßt. Les hat Kontakte zu den Yuquis. Sie sind böse, knallhart und unberechenbar. Man hat gute Chancen, gewürgt oder von Pfeilen gelöchert zu werden. Du hast sogar eine gute Chance, getötet zu werden. Keiner kann dich zwingen zu gehen, weißt du?"

Er lachte. „Aber bin ich nicht dafür hierher gekommen? Die letzten neun Monate habe ich meine Nase nicht aus dem Spanischbuch herausbekommen. Und die Indianer, die wir erreichen wollen, sprechen noch nicht einmal Spanisch. Ich brenne darauf, etwas zu tun! Meinst du, ich lasse eine Gelegenheit wie diese vorübergehen? Komm, sag mir, was ich mitnehmen muß."

Wir besprachen, wer sonst noch für die Fahrt in Frage kommen könnte. Chuck schlug Hudson Birkett vor, und wir gingen zu seinem Zimmer. Hudson war Brite. Er war ebenso wie Chuck Krankenpfleger gewesen. Aber für diese Aufgabe schien er nicht passend. Schmal, zart und mit leiser Stimme, sah Hudson eher wie ein Schuljunge aus. Ich hatte Vorbehalte ihm gegenüber, weil er mit seiner Frau Joan direkt von Manchester aus hierhergekommen war, ohne vorher ein Trainingslager absolviert zu haben. Aber seine Begeisterung stand der von Chuck in nichts nach.

„Ich würde schrecklich gern gehen, wenn du nichts dagegen hast", sagte er mit ruhigem Lächeln. Als ich ihm genau wie Chuck erzählte, was ihn erwartete, beeindruckte ihn das nicht im mindesten. „Ich werde anfangen, meine Sachen zusammenzusuchen."

Wir drei erstellten unsere Listen, was an Notwendigem mitzunehmen war.

Am nächsten Morgen waren wir in aller Frühe am Flughafen. Zwischen all den gut gekleideten Passagieren, die auf dem Weg nach La Paz waren, müssen wir uns wie Militärs ausgenommen haben mit unseren Rucksäcken, schweren Schuhen und den sorgfältig gebügelten Dschungelanzügen und Hemden. Chuck und Hudson waren ganz kribbelig vor Aufregung.

Als die zweimotorige Maschine am Ende der Startbahn abhob, überlegte ich, ob ich wohl Cochabamba wiedersehen würde, ob ich Edith wieder so wie jetzt beim Abschied küssen würde. Sie war wie immer ganz ruhig gewesen, weil sie Vertrauen hatte, daß der Herr mich beschützen würde, wie er es bei anderen Gelegenheiten getan hatte.

Lois Foster war am Flughafen in Todos Santos, um uns zu empfangen. Sie sah sehr besorgt aus. Im Haus der Fosters bereitete sie das Abendessen, während wir mit einem Bolivianer verhandelten, der uns mit dem Boot flußaufwärts fahren sollte. Für den Fall, daß es Probleme mit dem Außenbordmotor geben sollte, brachen wir kurz nach Mittag auf. Es gab keine Probleme, und so erreichten wir das verlassene Farmhaus bei Einbruch der Dämmerung.

„Ruhen wir uns ein bißchen aus", sagte ich. „Wir sollten besser hier warten, bis es dunkel ist, damit wir auf dem Weg nicht den Indianern in die Arme laufen." Chuck war allerdings so aufgeregt, daß er nicht stillsitzen konnte und immer hin und her lief.

Das Farmhaus war überwuchert mit Pflanzen. Die Bewohner waren vor langer Zeit geflohen. Die Luft war schwer, dicke Wolken zogen von Westen heran, und die Sonne verschwand. Es wurde dunkel.

„In Ordnung, Männer", sagte ich, stand auf und hob meinen Rucksack auf die Schultern. „Ich denke, jetzt ist es dunkel genug. Die Indianer werden nicht mehr unterwegs sein. Würde mich nicht wundern, wenn wir noch richtig naß werden, ehe wir ankommen." Hudson und Chuck kramten ihre Taschenlampen heraus und halfen sich gegenseitig beim Aufsetzen der Rucksäcke.

Unter dem Dach der Dschungelbäume war es stockfinster. Wie üblich war der Pfad matschig. Es war schwierig, auf dem schlüpfrigen, moosbewachsenen Untergrund die Ba-

200

lance zu halten. Die schweren Wolken schienen uns mit Macht niederzudrücken.

In La Jota wartete Les auf uns. „Dem Herrn sei Dank, daß ihr hier seid!" sagte er. Wir umarmten einander. Er sprach weiter: „Ich dachte mir schon, daß ihr ungefähr um zehn Uhr hier sein würdet, aber ich kam für alle Fälle schon früher."

Eine weitere Stunde kämpften wir uns durch den glitschigen, kalten Lehm. Nieselregen fiel. Unsere Taschenlampen durchbrachen kaum die Finsternis. Als wir am Lager ankamen, nahmen wir zunächst ein kaltes Bad im Bach und erfreuten uns danach am Gefühl der sauberen und trockenen Kleidung. Ein Feuer brannte unter dem palmgedeckten Dach der Hütte neben dem Rollfeld. Dick und Harold legten noch Holz nach. Les zeigte auf die kleine Festung ungefähr fünfundzwanzig Meter entfernt - kaum sichtbar im Dunkeln - und erzählte, was geschehen war.

„Gestern tauchten die Yuquis am anderen Flußufer auf. Sie hatten den entführten bolivianischen Jungen bei sich."

„Zum ersten Mal sahen wir, daß er noch am Leben ist", sagte Dick. „Er schien in guter Verfassung zu sein."

„Wir versuchten sie dazu zu bewegen, den Jungen herüberzubringen", fuhr Les fort, „aber sie wollten nicht."

Ich sah ins Feuer und dachte nach. „Wie haben sie sich denn verhalten?" fragte ich.

„Ich würde sagen ziemlich gemein", antwortete Les finster.

„Ich frage mich", sagte ich halb zu mir selbst, „ob sie beginnen, die Hoffnung aufzugeben, daß wir ihnen helfen könnten, ihre eigenen Kinder zurückzubekommen."

„Kann sein."

„Wenn das der Fall ist, sind sie wahrscheinlich zu dem Schluß gekommen, daß sie uns genausogut loswerden können. Wir halten das am besten ganz oben im Gedächtnis, ehe wir neue Kontakte knüpfen."

Wir unterhielten uns noch etwa eine Stunde lang. Der Regen schüttete vom Himmel. Blitze erhellten den uns umgebenden Dschungel; der Donner rumpelte gleich hinterher. Ungefähr um Mitternacht hängten wir unsere Hängematten unter dem Palmdach auf und krochen hinein.

Der folgende Morgen war grau und naß. Das, so wußten wir, würde die Yuquis davon abhalten zu kommen. Les nahm uns mit hinüber zur Festung. Mein erster Eindruck war beruhigend. Es erinnerte mich ein wenig an eine alte Benzinstation früher bei uns zu Hause, bei der das Dach weit über die Pumpen reichte. Das kleine Gebäude war standfest und sehr solide gebaut. Zwei Reihen flachgehämmerter Benzinkanister waren an die Außenwände genagelt und wirkten wie eine grobe Stahlmauer, etwa zwei Meter hoch. Unter dem Dach war ein kleiner Spalt, der das Licht ins Innere fallen ließ.

Der erste Stock war in der Mitte hoch genug, daß man stehen konnte, an den Seiten senkten sich die Dachbalken. Das Dach war von außen mit Aluminium verkleidet für den Fall, daß die Yuquis mit brennenden Pfeilen schossen, um uns auszuräuchern.

Les hatte ein großes Kombinationsschloß an die Eingangstür gehängt. „Ich möchte, daß ihr alle die Kombination lernt, bis ihr sie auswendig könnt", sagte er. „Das ist notwendig, damit wir alle im Falle eines Überraschungsangriffs so schnell wie möglich hier hereinkommen können." Wir verbrachten den Rest des Vormittags mit dieser Übung.

Am zweiten Tag war in aller Frühe ein langgezogener, klagender Pfeifton vom anderen Flußufer zu hören. „Nehmt schnell die Wäschestücke von der Leine und schließt sie im Haus ein!" schrie Les. „Die Yuquis werden jeden Moment hier sein."

Er ging hinüber zu dem dicken Baumstamm, der hinter der Festung über dem Bach lag. Langsam bewegte er sich auf das Ufer zu. Mit erhobenen Händen antwortete er auf den Pfiff. Kein Yuqui tauchte auf. Er winkte mit den Armen und zeigte an, sie sollten herüberkommen. Zwei oder drei ließen sich jetzt sehen, danach noch andere. Sie zögerten immer noch. Les hob einige Zuckerdosen hoch, die er dabeihatte. Einige von uns waren immer noch in der Festung.

„Ihr kommt besser alle heraus, damit sie euch sehen können!" rief Les. Wir traten heraus. Immer mehr Köpfe tauchten hinter den Bäumen auf, um uns zu begutachten. Vorsichtig balancierten sie über den Stamm. Wir konnten beobachten, wie sich ihre Köpfe nach allen Richtungen wandten, die schwarzen Augen immer auf der Hut vor Überraschungen.

„Die beiden, die gerade herüberkommen, nennen wir 'Breitkreuz' und 'Knallhart'", erklärte ich Hudson.

Er staunte mit offenem Mund. „Ich würde meinen, treffender hättet ihr es nicht ausdrücken können", sagte er sanft. „Ich habe in meinem ganzen Leben keine solch gräßlichen Wesen gesehen."

Nachdem alle den Fluß überquert hatten, marschierten sie weiter auf die Lichtung neben dem Rollfeld zu, um uns zu treffen. Les zählte sie. „Offensichtlich haben die Farmer den Zucker doch nicht hingestellt", sagte er, „es fehlt kein Indianer."

Das dämpfte unsere Nervosität ein wenig. Während der ersten Stunde waren unsere Besucher in guter Stimmung. Sie versuchten mehrmals, unsere Augenbrauen und Wimpern herauszuziehen, aber als Les beim Häuptling protestierte, ließen sie davon ab. Vielleicht hatten sie nur gehofft, sie könnten so unser Aussehen mehr dem ihren angleichen.

„Ich bin froh, daß ich meine Brust rasiert habe", grinste Chuck.

„Ich hatte mir alles schlimmer vorgestellt", sagte Hudson.

Dann wurde ich auf „Hexys" seltsames Gebaren aufmerksam. Er schien sich wütend mit einer unsichtbaren Person zu unterhalten. Ab und zu hielt er inne und hieb sich selbst fest in den Nacken. Nachdem „Hexy" seine Anweisungen aus der Geisterwelt empfangen hatte, drehte er sich um und sagte etwas zu den anderen. „Breitkreuz" und „Knallhart" gingen hinüber zu Chuck und Hudson und begannen ohne Vorwarnung oder erkennbaren Grund die beiden zu würgen. Es war kein schöner Anblick. Die Indianer drückten fester zu, und ich konnte sehen, wie ihnen die Adern auf der Stirn anschwollen. Wir anderen protestierten lautstark. Aber das schien den Ärger der Yuquis nur anzuheizen. Schließlich schlug sich der Häuptling selbst auf den Nacken und sprach zu den Indianern. „Breitkreuz" und „Knallhart" lockerten ihren Griff.

„Ihr beiden seid eben offiziell in den Club der Gewürgten aufgenommen worden", sagte ich.

„Ich wollte gar nicht unbedingt Mitglied werden", bemerkte Hudson und rieb sich den Nacken. Danach nahm das Treffen wieder eine erfreulichere Form an. Wir hatten uns oft gefragt, warum die Yuquis an manchen Tagen um so vieles aggressiver waren als an anderen. Vielleicht lag der Grund darin, daß der Medizinmann dann die Dämonen anrief, wie wir eben beobachtet hatten. Nachmittags verließen sie uns wieder.

Nachdem das Abendessen vorüber war und jeder sein Geschirr abgewaschen hatte, besprachen wir die Geschehnisse. Die Nacht war sternenklar. Ein paar Moskitos summten herum. Wir machten ein schönes Feuer aus dicken Ästen. Ich hatte einige neue Ideen im Kopf, aber erst jetzt legte ich sie dar.

„Wißt ihr, Kameraden", begann ich, „unsere Festung nützt uns wenig, wenn wir alle draußen bei den Indianern sind. Sollten sie urplötzlich auf den Gedanken kommen, uns umzubringen, hätten wir nicht die Zeit, das Kombinationsschloß zu öffnen und alle hineinzukommen. Sie würden uns innerhalb von einer Minute mit Pfeilen durchlöchern. Vielleicht sollte von jetzt an einer von uns immer im Haus bleiben. Als letzte Rettung könnte der Mann im Haus den Generator anwerfen, um sie zu verjagen. Wenn es so aussieht, als wären sie kurz davor, einen von uns umzubringen, kann der Mann im Haus in die Luft schießen. Das wird den anderen die Möglichkeit geben, in die Festung zu kommen, bis sie uns mit dem Flugzeug hier herausholen können."

Alle fanden die Idee gut und sinnvoll. Les warnte: „Wir müssen hundertprozentig sicher sein, daß sie vorhaben zu töten, ehe wir schießen, denn wenn wir das tun, bedeutet das das Ende unserer Arbeit hier."

„Das ist absolut sicher", stimmte Harold zu.

„Ich wäre sehr traurig, wenn dieser Kontakt ebenso enden würde wie damals der Kontakt zum Stamm der Nhambiguaras", sagte ich.

„Ich verstehe nur nicht, warum wir so gar keinen Fortschritt gemacht haben. Wir haben doch alles versucht. Uns gehen jetzt nur langsam die Ideen aus, wie wir sie immer wieder beruhigen und trotzdem freundlich bleiben können. Der einzige Grund, den ich mir vorstellen kann, ist der, daß sie immer noch wütend auf uns sind, weil wir ihre Kinder noch nicht zurückgebracht haben."

Alle hingen schweigend den eigenen Gedanken nach.

Am nächsten Morgen während des Frühstücks fröstelte ich ein wenig. Auch war mir schwindelig. Ich sagte den anderen, daß ich wohl eine Grippe bekäme.

„Das nimmt uns die Entscheidung ab", sagte Les. „Du bist einstimmig gewählt, heute in der Festung zu bleiben. Du hast mir selbst erzählt, wie lebensbedrohlich die Grippe für diese primitiven Stämme sein kann, und es wäre den Yuquis gegenüber alles andere als fair. Außerdem hättest du dann deine langersehnte Chance, in Ruhe zu fotografieren."

Ich konnte nur zustimmen. Nachdem ich aufgegessen hatte, stieg ich die Leiter zum zweiten Stock hinauf. Ich nagelte gegen die Rückwand ein Stück Stoff - die Wand, die vom Bach her einzusehen war -, damit die Indianer mich durch die Ritzen nicht entdecken konnten. Dann legte ich einen Film in die Kamera. Harold und Dick waren auf der Rollbahn und schnitten Pflanzen zurück; die anderen lasen. Es war ein schöner Morgen; die Sonne hatte schon den Tau getrocknet, der schwer von den Blättern getropft war.

Vom anderen Ufer her hörten wir das Pfeifen. Ich eilte

nach oben, um mich zu versichern, daß alle Ritzen zuge-deckt waren. Schon jetzt war es sehr drückend unter dem Aluminiumdach. Ich steckte eine Patrone in das einläufige Gewehr und legte für alle Fälle noch einige andere zurecht. Dann holte ich noch meine 22er Pistole heraus. (Wir hatten die Erfahrung gemacht, daß die Gewehre durch die Feuch-tigkeit manchmal nicht funktionierten.)

Die Kameraden brachten schnell ihre Werkzeuge herein, denn die Indianer würden sich selbst bedienen, wenn wir sie draußen stehen ließen. Geräusche vom Uhrenabnehmen und Taschenausleeren waren zu hören, während Les nach draußen ging, um den Pfiff zu beantworten. Ich legte mich auf dem Boden auf den Bauch. In Ordnung, dachte ich, wenn ich nur nicht niesen oder husten muß. Ich wollte nicht, daß die Yuquis bemerkten, daß ich hier im Haus war.

Les und die anderen bezogen Position an der Rückseite der Festung, wo die Indianer sie sehen konnten. Sie waren gut in Reichweite meiner Kamera. Les ging hinüber zum Bach, stellte sich auf den Baumstamm und pfiff weiter, wäh-rend er den Indianern anzeigte, sie sollten herüberkommen. Niemand erschien. Les winkte wieder. „Irgend etwas stimmt nicht", sagte Les. „Sie haben aus irgendwelchen Gründen Angst."

„Dies ist das erste Mal, daß sie so lange zögern", fügte Bob hinzu.

Im Haus begann ich nervös zu werden. Die Yuquis blie-ben im Pulk stehen und beobachteten uns etwa fünfzehn Minuten lang. Dann steckte der Häuptling seinen Kopf durch die Blätter. Er plapperte, als ob er viele Fragen stellte.

„Hebt eure Hände hoch", rief Les. „Der Häuptling möchte vielleicht wissen, ob wir bewaffnet sind." Alle Arme bewegten sich nach oben.

Der Häuptling wartete noch und sah sich um.

Nach vielen Überredungsversuchen kam er zögernd her-aus. Auf dem Baumstamm blieb er stehen und fixierte die Festung. Er trug Pfeil und Bogen, aber seine Arme waren vor der Brust gekreuzt. (Wir hatten über Zeichensprache gelernt, daß dies bedeutete, daß er sich fürchtete. Er schützte seine Brust vor Pfeilen oder Kugeln.) Wie kam er plötzlich auf die Idee, wir würden auf ihn schießen wollen?

„Breitkreuz" und „Knallhart" folgten ihm langsam, auch mit gekreuzten Armen. Dann kam „Hexy", dann die anderen. Sie waren aufgeregter, als ich sie je zuvor erlebt hatte. Ir-gend etwas lief absolut schief. Hatten sie vor, uns zu töten? Ich wollte die anderen warnen, traute mich aber nicht, mein

Versteck preiszugeben. Alle trugen in der linken Hand einen zwei Meter langen Bogen und einige Pfeile.

Mein Herz klopfte so laut, daß ich kaum die Kamera ruhig halten konnte, während ich ein Foto nach dem anderen aufnahm. Das Klicken des Auslösers dröhnte in meinen Ohren fünfmal so laut, als es war. Ich verstand überhaupt nicht, wie sie diesen Lärm überhören konnten. Die Spannung und die Hitze unter dem Aluminiumdach brachten mich zum Schwitzen. Ich wollte so gern gute Fotos machen, dies war vielleicht die letzte Gelegenheit.

Die Yuquifrauen blieben immer noch im Versteck. Les zeigte auf sie und fragte den Häuptling in Zeichensprache, warum sie nicht herauskämen. Auch dies war seltsam, denn sie waren vorher immer mitgekommen. Wieder hob der Häuptling seine Arme in gekreuzter Position. Er versuchte Les mitzuteilen, daß auch die Frauen Angst hätten. Für mich war das Ganze ein sicherer Hinweis darauf, daß die Yuquis nichts Gutes im Schilde führten. Es konnte durchaus sein, daß sie ihre Frauen nicht dabeihaben wollten, wenn sie das Signal zum Töten gaben. Vielleicht spürten sie instinktiv, daß wir Schußwaffen versteckt hatten.

Der Häuptling bemerkte meine Abwesenheit. Er fragte Les, ob ich flußaufwärts fischen würde. Les lenkte ihn von diesem Thema ab.

Wie zuvor abgesprochen, blieben die Kameraden dicht beieinander in der Nähe der Festung. Ich überprüfte noch einmal, ob alle Schußwaffen in Reichweite lagen. Ich fühlte mich besser, jetzt da meine Freunde so in der Nähe waren, daß ich ein Auge auf sie haben konnte. In Sekundenschnelle konnten die Yuquis - es waren jetzt ungefähr zehn oder zwölf - ihre Pfeile ziehen und schießen. Ich mußte schneller sein und in die Luft schießen, ehe sie ihre tödlichen Pfeile loslassen konnten. Ich fühlte die riesige Verantwortung für fünf Leben schwer auf mir lasten. Ein Husten, ein Niesen würde die Indianer aufschrecken - und wer konnte ahnen, was sie dann tun würden?

Dann sah ich „Knallhart", der direkt zu mir hinaufsah. Er mußte das Klicken des Auslösers gehört haben. Les erkannte den Ernst der Lage und begann zu sprechen, um ihn abzulenken.

„Das war aber nahe dran, Bruce", rief er mit ruhiger Stimme und sah in die andere Richtung. (Natürlich wußte der Yuqui nicht, daß er mit mir sprach.) „Mach am besten keine Fotos mehr, solange es so ruhig ist."

Die Wilden begannen zu fragen, was im Innern der Festung verborgen sei. Sie dachten immer, wir hätten einen „großen Vogel" (den Hubschrauber) in diesem Haus. Sie baten Les, die Tür zu öffnen, damit sie hineinsehen konnten. Die flachgehämmerten Kanister, die wir an die Wände genagelt hatten waren hoch genug angebracht, daß sie nicht darüberschauen konnten. Also nahm ein Indianer einen anderen auf die Schultern, so daß er über der Verkleidung durch die Ritzen spähen konnte. Harold und Les kitzelten sie, um sie abzulenken. Sie einfach wegzuziehen hätte bedeutet, einen Kampf anzufangen. Die Indianer fragten, ob „großer Vogel" im Innern schlafen würde. Les antwortete in Zeichensprache, daß „großer Vogel" im Augenblick sehr weit weg wäre, nachdem er gestern hier zu Besuch gewesen war. Er versuchte zu zeigen, daß wir einen Motor dort drin hatten, der genauso klang wie der Hubschrauber. Einige Indianer begannen zu summen, um den Motorenlärm zu imitieren.

Sie hatten keine Zweifel, hatten sie doch den Generator schon viele Male gehört. Sie kamen oft aus dem Dschungel, wenn wir die Funkkontakte beendeten und den Generator gerade abschalteten. Ihre einzige Erklärung war, daß der Motor eine andere Art Vogel war, der beim Fliegen solche Geräusche verursachte. Wir zeigten an, daß sie nicht hineindürften, weil wir Angst hätten, sie könnten ihn erschrecken.

„In Ordnung, Bruce", sagte Les. „Mach deine Kamera fertig. Ich werde jetzt zu 'Joven' hinübergehen, seinen Bogen zurückziehen und für dich in die Luft schießen." „Joven" spielte mit, und es war ein perfektes Bild.

Jetzt erschien eine Frau und kam vorsichtig näher. Es war die Frau des Häuptlings. Sie sah kräftig und wild genug aus, um jederzeit auf sich selbst aufpassen zu können. Die anderen blieben halb verborgen am anderen Ufer stehen.

„Hexy" stand ganz allein und unterhielt sich angeregt mit jemandem, der nicht zu sehen war. Die übrigen standen dicht beieinander, unseren fünf Männern gegenüber. Der Häuptling begann auszuführen, wie sie vor ein oder zwei Tagen einige Bolivianer getötet hatten. „Breitkreuz" und „Knallhart" spielten jede Einzelheit vor. Jedesmal, wenn sie einen eingebildeten Pfeil abschossen, zogen sie die Luft durch die Zähne ein, um ein zischendes Geräusch zu produzieren. Dann folgte das Geräusch eines Pfeils, der in Fleisch einschlug. Sie zeigten ihren Stolz auf ihre Fähigkeit, jemanden mit Pfeilen zu beschießen, ehe er die Möglichkeit hatte, sich mit der Pistole selbst zu verteidigen.

Ich sah, daß die Yuquis unsere Männer dazu bewegen wollten, mit ihnen zum Bach hinunterzugehen. Die Männer zögerten. Sie versuchten, die Indianer durch andere Dinge abzulenken. Aber die Indianer wollten nicht nachgeben. „Wir gehen besser mit", sagte Les. „Sie möchten, daß wir ihnen einige Fische angeln. Jedenfalls wollen wir sie nicht verärgern. Wir sind so schnell wie möglich zurück, Bruce." Die Männer gingen langsam den schmalen Weg zum Bach hinunter. Ihre Stimmen, die aus etwa fünfzig Metern Entfernung durch den Dschungel zu mir drangen, klangen gedämpft. „Breitkreuz" und „Hexy" konnte ich immer noch sehen. Sie standen auf halber Strecke zwischen den Männern und der Festung auf dem Weg. Sie sahen immer wieder zur Festung und dann den Männern hinterher. Schon der bloße Anblick von „Hexy" verursachte mir eine Gänsehaut. Seine glasigen, völlig abwesend wirkenden Augen zeigten, daß er vermutlich in Trance war. Als er mit einem Unsichtbaren sprach und sich auf den Nacken schlug, überlegte ich, wieviel er wohl an zersetzendem Einfluß auf den Häuptling und die anderen hatte. Gab sein Kontakt zu den Geistern ihm mehr Autorität, als der Häuptling sie hatte? Jetzt schlugen sich beide, „Breitkreuz" und „Hexy", auf ihren Nacken. Sie fuhren fort zu tuscheln und sahen immer wieder in meine Richtung.

Sie planten irgend etwas. Ich fühlte jetzt die Adern in meiner Stirn bei jedem Herzschlag klopfen. Sie wußten, daß wir ihre Sprache nicht verstanden, und doch wollten sie seltsamerweise nicht laut sprechen. Sie gingen plötzlich in meine Richtung. Mein erster Gedanke war, daß sie versuchen würden, hier einzubrechen, während die anderen Indianer die fünf Männer unten am Fluß festhielten. Die Zeit war knapp. Wenn sie Stücke vom Dach oder von der Verkleidung wegrissen, um einzudringen, würden sie mich entdecken und vielleicht töten. Todesangst stieg in mir hoch. Ich hatte eine Minute oder höchstens zwei, um eine Entscheidung zu treffen. Sollte ich schnell nach unten laufen und den Motor anwerfen? Sollte ich?

Nein, dachte ich, das könnte die Yuquis in Panik versetzen, und sie würden sofort mit dem Töten beginnen. Ich überprüfte noch einmal genau den Zustand der Gewehre und Pistolen. Die beiden Indianer waren jetzt fast neben mir. Ich zog den Hahn am Gewehr zurück. Jetzt waren sie unter mir, ungefähr einen Meter entfernt. Sie flüsterten. Oh, was würde ich dafür geben, wenn ich wüßte, was sie gerade sagten! Vielleicht hatten sie Angst, den „großen Vogel" zu wecken. „Breitkreuz" stieg auf einen Baumstamm, um über die Blechwand sehen zu können. Er stocherte mit einem

Pfeil durch die Ritzen und versuchte, etwas von der Kleidung zu erwischen, die wir dort auf eine Leine gehängt hatten. Im Inneren war es zu dunkel für ihn um irgend etwas anderes zu sehen. Grippekrank schwamm ich in Schweiß vom Fieber und von der Hitze unter dem Dach. Plötzlich spürte ich, daß ich husten mußte. Der Schweiß lief mir in Strömen um die Ohren und tropfte von meinem Kinn, als ich schluckte und schluckte, um den Husten zurückzudrängen. Der Schweiß juckte und ich wollte mich kratzen, aber ich wagte nicht, mich zu bewegen.

Oh nein, dachte ich. „Breitkreuz" stieg „Hexy" auf die Schultern, um ins Obergeschoß sehen zu können, genau dort, wo ich lag. Sollte ich sie jetzt verjagen, indem ich schrie oder mit den Händen über das Wellblech kratzte? Der schwarzbuschige Kopf schob sich nach oben, nur etwa zehn Zentimeter von meinem entfernt. Herz und Atmung schienen mir stillzustehen. Wie wünschte ich, die anderen wären draußen, um diese beiden abzulenken! Dann sah „Breitkreuz" die Kamera. Mit einer schnellen Bewegung stieß er mit dem Finger danach und warf sie um. Sie fiel mit einem lauten Plumpsen. Jetzt *mußte* ich irgend etwas tun, denn das nächste, was er tun würde, wäre, durch das Loch zu spähen und mich zu entdecken. Sofort schoß mir ein Gedanke durch den Kopf. Ich ließ ein langes, tiefes und lautes Knurren hören. Sogar ich erschrak.

Ich weiß nicht, ob sie dachten, der „große Vogel" wäre dabei aufzuwachen und würde bald ungemütlich werden oder was auch immer. „Breitkreuz" sprang herunter, und die beiden rannten den Weg entlang genau zu der Stelle, an der sie vorher gestanden hatten, zwischen der Festung und den anderen. Sie sahen entsetzt aus. Was für ein unheimliches Geschehen mußte das für sie gewesen sein. Mit einem Seufzen rückte ich mich in eine bequemere Position und hustete leise. Jetzt fühlte ich mich besser.

Dann richtete sich meine Aufmerksamkeit wieder ganz auf die übrigen Männer. Was geschah gerade mit ihnen? Das Geplapper, das durch die Bäume drang, hörte sich ganz normal an. Wenn ich sie nur sehen könnte!

„BR-U-U-U-CE!" Das war ein verzweifelter Schrei von Les. „Mach die Gewehre fertig!" Die Worte trafen mich wie ein Keulenschlag. „Oh nein, Herr", dachte ich, „ist es jetzt schon soweit gekommen?" Nervös griff ich nach dem Gewehr und überprüfte, ob es richtig geladen war. Der Hahn war schon gespannt. Ich hockte da, gespannt auf das nächste Wort. Schweiß tropfte mir von der Nase. Ich wußte, daß Les gewöhnlich ruhig war und sehr vorsichtig mit Entscheidungen, die er später möglicherweise bereuen konnte; daher wußte ich, als er schrie, daß die Lage wirklich sehr ernst war. Eine schier unerträgliche Verantwortung lastete schwer auf mir. Ich überlegte, ob die Kameraden wohl gewürgt wurden. Wenn das der Fall war, würde ich kein nächstes Kommando zum Schießen bekommen. Wenn ich zu lange wartete, würden sie vielleicht alle zu Tode gewürgt! Sollte ich einfach drauflosschießen? Ich flehte um die Bewahrung durch Jesus Christus, die wir durch seinem Namen und durch sein Blut erhalten. Und doch war mir auch klar, daß Gott mir den Verstand gegeben hatte, damit ich ihn in Situationen wie dieser gebrauchen sollte. Eine Frage quälte mich unentwegt: *Sollte ich schießen?*

Für den Fall, daß die Patrone ein Blindgänger war, lag meine Pistole bereit. Das Hin und Her in meinem Kopf schien Stunden zu dauern, obwohl sicher nicht mehr als vier oder fünf Minuten vergingen. Der Druck, stark sein zu müssen, machte es mir schwer, mich auf die Geschehnisse unten am Bach zu konzentrieren. Aber das mußte ich! Das richtige Timing war jetzt lebensnotwendig. Wenn ich im richtigen Augenblick feuerte, konnte ich das Leben meiner Kameraden retten. Ein Schuß im falschen Moment konnte die Yuquis provozieren, sie umzubringen.

Ich hörte Les rufen: „Sie haben alle mit ihren Bogen auf uns angelegt." Ich hob das Gewehr hoch und klammerte mich daran fest; schwer lag die Waffe in meinen schweißnassen Händen. Eine Minute später hörte ich Les: „Ich gehe jetzt langsam weg von ihnen."

„Was hat der für Nerven!" dachte ich bei mir. Dann: „Er sollte das vielleicht nicht tun." Ihnen den Rücken zuzukehren, konnte eine Einladung für all die Pfeile bedeuten. Den Finger am Abzug, wartete ich. Ich hörte nichts, sah nichts.

Dann hörte ich Les rufen: „Nicht schießen, Bruce!"

Wieder einige Minuten Schweigen. Dann sah ich meine Freunde. Sie gingen langsam, die Yuquis hinter ihnen. Ich legte das Gewehr weg. Sie sammelten sich auf der Lichtung unter mir, wo ich alle gut sehen konnte. Ich änderte meine Position für den Fall, daß „Breitkreuz" und „Knallhart" noch einmal hier heraufsteigen würden, um durch das Loch zu sehen, hinter dem die Kamera gelegen hatte, und trocknete mir die Stirn. Ich fühlte mich wie ein nasser Aufnehmer.

Alles schien ruhig. Les stand dort mit verschränkten Armen; Chuck und Hudson saßen auf einem Baumstamm. Plötzlich und ohne Vorwarnung gingen „Breitkreuz" und

„Knallhart" auf die beiden zu, drückten sie nach hinten und würgten sie. Diesmal war eine Bosheit in ihrem Tun, die ich vorher noch nie beobachtet hatte. Sie würgten nicht nur, um ihre Überlegenheit zu demonstrieren - sie würgten, um zu töten! Ich nahm meine Pistole und entsicherte sie. Neun Schuß konnte man damit abfeuern. Aber ich hoffte, ein Schuß würde genügen, um sie abzuschrecken - mit dem kurzen Lauf macht meine Pistole einen Mordslärm.

Les ging eilig hinüber zum Häuptling und redete in einem neuen, autoritären Ton auf ihn ein - eine Autorität, die er sicherlich gewonnen hatte, indem er den abschußbereiten Pfeilen mutig den Rücken gekehrt hatte.

Der Häuptling bellte einen Befehl. „Breitkreuz" und „Knallhart" ließen Chuck und Hudson los, die beide nach vorne sanken und nur noch nach Luft schnappten. „Breitkreuz", „Knallhart" und „Hexy", der etwas abseits lauerte, starrten auf die Männer und schlugen sich wütend auf den Nacken. Der Häuptling bellte noch einmal und ging weg. Sie schlichen ihm nach auf den Dschungel zu. Unsere Taktik, nach und nach durch kleine, wohlüberlegte Taten die Oberhand zu gewinnen, zahlte sich aus.

Dann entfernten sich die Missionare mit zielgerichteten Schritten aus meinem Blickfeld. Ich hörte einen von ihnen, wahrscheinlich Les, das Kombinationsschloß öffnen. Eine Minute später waren alle sicher im Inneren der Festung. Ich hatte Mühe, die Leiter hinunterzusteigen, so erschöpft war ich von Grippe, Hitze und Anspannung. Chuck und Hudson keuchten immer noch, aber sie waren nicht ernsthaft verletzt.

„Mann!" sagte ich. „Was für ein Tag!"

Hudson schüttelte den Kopf und sagte trocken: „Als sie alle ihre Pfeile auf uns richteten, dachte ich, das wär's für uns gewesen!"

„Es war eine reine Qual für mich da oben, daß ich euch nicht sehen konnte", antwortete ich. „Aber ich kann mir vorstellen, wieviel schlimmer es für euch gewesen sein muß."

Dann beschrieb Les mir, was geschehen war:

Nachdem die Yuquis die Missionare zum Fluß gelockt hatten, zogen sie ihre Pfeile. Dann wandte Les ihnen demonstrativ den Rücken zu und ging weg. Er dachte, wie er erklärte, sie würden es sportlich wenig reizvoll finden, einen Mann in den Rücken zu schießen. (Sie überlegten dann jedoch, ob sich die Indianer wirklich nach unseren Regeln verhalten würden, die doch keinerlei Bedeutung für sie hatten.)

Les war ein paar Schritte gegangen, als er sich nicht

211

mehr beherrschen konnte, und kurz über die Schulter zu-
rückblickte. Er drehte sich gerade rechtzeitig, um zu sehen,
wie „Knallhart" seinen Pfeil auf Hudson abschoß, ihn aber
noch abstoppte, als die Federn am Ende seine Finger durch-
liefen. Das war der Zeitpunkt, als Les mir zurief, ich solle die
Gewehre fertigmachen.

Wir saßen alle völlig erschöpft herum und versuchten, die
Situation noch einmal zu analysieren, aber in Wahrheit waren wir alle so ausgepumpt, daß keiner mehr zu einem wirklich klaren Gedanken fähig war. Nach einer Weile bereitete
Dick das Abendessen vor, während wir anderen inzwischen
zitternd im Bach ein Bad nahmen.

Ein wenig entspannter lagerten wir uns nach dem Essen
um unser Feuer. Wir versuchten nachzuvollziehen, wie die
Yuquis sich wohl fühlten.

„Ich wette, die Burschen leiden immer noch", begann ich.
„Dies war ohne Zweifel das erste Mal, daß ihnen jemand
entgegengetreten ist, ohne sofort erschossen zu werden.
Das kann zu unserem Vorteil sein - oder es hat nur die Wirkung, daß sie, wenn wir uns das nächste Mal treffen, erst
richtig loslegen werden. Die Mächte der Finsternis, von denen „Hexy" seine Befehle bekommt, leiten den Ärger immer
ein. Als er zusammen mit den anderen wegging, hat mir die
Art, wie er uns musterte, überhaupt nicht gefallen. Kann
sein, daß sie zu dem Schluß kommen, es sei besser, uns alle
einfach abzuservieren. Wir bewegen uns auf äußerst gefähr-
lichem Gelände."

„Bruce, wie denkst du über unsere Chancen, die ganze
Beziehung auf freundschaftlicher Basis zu halten?" fragte
Les.

Ich wußte kaum, was ich antworten sollte. Aber ich versuchte es. „Offensichtlich wird die Lage immer gespannter.
Wir haben den Yuquis wirklich jede Chance gegeben,
freundlich zu sein und Vertrauen zu uns zu gewinnen. Ich
kann mich an keine einzige Gelegenheit erinnern, bei der
wir sie provoziert oder ihnen Anlaß gegeben hätten, uns zu
töten, abgesehen davon, daß wir ihre vier Kinder nicht zurückgebracht haben. Aber sogar da haben wir alles getan,
was wir konnten. Ich weiß auch nicht, aber es scheint so,
daß wir mit all den Versuchen nirgendwo positiv gelandet
sind und vermutlich auch nie irgendwohin kommen werden.
Aber wir dürfen nicht vergessen, daß diese Menschen Seelen
haben, und wenn wir jetzt einen Rückzieher machen, haben
sie vermutlich nie wieder die Möglichkeit, von der Erlösung
durch Jesus Christus zu hören. Auf der anderen Seite könnte

es sein, wenn wir weitermachen, daß wir nicht mehr lange genug leben, um überhaupt noch jemandem vom Evangelium zu erzählen."

Les fügte noch hinzu: „Wir müssen auch bedenken, daß in dem Augenblick, in dem wir gehen, die Farmer einen großen Krieg gegen die Indianer anfangen werden. Wir haben Verantwortung für die Indianer."

„Laßt uns zusammen beten", sagte Dick. „Das einzige, was zählt, ist, daß wir mit unserer Entscheidung Frieden im Herzen haben, egal, ob wir weitermachen oder uns zurückziehen." Unser Hauptanliegen beim Gebet war in erster Linie, dem Willen des Herrn treu zu folgen, auch wenn das den Tod bedeutete. Verse aus der Heiligen Schrift kamen mir in den Sinn: „Indem wir hinaufschauen auf Jesus, den Anfänger und Vollender des Glaubens, der um der vor ihm liegenden Freude willen die Schande nicht achtete und das Kreuz erduldete und sich gesetzt hat zur Rechten des Thrones Gottes. Denn betrachtet den, der so großen Widerspruch von den Sündern gegen sich erduldet hat, damit ihr nicht ermüdet und in euren Seelen ermattet! Ihr habt im Kampf gegen die Sünde noch nicht bis aufs Blut widerstanden" (Hebr. 12,2-4).

Nach dem Gebet sagte Les: „Meiner Meinung nach sollten wir weitermachen. Wir werden immer einen Mann hier im Haus lassen, denn ich denke, das ist eine gute Rückversicherung. Wenn die Yuquis uns verwunden, dann beenden wir den Einsatz." Alle stimmten zu. Und wenn wir uns zurückziehen mußten, wollten wir das in einer Weise tun, die es ermöglichte, den Kontakt wieder aufzunehmen, falls wir durch den Willen des Herrn in dieser Weise geführt werden sollten.

Fast zwei Wochen lang zeigten die Yuquis sich nicht. Sie hatten noch zwei Einheimische erschossen und zweifellos aus Furcht vor der Rache der Farmer die Gegend verlassen. Es lag auf der Hand, daß ich nun nach Cochabamba zurückkehren würde, um meine liegengebliebene Arbeit für die Schule wieder aufzunehmen. Mir gefiel der Gedanke, die Kameraden allein zurückzulassen, überhaupt nicht, aber sie drängten mich abzureisen, weil sie auch die Wichtigkeit der anderen Aufgabe sahen. Und der Sicherheitsfaktor des einen Mannes im Haus beruhigte mich ein wenig. Also machte ich mich trotz einiger Bedenken auf den Weg zurück nach Cochabamba.

Einige Tage später kam ich in den Funkraum des Missionshauses und sah dort zufällig aus dem Fenster. Chuck und Hudson kamen durch den Garten auf mich zu. Ich rannte hinaus, um sie zu begrüßen, und bemerkte, daß Chuck eine Hand verbunden hatte.

„Was ist passiert?" fragte ich aufgeregt.

Chuck erzählte: „Ich wurde von einem Pfeil an der Hand verwundet. Wir mußten alle Kontakte abbrechen."

„Wie, um alles in der Welt, ist es dazu gekommen?"

„Nun, am Tag nach Weihnachten kamen die Yuquis wieder zum Treffpunkt. Wir verbrachten ein paar Stunden mit Kindereien - Fischen, Wettlaufen und so weiter. Sie baten Les in Zeichensprache, den „großen Vogel" herauszurufen, daß er sich auf die Landebahn setzte. Wir wußten, daß Jonathan Tamplin von der Missionsgesellschaft jeden Augenblick eintreffen konnte, weil vereinbart war, daß er uns neue Vorräte bringen sollte. Wir dachten, es wäre schön, ihre Überraschung zu beobachten, wenn das Flugzeug ankam. In der Zwischenzeit demonstrierte „Knallhart" seine Kraft, indem er Pfeile fast außer Sichtweite schoß. Während er die Sehne bei einem dieser Versuche zurückzog, zerbrach sein Bogen. Es war wirklich lustig, aber niemand wagte zu lachen. Er war völlig aus dem Häuschen. Genau in dem Moment war das Flugzeug zu hören, und die Yuquis rannten davon wie aufgeschreckte Hasen. Lois Foster und Joan Birkett begleiteten den Vorratsflug. Les ging hin, um Jonathan zu sagen, daß die Indianer in der Nähe waren und er den Motor nicht abschalten sollte. Die Frauen stiegen aus und halfen, die Pakete zu entladen. Lois überreichte uns einen leckeren Kirschkuchen! Die Frauen wollten ein paar Stunden bleiben, während Jonathan noch weiterflog und von Todos Santos aus Vorräte verteilte; aber Les sagte den Frauen, es sei besser, gleich wieder mit zurückzufliegen.

Wir beeilten uns und aßen etwas Kuchen, während der Flugzeugmotor immer noch lief. Als Jonathan dann weg war, kamen die Indianer wieder hervor. Sie sahen die Krümel um unsere Münder und wurden zornig - ich nehme an, weil wir ihnen nichts abgegeben hatten. Es war aber kein Kuchen mehr übrig. „Knallhart" begann, mich mit seinem Pfeil zu stechen - ihr erinnert euch, daß sein Bogen zerbrochen war. Dann trat er zurück und schleuderte ein paar Pfeile richtig heftig wie Speere. Ich wich ihnen aus. Der dritte Pfeil kam so schnell, daß ich keine Zeit mehr hatte, mich zu bewegen. Ich nehme an, es war ein Reflex, daß ich die Hände vor die Brust hob. Genau in dem Moment bohrte sich der Pfeil ziemlich tief in meine Hand. Wäre da nicht meine Hand gewesen, hätte ich den Pfeil genau ins Herz bekommen und stünde heute nicht mehr hier. Les rief Harold, der in der Festung war, zu, er solle den Generator anwerfen, was die Indianer dann auch verscheuchte. Ich stillte die Blutung so gut ich konnte, indem ich die Adern am Handgelenk zusammenpreßte. Dann ging Les ins Haus, holte seine Pistole und stellte den Motor ab. Die Indianer pfiffen wieder. Les ging ein paar Schritte auf sie zu. Er hielt seine Pistole hoch, zeigte auf mein blutige Hand und sagte 'Nein! Nein! Nein!' Die Yuquis verstanden, daß er es ernst meinte, denn sie wurden alle ganz kleinlaut.

Jonathan machte noch acht Flüge und brachte dann uns und alle unsere Sachen weg. Glaube mir, es tat weh, an diesem Nachmittag in der Festung die Entscheidung zu fällen, die Treffen einzustellen."

„Was hat Les jetzt vor?" fragte ich Chuck.

„Der Mann gibt nicht auf", antwortete Chuck. „Er wird einige Zeit mit Nachdenken und Beten in dieser Angelegenheit verbringen und es dann zu einem anderen Zeitpunkt und auf andere Art wieder versuchen "

Kapitel 15

Vorbereitung für den Sieg

D rei Jahre waren vergangen, seit wir die Kontakte zu den Yuquis abgebrochen hatten.

Aber weder diese noch die vorhergegangenen Jahre waren vergeudet. Im Gegenteil, rückblickend betrachtet bildeten diese sechs Jahre den nötigen Grundstock für das größere Projekt, das noch kommen sollte. Während ich dies im Jahr 1963 schreibe, machen wir uns bereit, einen neuen Versuch zu unternehmen. Les Foster und Dick Strickler sind nach ihrem Jahresurlaub in den Staaten wieder zurückgekehrt in die vordersten Reihen in Todos Santos. Zwei weitere Missionare mit ihren Familien sind noch hinzugekommen, um ihnen bei den Vorbereitungen der kommenden Arbeit zu helfen. Sobald es meine anderen Verpflichtungen erlauben, hoffe ich, sie auch noch unterstützen zu können.

Wir werden der größten Herausforderung innerhalb unserer Missionslaufbahn gegenübertreten - ein Unterfangen, das ganz sicher mehr von unserer Energie und unserer Zeit in Anspruch nehmen wird und uns größeren Gefahren aussetzen wird als je zuvor.

Wir werden nicht nur mit unserem Glauben an die Bewahrung durch unseren Herrn gerüstet sein, sondern auch mit den Erfahrungen, die wir in langen Jahren gesammelt haben. Wir gehen in vollem Bewußtsein um Widerstände und Gefahren, die wie ein Minenfeld vor uns liegen - aber wir sind bereit, uns mit ihnen auseinanderzusetzen.

Unser Ziel sind immer noch die Yuquis, die wir mit dem Evangelium erreichen möchten.

Nachdem unsere ersten Kontakte beendet waren, hatten wir von Ölsuchern erfahren, daß die Yuquis, die wir kennengelernt hatten, nur eine kleine Gruppe des gesamten Stammes sind. Trotzdem waren wir nur durch den Kontakt zu ihnen in die Lage versetzt worden, ihre gefährliche Falschheit kennenzulernen, ihre komplexe Psychologie, ihre Lebensgewohnheiten und die Gefahren, mit denen sie umgehen müssen.

Diesmal hofften wir, den Hauptstamm zu erreichen, der vermutlich immer noch im Landesinneren lebte, nur sechzig bis achtzig Kilometer Luftlinie von Todos Santos entfernt. Um auf dem Landwege zu ihnen zu gelangen, mußten wir allerdings zweihundertvierzig Kilometer den Rio Chapare hinunterfahren und dann dreihundertzwanzig Kilometer den Rio Ichilo hinauf wie an den Seiten eines langgestreckten Dreiecks.

Die Gegend, in der die Yuquis leben und durch die wir reisen müssen, um sie zu erreichen, ist immer noch eines der geheimnisvollsten und unerforschtesten Gebiete der Erde.

Von den wenigen Menschen, die sich in dieses bedrohliche Terrain vorgewagt haben, erfuhren wir, daß dies die Welt der turmhohen Dschungelbäume und riesigen feuchten Farngewächse war; ein Land von sintflutartigen plötzlichen Wolkenbrüchen, die alles überschwemmen, abgelöst durch Perioden strengster Dürre; ein Gebiet, reich an seltenen, giftigen Pflanzen, vielen tödlichen Schlangenarten, Skorpionen mit tödlichem Biß, Taranteln mit einer Länge von 30 Zentimetern, die in einem Satz mehr als einen halben Meter weit springen können. Hier erwarteten wir, neben den Yuquis auch noch andere Stämme zu finden - Stämme, über deren tödliche Grausamkeit wir nur Vermutungen anstellen können.

Während der letzten drei Jahre haben wir unsere Pläne entweder im persönlichen Gespräch oder durch Briefkontakte erörtert. Sie sind fast fertig. Unsere Hauptstrategie fußt auf dem Problem, das wir als das dringendste der Yuquis kennengelernt haben - Hunger.

Wenn ihre angestammten Gebiete überschwemmt werden, schwärmen sie in andere Regionen aus und nehmen sich Nahrung, wo sie sie finden können, vorzugsweise auf den Farmen der angesiedelten Bolivianer. Unser Plan ist, eine Farm einzurichten auf höhergelegenem Boden inmitten des Yuquigebiets - ein Schlaraffenland für sie, ein Ort, an dem sie sich selbst bedienen können, ohne des Diebstahls bezichtigt zu werden. Auf diese Art hoffen wir, das einfache Experiment weiterzuführen, das fast zufällig in Gang kam, als ich auf dem Weg nach La Jota „Knallhart" zeigte, wie man Mais anpflanzt.

Um unsere persönlichen Risiken möglichst klein zu halten, läßt Les eine schwimmende Festung bauen. Dieses eherne Gebilde, lastkahnähnlich, flach und stupsnasig ist eine Anlehnung an die Postboote von der Art, die wir für die

Reisen auf dem Rio Guapore benutzten. Außerdem beinhaltet es viele der erprobten Einrichtungen aus unserer Festung in La Jota. Aufgrund seiner breiten Auflagefläche wird dieses Boot in der Lage sein, schwere Fracht zu befördern, ohne sehr viel Tiefgang zu haben, was das Manövrieren in seichten Gewässern, über Sandbänke und versunkene Baumstämme erleichtert. Die Kabinen werden richtige Wände haben und dicke, massive Holztüren. Auch die Fenster werden mit festen, hölzernen Fensterläden ausgestattet sein. Sowohl die Fenster als auch die Türen werden mit schweren Schlössern versehen sein, so daß kein unerwünschter Besucher seinen Weg ins Innere erzwingen kann. Das Achterdeck, auf dem der Dieselmotor untergebracht ist, wird durch dichten Maschendraht geschützt werden. Ein Funkgerät sowie ein Empfänger werden der Missionsmannschaft ermöglichen, jederzeit mit der Zentrale in Todos Santos Verbindung aufzunehmen und sofort Hilfe herbeizurufen, falls das nötig wird. Unsere schwimmende Festung wird Vorräte für sechs Monate an Bord haben.

Viele Tage der Vorbereitung hat dieses Unternehmen schon gekostet, und es werden noch viele folgen. Kein anderer Grund als der, das Evangelium zu den Indianern zu bringen, ihre steinzeitliche Lebensweise zu verändern und ihre endlosen Kriege zu beenden, wäre diesen Aufwand wert.

Jawohl, die körperlichen Anforderungen, die dieser neue Versuch mit sich bringen wird, werden hoch sein, und gute Ausrüstung und kluge Planung sind nötig, um sie zu bestehen. Aber die größten Schwierigkeiten werden, genauso wie in der Vergangenheit, aus unserem Inneren kommen. Keine Festung und keine Strategie werden die Feinde in uns selbst besiegen. Nur Erfahrung, Mut und vor allen Dingen Glauben können das bewerkstelligen.

Die Erfahrung hat mich gelehrt, was ich auf dem Feld des „inneren Kampfplatzes" zu erwarten habe. Unser stets anwesender Feind ist die Angst - und sie kommt in vielen verschiedenen Gewändern. Da gibt es zum Beispiel die Angst, die Unterstützung von zu Hause könnte aufhören, wenn nicht eine bestimmte Anzahl geretteter Seelen gemeldet werden kann. Die Förderung könnte enden und ein lange verfolgter Weg auf einmal völlig nutzlos sein. Ich muß leider sagen, daß es einige Fälle gab, in denen es so war. Und doch, der Pioniermissionar, der sein Herz und sein Leben daransetzt, neue Stämme zu entdecken, muß nur völlig auf Jesus Christus vertrauen. Ich habe festgestellt, daß meine

Nöte, wenn ich dies tat, immer auf irgendeine Weise gestillt wurden.

Daneben ist da die Angst, sein Leben zu verlieren. Ja, ich weiß, was die Bibel den Tod betreffend sagt - daß ein Dasein außerhalb dieses Körpers ein Zusammensein mit dem Herrn bedeutet, was eine unaussprechliche Freude ist. Und doch gab es viele Gelegenheiten, bei denen ich dies nicht mit ganzem Herzen akzeptieren konnte, Gelegenheiten, bei denen der Selbsterhaltungstrieb die innere Stimme übertönte. Oft hatte ich auch Angst, in einer Krisensituation das Falsche zu tun. Um dem zu begegnen, machte ich es mir zur Gewohnheit, schon möglichst frühzeitig gedanklich alle möglichen Wendungen einer Lage und meine Reaktion darauf durchzuspielen. Außerdem erinnerte ich mich an die Verheißung: „Auf all deinen Wegen erkenne nur ihn, dann ebnet er selbst deine Pfade!"

Hinter der Hürde der Angst liegt die Hürde der Ungeduld. Ich mußte leidvoll erfahren, daß Zeit im Missionsbereich ganz anders zu bewerten ist als Zeit in weltlichen Geschäften. Beispielsweise das Warten auf unsere Habseligkeiten in Cochabamba - wie endlos erschien es uns! Wie ungeduldig war ich damals, und wieviel weniger würde ich es jetzt sein! Dann kommt die endlos lange Zeit der Versuche, die Indianer erstmals zu erreichen und, sobald das geschafft ist, die oft entmutigende Arbeit, alles Hinderliche in der Indianerseele zu überwinden. Um ihn von den Dämonen, denen er dient, zu befreien, ist sehr viel Zeit notwendig. Monate sitzt man mit ihm am Lagerfeuer und hört zu, läßt erzählen, warum er glaubt. Danach dauert es weitere geduldige Monate, in denen man ihm das Wort Gottes bringt, das ihn von den Einflüssen der bösen Mächte erlösen wird.

Viele Taten der Indianer bedeuten härteste Anforderungen an die Geduld. Unsere Liebe zu ihnen steht in der Zerreißprobe, wenn wir, nachdem wir mühsam in Kleinarbeit versucht haben, die Sprache des Stammes zu lernen, entdecken, daß sie uns absichtlich die falschen Worte und Begriffe gesagt haben.

Das Verständnis für die tiefsitzende Angst des Indianers vor dem weißen Mann ist der erste Schritt, um diese Frustration zu überwinden. Wie wir gesehen haben, töteten mancherorts „zivilisierte" Männer Tausende von Indianern und entführten Tausende von Frauen und Kindern, was die Indianer geradezu zwang, jede Art der Zivilisation zu verabscheuen. In dem Glauben, daß von uns früher oder später Unheil kommen wird, beobachten die Indianer sehr genau alles, was wir tun, und es ist sehr, sehr schwer, ihr Vertrauen zu gewinnen. Einem ihrer Kinder freundlich die ausgebreiteten Arme entgegenzustrecken ist für sie dasselbe Bild wie das Anlocken ihrer Kleinen, um sie zu fangen. Eine falsche Handlung kann trotz bester Motive das Leben eines Missionars in Gefahr bringen und der Beziehung zu den Indianern irreparable Schäden zufügen.

Ungeduld und Frustration können auf direktem Weg zum größten Feind des Missionares führen: der Depression. Dies ist ein Schlag, der ohne Vorwarnung geführt wird, und er kann vernichtend sein. Allein oder fast allein, schlecht genährt und erschöpft, gebeutelt von jeder Art Widerstand durch Menschen oder Umstände steht der Missionar oft am Rand der absoluten Hoffnungslosigkeit - ich war an diesem Punkt, nachdem Dave getötet worden war. Der gesunde Menschenverstand hilft, solche Situationen zu überstehen, aber nur die Macht Gottes und seine Liebe werden dazu befähigen, sich wieder aufzuraffen und weiterzumachen.

Wenn ich zurückblicke auf all die Jahre im Einsatz, die Wochen ohne meine Familie, die Enttäuschungen, Frustrationen und Rückschläge, frage ich mich manchmal: „Und was habe ich vorzuweisen?" Eine ehrliche Einschätzung meiner Arbeit im Dienst wird ergeben: Wenn man mich fragt, wieviele Stämme ich persönlich mit dem Evangelium erreicht habe, wieviele ehemals primitive Menschen heute nach Gottes Plan leben, weil ich sie dorthin geführt habe - sehr wenige.

Aber ich bin in keiner Weise enttäuscht oder entmutigt. Wir wissen, daß dies das Los des Pioniermissionars ist. Unsere schwierige Arbeit besteht im Knüpfen erster Kontakte. Wir sind die Vorhut in der Armee des Herrn bei den Kämpfern für Christus. Es ist unsere Sache, den Boden zu bereiten. Es ist die Sache der anderen, zu pflanzen und zu ernten.

So sicher, wie der Tag auf die Nacht folgt, wird die Ernte kommen. Und es wird eine reiche Ernte sein, das Ergebnis von Pflügen, Düngen und Bewässern in Tränen, Schmerz, Leid und Blut. Wir sind Gott in unserer Arbeit Vertrauen und Glauben schuldig, keine Resultate.

„Übrigens sucht man hier an den Verwaltern, daß einer treu erfunden werde" (1. Kor.4,2).

„Wer pflügt, soll auf Hoffnung pflügen ..." (1.Kor. 9,10).

„Der eine sät, der andere erntet" (Joh. 4,37).

Unsere Zuversicht ist nicht unbegründet. Es gibt unübersehbare Beweise für unsere Fortschritte. Ich habe selbst gesehen, wie Stämme, die weit primitiver waren als die, zu denen ich Kontakte geknüpft habe, während der Zeit meiner Arbeit durch das Evangelium erreicht wurden. Ich habe selbst gesehen, wie erbitterte Feinde friedlich nebeneinander in Bibelklassen saßen, wie gestandene Krieger lernten, nach der Heiligen Schrift zu leben.

Als mutmachendes Vorbild dient mir beispielsweise mein Besuch bei den Ayores. Dort sah ich, wie ehemalige Mörder sich zur Anbetung versammelten. Sie waren es, die die fünf Missionare ermordet hatten, von denen in Kapitel 2 die Rede war. Ab diesem Zeitpunkt kamen immer wieder und wieder Missionare zu ihnen, um sie zu erreichen. Die Lage war unvorstellbar schwierig. Manche gaben auf, weil sie entmutigt waren, andere wegen schlechter Gesundheit. Aber ebenso schnell, wie die physisch oder psychisch „Verwundeten" das Feld verließen, rückten neue „Truppen des Herrn" an ihre Stelle. Scheinbar unlösbare Probleme wurden durch Glauben und Entschlossenheit überwunden.

Jahrelang gelang es nicht, eine besonders grausame Angewohnheit der Ayores auszumerzen. Ein Missionar, der einen Dschungelpfad entlangging, hörte dort ein stöhnendes Geräusch, das unter einem frisch aufgeschütteten Hügel hervorkam. Er grub und fand einen kranken Ayore - lebendig begraben. Die Ayores glaubten, daß ein kranker Mensch, der oberhalb des Erdreichs starb, Unheil über die anderen Stammesmitglieder und über sich selbst ewige Qualen bringen würde. Auch neugeborene Zwillinge wurden lebendig begraben: Die Ayores sahen in ihrer Geburt ein schlechtes Omen, eine Strafe. Zwillinge am Leben zu lassen würde bedeuten, schreckliche Konsequenzen durch die bösen Mächte auf sich zu laden, und die Macht dieses Glaubens war gewaltig.

Die Lösung für dieses Problem kam auf seltsamem Weg. Der Herr schickte ein Missionspaar dorthin, das Zwillingssöhne hatte. Jetzt konnten die Indianer mit eigenen Augen sehen, daß die Eltern nicht unter schlimmen Auswirkungen leiden mußten, weil sie ihre Zwillinge nicht lebendig begraben hatten. Die Missionare konnten hingegen die Indianer davon überzeugen, daß lebendiges Begraben keine erfolgversprechende Praxis sei. Diese Gruppe von Ayores gab die grausame Handlungsweise auf.

Die Ayores leben in verstreuten Clans im mittleren Dschungel des südöstlichen Boliviens. Ungefähre Schätzungen geben ihre Zahl mit etwa sechstausend an. Jahr für Jahr wurde eine Gruppe nach der anderen erreicht. Heute lernen

221

Hunderte von ehemals nomadenhaft lebenden Ayores Akkerbau und Viehzucht kennen, Lesen und Schreiben, Hausbau, medizinische Versorgung und Hygiene und natürlich den christlichen Glauben. Einige von ihnen haben führende Ämter in ihren Kirchen und lehren nun selbst andere Stammesangehörige. Es ist nicht ungewöhnlich, wenn plötzlich fünfzig oder mehr Ayores auftauchen, die noch nie zuvor einen Weißen gesehen haben und darauf brennen zu lernen.

Bei verschiedenen Gelegenheiten kam eine solche Gruppe wohl auch in der Absicht, die Missionare anzugreifen - die Ayores sind sehr kriegerisch -, aber eine Kombination von Gebet mit gesundem Menschenverstand half den Missionaren, auch dieses Problem zu lösen.

Einmal, während meines Aufenthaltes in einem Missionscamp unter den Ayores, hörte ich einige Häuser weiter einen Aufruhr. Ich lief hin, um zu sehen, was los war, und sah einige Ayores, schwarze und rote Kriegsbemalung im Gesicht, die ihre Speere in die Luft stießen und wütend knurrten, während sie sich auf den Kampf vorbereiteten. Als ich den Häuptling fragte, was das alles zu bedeuten habe, antwortete er mir, daß ein Einheimischer am Tag zuvor einen Indianer getötet hatte und daß sie sich jetzt zum Angriff aufstachelten. „Morgen werden wir losgehen und Bolivianer umbringen", sagte er. Dann fügte er noch hinzu: „Wir haben die Nase voll von der Zivilisation. Vielleicht bringen wir euch Missionare auch um." Wir Missionare trafen uns eilends. Eine solch kritische Situation war nichts Neues für uns, aber nichtsdestotrotz war die Lage ernst. Es blieb keine Zeit, etwas anderes zu tun als zu beten, und genau das taten wir auch. Der Herr erhörte unsere Gebete: Es fand kein Morden statt.

Durch meinen Besuch konnte ich erkennen, daß die fünf Märtyrer nicht umsonst gestorben waren. Ihre Erfahrung und der Geist ihrer Arbeit haben dazu geführt, daß durch die Hingabe vieler Männer und Frauen Erfolge erzielt werden konnten. Und die Ayores sind bei weitem nicht das einzige Beispiel für mögliche Erfolge.

Lassen Sie mich noch einen Stamm vorstellen: die Pacaas Novos, die nicht weit von Guajara Mirim leben. Kurz nachdem unsere Arbeit bei den Nhambiguaras eingestellt worden war, leitete Joe Moreno, Toms Vater, eine Gruppe, die versuchen wollte, Kontakt zu ihnen aufzunehmen. (Joe war mit den fünf Missionaren zusammengewesen, bevor diese von den Ayores getötet worden waren. Er war dem Tod nur entkommen, weil er zu der fraglichen Zeit fort war, um

Vorräte einzukaufen.) Die Gruppe fand einen Pfad der Pacaas-Novos-Indianer am Ufer und ruderte hinüber, um Geschenke hinzulegen. Sie wurden mit einem Sperrfeuer von Pfeilen empfangen und retteten ihr Leben knapp durch einen kühnen Sprung in den Fluß.

Drei Jahre vergingen, ehe Joe und seine Kameraden nach diesem unerfreulichen Zwischenfall in der Lage waren, einen freundschaftlichen Kontakt herzustellen. Ab diesem Zeitpunkt machten sie in rasantem Tempo Fortschritte. Die Missionare errichteten ein Lager mitten im Gebiet der Pacaas Novos und begannen, die Sprache zu lernen und den Indianern die Grundlagen des Evangeliums beizubringen. Das war vor etwa sieben Jahren. Heute gibt es unter den Indianern Gläubige. Manche von ihnen wurden wie die Ayores auch Missionare. Im Laufe der Jahre haben viele Missionare den Dienst aufgeben müssen - aus physischen oder psychischen Gründen. Aber hier, wie auch an anderen Orten, waren andere da, die ihren Platz einnehmen konnten, und die Neuzugänge übertreffen an Zahl die Ausfälle.

Ich habe bei den Pacaas Novos noch einen weiteren Grund für unsere Erfolge kennengelernt: Jede erreichte Gruppe erzählt uns von anderen Indianerstämmen, von deren Existenz wir noch nicht einmal etwas geahnt hätten. Einige Bekehrungen nach jahrelangen Versuchen bedeuten uns sehr viel; aber jeder Brückenkopf bringt Neuigkeiten über unzählige Herausforderungen, die noch vor uns liegen.

Irgendwo habe ich gelesen, daß es noch etwa zweitausend Stämme in der Welt geben soll, die noch nicht erreicht wurden. Nach dem, was ich in Lateinamerika gesehen habe, kann ich nur sagen, dies ist eine sehr vorsichtige Schätzung. Flüge über den endlosen Dschungel von Bolivien oder Brasilien haben meine Phantasie immer wieder angefacht. Fortwährend entdecken wir neue Siedlungen oder sehen Rauch aus Dschungellagern aufsteigen in Gebieten, in denen die Existenz von wilden Stämmen niemals vermutet würde. Gummiarbeiter, die bis heute in unerforschte Gebiete vorstoßen, berichten uns von unbekannten Stämmen dieser Steinzeitmenschen. Sie treffen auf unbekleidete Wilde, wenn sie auf dem Fluß um eine Biegung fahren, oder sie sehen kleine Hügel aus Paranußschalen, ein Indiz, daß Indianer dort vorbeigekommen sind. Überall gibt es Hinweise auf Stämme, von deren Existenz bisher niemand etwas ahnte, von denen man noch nicht einmal weiß, wie man sie nennen soll.

Vielfach wird vermutet, daß nur noch in arktischen Regionen und im Weltraum für unsere Generation Neues zu entdecken sei. Es stimmt, die Anzahl der Gebiete, die auf Landkarten als „noch nicht erforscht" ausgewiesen sind, ist stark gesunken. Dies aber nur, weil man diese Gebiete überflogen hat, und ihre geographischen Gegebenheiten aufgezeichnet hat. Wieviele Tausende von Quadratkilometern bleiben allein in Bolivien noch zu erforschen und wieviele Tausende von Quadratkilometern noch in Brasilien, das achtmal so groß ist, ganz zu schweigen von den übrigen Ländern in Mittel- und Südamerika! Diese Dschungelgebiete beherbergen unzählige bereits bekannte unerreichte Stämme; und wieviele unbekannte?

Der entschlossene Einsatz vieler Missionare wird in den nächsten Jahren nötig sein. Einstimmig rufen wir nach weiteren, die kommen und sich für diese Arbeit begeistern lassen wollen. Wie oft habe ich in Briefen und in Reden gebeten, dem Aufruf zu folgen: „Geht hin in die ganze Welt und predigt das Evangelium der ganzen Schöpfung" (Mk 16,15)!

Als ich dieses Buch schrieb, war es mein Wunsch, nicht nur die Kämpfe des Missionars darzustellen, seine Schmerzen, seine Hoffnungen und Gefühle, sondern auch die Kraft seiner Überzeugung, die ihn dazu anspornt, seinem Versprechen Gott gegenüber treu zu bleiben, selbst wenn es den Tod bedeuten würde.

Wenn dies verstanden wird, dann hoffe ich, daß die Gläubigen in aller Welt sich eng verbunden fühlen mit den Missionaren, die im Dienst stehen, der Welt das Evangelium zu bringen.

„Freut euch mit den sich Freuenden, weint mit den Weinenden! Seid gleichgesinnt gegeneinander" (Röm. 12, 15.16).

Nachwort

Wir schreiben das Jahr 1976. Es hat viele Neuauflagen dieses Buches gegeben, und mit dieser Auflage habe ich nun die Möglichkeit, den Leser über den aktuellen Stand bezüglich der Arbeit im Yuqui-Stamm zu informieren. Von den Nhambiguaras kann leider nichts anderes berichtet werden, als daß sie immer noch jeden umbringen, der sich in ihr Territorium hineinwagt.

Ich bin seit zehn Jahren wieder in den Vereinigten Staaten und reise umher, 80.000 Kilometer im Jahr von Vortrag zu Vortrag quer durch die Staaten und Kanada, um neue Mitarbeiter für den Herrn zu werben, die sich auf die Evangelisation von unerreichten Stämmen einlassen wollen. Außerdem möchte ich auch die anderen Christen ermutigen, effektivere Zeugen in der Heimat zu sein und das Missionsprogramm innerhalb ihrer Kirchen unterstützen zu helfen.

Die Missionsgesellschaft, mit der ich zusammenarbeite, ist seit ihrer Gründung vor 34 Jahren auf eine Einsatzstärke von etwa 1.200 Mitarbeitern angewachsen. Außerdem sind etwa 800 Anwärter noch in verschiedenen Stadien der Ausbildung. Viele von Gottes Heiligen sind immer noch bereit, als Kämpfer für Christus unter schwierigen Umständen die Gute Nachricht hinauszutragen zu den vielen unerreichten Stämmen, die unverändert noch in Finsternis leben.

Obgleich ich wieder in der Heimat bin und ungefähr 200 Tage im Jahr auf Reisen bin, habe ich oft Sehnsucht nach dem Dschungel Boliviens in Südamerika. Vielleicht ist es nur Nostalgie. Jedenfalls ist es merkwürdig, wie ein Mensch eine bestimmte Region der Erde lieben kann, die ein Feld des geistlichen Kampfes war und immer noch in vielerlei Beziehung einem Eindringling gegenüber feindlich ist. Vielleicht liegt der Grund darin, daß der Missionar dieses Gebiet durch die wundersame Führung Gottes, seine Bewahrung und die Siege die er schenkt, als „heiliges" Land empfinden lernt. Erinnerungen an einen solchen Platz werden stets sein Herz erwärmen.

Viele Einzelheiten aus der Zeit, nachdem wir die Arbeit bei den Yuqui abbrechen mußten, sind mir nicht genau bekannt, weil ich mit dieser Arbeit in den letzten zehn Jahren nichts zu tun hatte. Ich bin Bob Garland sehr dankbar, der sich die Zeit genommen und mir über Details dieser Arbeit brieflich berichtet hat. Ihre Erfahrungen beim Wiederaufnehmen von freundschaftlichen Beziehungen würden noch ein Buch füllen.

Vor einigen Monaten durfte ich mich an guten Nachrichten über „Knallhart" erfreuen. Mein Sohn Brian, Pilot bei unserer Missionsgesellschaft, landete auf der Yuqui-Landebahn. „Knallhart" kam auf ihn zu, umarmte ihn und sagte in seiner Sprache so etwas wie: „Vor vielen Jahren habe ich mehrmals fast deinen Vater getötet, und ich wurde immer sehr böse, aber jetzt bin ich Christ und tue so etwas nicht mehr."

Sehen wir uns die Geschichte von „Knallhart" ein wenig genauer an bis zu dem Punkt, an dem er wiedergeboren und sogar ein Missionar wurde.

Die erste Reise mit dem Festungsboot fand im November des Jahres 1963 statt - 240 Kilometer den Chapare Fluß hinunter, 320 Kilometer den Rio Ichilo hinauf und dann in den Chimore Fluß. Das Boot war blau gestrichen mit einem weißen Streifen. Die Messer, Äxte und Helme, die die Missionare verwendeten, waren ebenso angestrichen, damit die Indianer diese Geschenke mit dem Missionsboot in Verbindung bringen würden. Geschenke wurden am Uferlauf und auf verschiedenen Pfaden hinterlegt. Tag für Tag, Monat für Monat überprüften unsere Leute diese Geschenke, um zu sehen, ob die Indianer sie angenommen hatten. Die aufgehängten Geschenke konnten von der Mitte des Flusses aus sicherer Entfernung eingesehen werden, falls die Pfeile fliegen würden.

Schließlich, im Januar 1965, wurden Geschenke von den Indianern angenommen, nahe bei dem Ort, an dem das Hauptboot festgemacht war. Immer auf der Hut vor einem Angriff, prüften die Männer die Wege, um festzustellen, ob noch andere Geschenke angenommen worden waren. Sie hofften außerdem, die Indianer würden ihrerseits Geschenke hinterlassen, da ihre Motive oft durch die Gegenstände, die sie geben, interpretiert werden können. Die Missionare ließen jede erdenkliche Vorsicht walten, trotzdem wußten sie, daß immer noch ein großes Risiko vorhanden war für jemanden, der diesen Menschen das Evangelium bringen wollte. Auf einem der Dschungelpfade fanden die Männer nun alle möglichen Zeichen der Indianer: Schalen von Dschungelfrüchten, einen Korb aus Palmblättern und sogar einen Pfeil, der in der Erde steckte. Die Frage, wie dieser Pfeil zu deuten wäre, quälte sie. War er ein Geschenk oder eine Warnung? Bei vielen Stämmen bedeutet dieses Zeichen eine Warnung, nicht weiterzugehen. Tag für Tag durchwanderten die Männer vorsichtig denselben Dschungelabschnitt und ersetzten die Geschenke, die weggenommen worden waren. Später kamen sie auf den Gedanken, es wäre sicherer, die Geschenke auf ein grob gebautes Regal am Flußufer zu legen. Über den Fluß hinweg beobachteten sie jeden Tag stundenlang das gegenüberliegende Ufer. Im März 1965 gerieten die Missionare in Aufregung, als die Indianer herauskamen und ihnen winkten und riefen, sie sollten herüberkommen. Les Foster und Bob Garland kletterten am Ufer hinauf. Dick Strickler stand mit einem Gewehr im Aluminiumboot Wache. Der Indianer, den wir „Hexy" nennen, war der erste, der kam und ein Geschenk von den Männern annahm. Andere folgten ihm, waren aber schnell irritiert, als sie Dick mit dem Gewehr im Boot stehen sahen. Les und Bob trugen auch Pistolenhalfter. Plötzlich lag Spannung in der Luft.

Vorherige Begegnungen hatten uns gelehrt, körperlichen Kontakt zu den Wilden im frühen Stadium der Kontakte zu vermeiden. Das Wagnis, die Pistolen mitzunehmen, half vielleicht, das Würgen und Ringen zu vermeiden, das früher stattgefunden hatte. Wir hatten beschlossen, die Treffen zunächst nicht länger als 15 oder 20 Minuten dauern zu lassen und dann für einige Stunden oder bis zum nächsten Tag zu verschwinden. Ohne Kenntnis ihrer Sprache konnten wir uns nicht verständlich machen, was Spannung, Frustration und Ärger Vorschub leistete. Aus dem Grund erwies es sich als nützlich, die Kontakte zu Beginn nur kurz zu halten.

Im Verlauf des Tages entschieden sich die drei Missionare, Lesters Frau Lois, Bobs Frau Mary und ihr kleines Töchterchen Bethany zu einem kurzen Besuch der rauhen und ungehobelten Gesellen mitzunehmen. Sorgenvoll und gespannt überlegten sie, wie wohl die Indianer Lois, Mary und das Baby behandeln würden. Nur Gott und die Indianer wußten, daß die Yuquis in diesem Moment einen Plan ausheckten, alle Missionare umzubringen und Bethany als Sklavin zu entführen. Sie waren fasziniert von ihrem hellen Teint und ihren hellblonden Haaren. Jahre später, als die Indianer von ihrem ursprünglichen Vorhaben erzählten, blieb es noch immer ein Geheimnis, was der Herr tat, um ihre Pläne zu verhindern oder zu ändern.

Mehr als einmal wurden die Nerven unserer Männer aufs äußerste strapaziert, wenn die Wilden wütend wurden und sich zum Töten bereitmachten. Der Anblick eines Revolvers, der aus dem Halfter gezogen wurde, entspannte die Lage zumindest zeitweise wieder. Die nervenaufreibende Zeit zog sich dahin, aber Stück für Stück gewannen unsere Männer langsam das Vertrauen der Yuqui.

Oft waren die Indianer drei oder vier Monate auf Nahrungssuche unterwegs, was die Bemühungen, ihre Sprache zu erlernen, sehr schwierig und langwierig machte. Jetzt haben sie ihr Nomadendasein aufgegeben, haben Häuser und pflanzen eine Reihe von Früchten und Gemüsen in ihren Gärten an. Jahrelang brachten unbestimmte Ängste die Indianer dazu, die Missionare ihre Sprache falsch zu lehren. Viele arbeitsame Stunden, Tage und Monate über dem Studium dieser Sprache waren vergebens. Die Aufgabe schien sich nicht zu erfüllen. Der Durchbruch kam schließlich mit einem etwa zwölf Jahre alten Dschungelmädchen namens Iaquianina. Sie wurde der Schlüssel zur Sprache und zu den Geheimnissen verschiedener Stammessitten. Heute ist sie 21 Jahre alt, verheiratet und hat drei Kinder. Anfang 1969 war sie die erste, die wiedergeboren wurde. Die Verstrickungen und blinden Ängste des Dämonismus werden allmählich vom Leben der Indianer fortgenommen, zur Zeit sind neun von ihnen wiedergeborene Gläubige.

Vor etwa sieben Jahren (1969) starb die Tochter des Häuptlings, und eine andere Frau wurde ermordet, weil man glaubte, daß diese Frau der Häuptlingstochter im Jenseits als Dienerin zur Seite stehen könne. Jahre vor dem Tod des Häuptlings wurde ein Henker angewiesen, einen jungen Mann zu töten, der dem Häuptling nach dessen Tod zum selben Zweck dienen sollte. Vor über einem Jahr allerdings, kurz vor seinem Tod, bekehrte sich der Häuptling noch, und der junge Mann wurde nicht umgebracht.

Immer noch werden viele Stammesangehörige von Dämonen beherrscht, und die geistlichen Kämpfe der Missionare halten an. Fortschritt und Erfolge kommen sehr langsam. Eine Gruppe von Gläubigen trifft sich regelmäßig zum Beten und zum Bibelstudium, aber es gibt immer noch keine funktionierende Gemeinde. Das wird aber zu gegebener Zeit kommen.

Vier der Yuquimänner können als Missionare bezeichnet werden. Bei verschiedenen Gelegenheiten begleiteten sie unsere Männer bei ihren Versuchen, mit anderen Indianergruppen freundschaftliche Kontakte herzustellen. Diese in der Nähe lebenden anderen Gruppen sind möglicherweise auch Yuquiindianer, die sich vor vielen Jahren abgespalten haben. Die Yuquimänner sind sich der Gefahren wohl bewußt, die sich aus dem Knüpfen freundlicher Kontakte zu diesen anderen Gruppen ergeben können. „Knallhart" und „Breitkreuz" sind unter diesen tapferen Leuten, die schon ein großes Verlangen haben, jenen unerretteten Menschen von Jesus Christus zu erzählen, ihnen die Möglichkeit anzubieten, ewiges Leben zu erlangen, vom Leben mit Mord, Sünde und Qual durch Dämonen und von anderem Elend befreit zu werden. Das Markusevangelium und das Johannesevangelium sind ebenso wie einige Bücher aus dem Alten Testament übersetzt. Ein Lehrbuch für die Indianer ist in Vorbereitung.

Sind diese Menschen, die von den spanischen Einheimischen verachtet werden, all die Mühen, den Schweiß und die Tränen, die großen Kosten, Gefahren und sogar Blut eigentlich wert? Was würde Ihre Antwort sein, wenn Sie an ihrer Stelle dort draußen im Dschungel geboren wären?

Bruce E. Porterfield, 1976

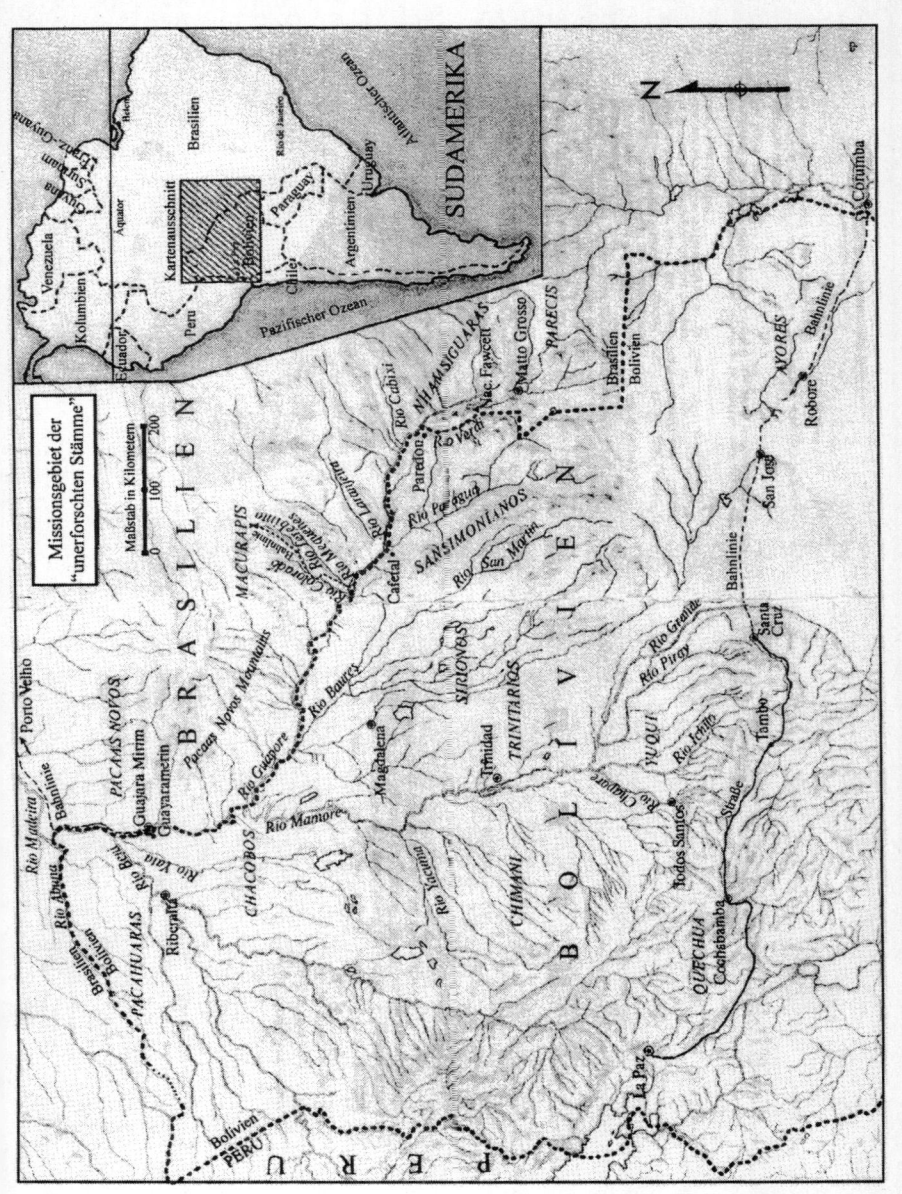

Bruce und Edith Porterfield mit ihrer dreijährigen Tochter Connie mit einem gerade gefangenen Katzenfisch in der Nähe ihres einsamen Lagers bei Paredon, im Herzen des bolivianischen Dschungels, wo sie zum ersten Mal mit den wilden Nhambiguara Indianern zusammentrafen.

Auf dem Marktplatz von Cochabamba. Indianerfrauen mit weißen Derby-Hüten breiten ihre Waren aus und führen einen lebhaften Tauschhandel. Vor dem Einsatz im Stammesgebiet mußten die Porterfields monatelang in dieser Stadt auf das Eintreffen von Versorgungsgütern und Haushaltsgegenständen warten (Kapitel 2).

Bruce bei der Herstellung einer Schubkarre für Brian während ihres Aufenthaltes in Cafetal. Jedesmal wenn Bruce einen Nagel hineinschlagen wollte, hielt das Äffchen seine Hand darüber, schaute zu ihm auf und zog eine Grimasse.

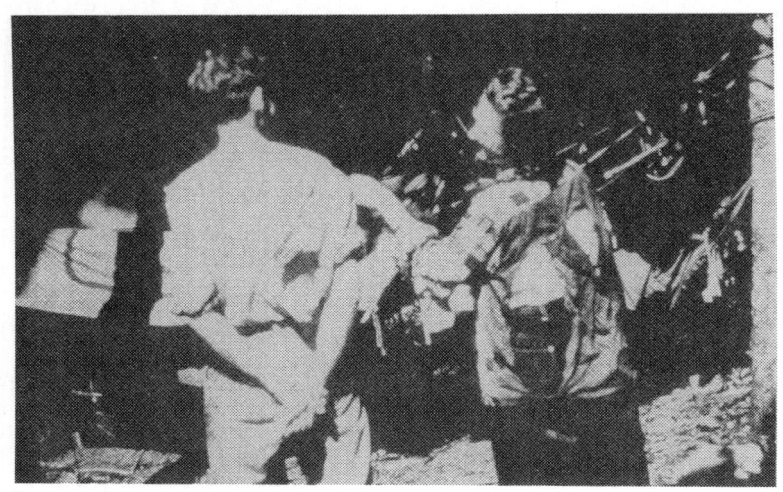

Die zerrissene Kleidung von Ewart Sadler und Dorthy Abbey zeigt den Tribut, der den Dornen und Zweigen auf der langen Reise durch Fluß und Sumpf gezollt werden mußte (Kapitel 11).

In ihrem Lager jenseits des Sumpfes kocht Dorothy gerade über einem offenen Feuer, während Macurapi-Frauen und -kinder ihr dabei zuschauen. Wochen vergingen, bis an diesem abgelegenen Außenposten im Dschungel Wohnungen mit Lehmziegelöfen fertiggestellt werden konnten (Kapitel 11).

Dorothy Abbey und Lila Sharp schreiben ihre letzten Briefe an die Heimat, bevor ihr Lager durch die Trockenzeit von der Außenwelt abgeschnitten wird. Wenige Tage später gingen die Porterfields und Ewart Sadler fort zu einem anderen Posten; 10 Monate würden vergehen, bis der Regen wieder den Sumpf füllen und die Lebenslinie der Verständigung und Unterstützung wiederherstellen würde (Kapitel 11).

Monate später kämpft sich Bruce durch den Dschungel zurück mit dringend benötigten Versorgungsgütern für die Abbeys und Sharps (Kapitel 12).

235

Marodierende Einheiten von Ameisen zogen mordend und plündernd durch die Wohnstätte der Porterfields in Cafetal. Sie töteten alles Lebendige, was sich ihnen in den Weg stellte (Kapitel 5). In jeder Außenstation im Dschungel muß die Küche separat eingerichtet werden, weil Ruß und Rauch der primitiven Holzöfen alles einschwärzt.

Ein altes Flußboot mit sehr flachem Boden brachte die Porterfields 800 km den Rio Guaporé hinauf nach Cafetal, einer Außenstation der Mission, dem Dschungelhauptquartier für die Bemühungen, den Stamm der Nhambiguara zu erreichen (Kapitel 4).

Missionar Dave Yarwood schloß Freundschaft mit den Nhambiguara-Indianern, die ihn jedoch später bei einem plötzlichen, unerklärlichen Angriff töteten. Hier ist er mit zwei Stammesangehörigen auf einer Sandbank zu sehen, von der aus die ersten Kontakte zu den Indianern aufgenommen wurden (Kapitel 8).

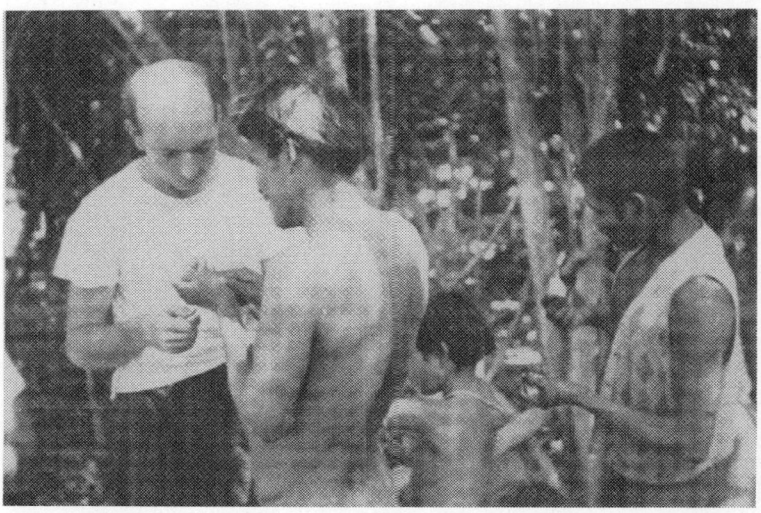

Jim Ostewig und andere Missionare versuchten jeden Laut schriftlich festzuhalten, der von den Nhambiguaras gesprochen wurde. Die Indianer glaubten, daß der Schreibstift magische Kraft besäße; hier versucht einer von ihnen gerade selbst, „sprechende Zeichen" zu machen. Ein anderes Stammesmitglied trägt eine Weste, die Bruce ihm gegeben hatte (Kapitel 8).

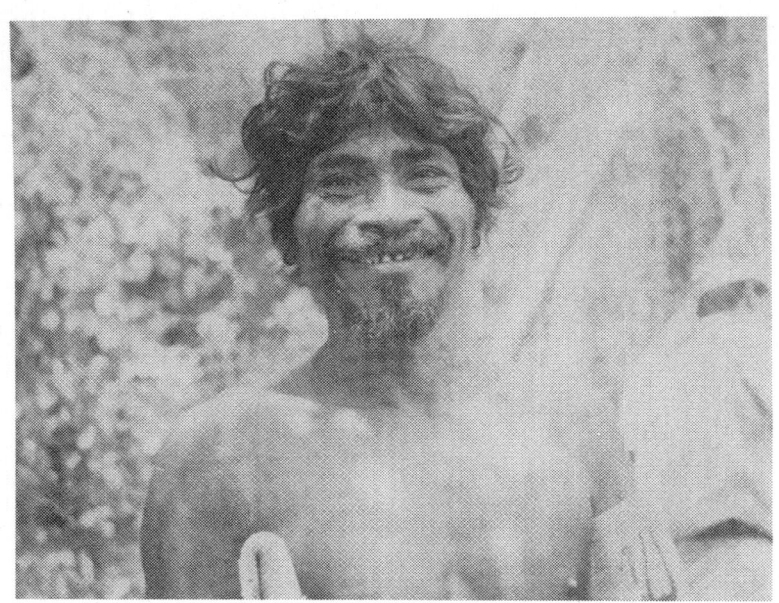

Einerseits außerordentlich freundlich, waren die Nhambiguaras jedoch auch kriegerisch und neigten zu plötzlichen Gewaltausbrüchen. Dieser freundlich lächelnde Stammesangehörige ist stolz auf seinen Spitzbart, eine Seltenheit bei dem gewöhnlich glatt rasierten Stamm.

Bruce hinterläßt Bananen, Messer und Zinnkannen auf einer Sandbank in der Hoffnung, daß diese Geschenke die Nhambiguaras zu dem Treffpunkt locken würden und damit eine weitere Chance genutzt werden könnte, mit ihnen Freundschaft zu schließen und dem Evangelium den Weg zu ebnen (Kapitel 9).

Als Leute von der Mannschaft des Flußbootes Magazine an die Indianer weitergaben und sich deren Frauen nähern wollten, reagierten die Nhambiguaras feindselig, was wahrscheinlich dazu beitrug, daß Dave Yarwood (rechts) später von ihnen ermordet wurde (Kapitel 9).

Gummiarbeiter waren die einzigen, die die Missionare vorfanden, als sie im bolivianischen Dschungel eintrafen. Hier erhitzt ein indianischer Arbeiter gerade die flüssige Gummimilch über einem Backofen, bis sie an der Stange gerinnt zu einem riesigen Ball, der dann per Schiff flußabwärts zum Hafenmarkt gebracht wird (Kapitel 11).

Durch den undurchdringlichen Sumpf oberhalb des Rio Terebinto zu staken ist ein gefährliches und anstrengendes Unternehmen. Geheimnisvolle Ranken im Gras lähmten durch ihr Gift zeitweilig einige Missionare auf dem Weg zu einem neuen Lagerplatz im Gebiet der Macurapi-Indianer. Hier erblickt man über Ewart Sadlers Schulter hinweg (von links nach rechts) Dorothy Abbey, die Kinder, Lyle Sharp, einen bolivianischen Führer und Wilbur Abbey (Kapitel 11).

240

Lyle Sharp drosselt den Außenbordmotor, um durch den dicht bewachsenen Flußlauf des Rio Terebinto zu gelangen; vorn im Boot erkennt man Dorothy und Lila, wie sie sich mit Waschbehältern gegen die schneidenden Zweige schützen.

Das Leichtmetallboot konnte ohne weiteres entladen und über Hindernisse und Blockaden im Fluß hinweggehieft werden; das viel schwerere Kanu dagegen mußte geleert, überschwemmt und untendrunter hergeschoben werden (Kapitel 11).

An einem unserer Lagerplätze am Terebinto brachte ein hungriger Alligator mitten in der Nacht eines der Kanus zum Kentern. Auf der rechten Seite taucht Wilbur gerade nach durchnäßten Lebensmittelvorräten, gesichert durch eine Stange, die Ewart in den Händen hält (Kapitel 11).

241

Neue Berufung: Bei Todos Santos machten sich fünf Missionare auf den Weg in den Dschungel, um einen Krieg zwischen Bolivianischen Farmern und dem Stamm der Yuqui zu verhindern. Von links nach rechts: Don Hay, Wayne Gill, Bob Wilhelmson, Les Foster und Bruce Porterfield (Kapitel 13).

Mitten im gefährlichen Yuqui-Territorium bauten die Missionare auf einer Lichtung eine feste Blockhütte. Als einige kriegerische Stammesangehörige zu einem Treffen herbeikamen und dabei den Fluß überquerten, versteckte sich Bruce unter dem Dach an der Rückseite der Hütte und schoß die Fotos, die auf den nächsten beiden Seiten zu sehen sind (Kapitel 14).

242

Während der spannenden Augenblicke des Gesprächs mit den Yuquis versuchten die Missionare ihre Nervosität hinter einem Lächeln zu verbergen. Von links nach rechts: ein junger Yuqui, Les Foster, ein Krieger, die Frau des Häuptlings (mit rasiertem Kopf), Harold Rainey, der Yuqui-Häuptling, Hudson Birkett, Chuck Johnson und Dick Strickler (Kapitel 14).

Missionare versuchen ihre Botschaft der Freundschaft und des Friedens an „Steinzeitmenschen" zu vermitteln. Im Vordergrund ist der Yuqui-Häuptling zu sehen; der Krieger an seiner rechten Seite trägt eine Narbe von einer Schußverletzung aus dem Krieg mit den Farmern (Kapitel 14).

243

Dieser Yuqui-Indianer wirbelt herum und schaut hinauf, als er den Auslöser von Bruce's Kamera hört. Wenige Augenblicke danach kletterte er hinauf und entdeckte das Versteck, was die Friedensmission der Missionare beinahe zum Scheitern brachte (Kapitel 14).

Dieses Boot wurde im Verlauf der Bemühungen, die Yuquis zu erreichen, von Missionaren als bewegliches Hauptquartier gebaut. Es eröffnete ihnen den Weg zur Verkündigung des Evangeliums (Kapitel 15).

Eine Missionarsunterkunft an der Kontaktstelle für die Yuquis.

Eine Aufnahme von einigen Yuquis, die in einer friedlicheren Atmosphäre gemacht wurde, als die Zusammentreffen Fortschritte machten.

1975 wurden einige Yuquis, die mittlerweile wiedergeborene Christen sind, in ein anderes Gebiet Boliviens geflogen, um mitzuhelfen, ein friedliches Zusammentreffen mit verschiedenen Yuqui-Gruppen zustandezubringen.

„Als ich dieses Buch schrieb, war es mein Wunsch, nicht nur die Kämpfe des Missionars darzustellen, seine Schmerzen, seine Hoffnungen und Gefühle, sondern auch die Kraft seiner Überzeugung, die ihn dazu anspornt, seinem Versprechen Gott gegenüber treu zu bleiben, selbst wenn es den Tod bedeuten würde."